"十四五"职业教育国家规划教材

21世纪新概念教材·高等职业教育现代物流管理专业教材新系

WULIU FAGUI

LISHI YITIHUA JIAOCHENG

物流法规
理实一体化教程

（第六版）

李志文 邓丽娟 编 著

东北财经大学出版社
Dongbei University of Finance & Economics Press

大连

图书在版编目（CIP）数据

物流法规：理实一体化教程 / 李志文，邓丽娟编著. —6版. —大连：东北财经大学出版社，2025.1（2025.8重印）.—（21世纪新概念教材·高等职业教育现代物流管理专业教材新系）. —ISBN 978-7-5654-5499-8

Ⅰ. D922.29

中国国家版本馆CIP数据核字第2025LN9105号

东北财经大学出版社出版

（大连市黑石礁尖山街217号　邮政编码　116025）

网　　　址：http://www.dufep.cn

读者信箱：dufep@dufe.edu.cn

大连永盛印业有限公司印刷　　　东北财经大学出版社发行

幅面尺寸：185mm×260mm	字数：363千字	印张：16.25
2025年1月第6版		2025年8月第2次印刷
责任编辑：郭海雷　石建华　孟　鑫		责任校对：赵　楠
封面设计：原　皓		版式设计：原　皓

定价：42.00元

第六版前言

随着我国经济的高质量发展，物流业已成为支撑国民经济发展的基础性、战略性、先导性产业，现代物流企业也向着专业化、规范化和网络化方向不断发展。党的二十大报告强调："构建优质高效的服务业新体系，推动现代服务业同先进制造业、现代农业深度融合。加快发展物联网，建设高效顺畅的流通体系，降低物流成本。"近年来我国出台了一系列政策和配套措施，优化交通物流基础设施布局，加大智能物流技术研发力度，推进"智慧物流"和"绿色物流"的发展，降低物流环节中对资源的消耗和环境破坏等因素，推进物流产业结构性降本提质增效。同时，通过中欧班列打造一体化国际多式联运物流枢纽，建立区域全面经济伙伴关系协定下的自由贸易配套物流服务体系，全面提升共建"一带一路"倡议下的国际物流保障能力。这些政策为完善物流顶层设计、加快我国物流业高质量发展提供了更好的机遇。

现代物流业作为一个新型的跨行业、跨部门、跨区域、渗透性强的复合型产业，是运输、仓储、装卸、加工、整理、配送、信息等方面的有机结合，它通过将原材料、产成品从起点至终点及相关信息有效流动的全过程，形成了完整的供应链，提供多功能、一体化的综合性服务。随着我国法治建设的推进，物流各领域、各环节的法律规范不断出台或修订，促进了物流运输法律体系的不断优化，由此也使物流相关法律制度和规则规范日趋复杂。现代物流业从业人员应当随着物流运输法律体系的完善，结合实务发展趋势，不断更新物流理论和实务知识，熟悉相关法律法规，掌握物流行业发展的最新动向，提升准确运用物流理论和法律法规解决实务中各类问题的能力。

本书是在"十四五"职业教育国家规划教材《物流法规：理实一体化教程》（第五版）的基础上修订而成的。为了更好地贯彻落实《国家职业教育改革实施方案》和高等职业学校专业教学标准，针对职业教育的特点，本次修订按"项目-任务式"结构重新编排教材内容，增设了"情境案例"栏目，强化贴近企业实际工作的业务场景设计，发挥任务引领驱动作用，更好地反映"理实一体化"特征，满足物流专业教学的需要。同时，对相关内容进行更新，包括物流行业标准、物流相关法律和政策、"绿色物流""智慧物流"和现代物流企业的最新发展情况。本次修订保留各项目在知识、能力、素养方面的具体学习目标，同时保留"小思考""小资料""思政小课堂"等栏目，以提高学生学习兴趣，拓展知识面，将职业素养教育和思想政治教育融入日常学习中。

本书由大连海事大学李志文教授、集美大学邓丽娟副教授编著。修订分工如下：李志文教授负责项目二、项目五、项目六、项目七、项目八，邓丽娟副教授负责项目

一、项目三、项目四、项目九。大连海事大学熊奕成、韩学森、刘佳玮、黄欣琪、徐博闻、陈悦、王冰鑫同学参与了部分章节的整理和修订工作。

随着我国物流行业法律法规的逐步健全和专业课程教学改革的不断深入，教材内容也将不断充实与完善。对于本版教材中的不足之处，敬请广大专家和读者批评指正。

编　者

2024 年 11 月

目录

项目一
物流及物流法规概述

学习目标

知识目标：

通过本项目的学习，了解物流的概念、分类，以及物流系统的定义及各子系统；了解物流法规的概念、调整对象和表现形式，物流法规的特点和作用；掌握物流法律关系的构成要素，物流合同的概念、特点性质及法律适用；了解我国物流立法现状及存在的问题。

能力目标：

熟悉物流合同的订立过程与合同条款；了解先进技术在物流服务领域的运用以及对我国物流立法的影响；能够明确物流服务提供方在物流活动中的责任。

素养目标：

培养爱岗敬业的职业精神和绿色物流理念；培养认真细致的职业习惯；培养物流人对国家、社会和物流行业的职业情怀。

情境案例

签订物流合同应充分理解其权利义务条款

2019年11月，H公司与G公司签订货物运输协议，约定由G公司将H公司一批轴承由威海运往秦皇岛。协议对运输质量、时限及安全要求、货物装车及交货、货物的验收、责任承担等事项进行了约定。G公司从H公司提货当天与Z公司签订运输合同，委托Z公司将本批货物从威海运到秦皇岛，并对运输时限、安全要求、货物损失价值、责任承担等事项进行了约定。运输途中，车辆发生交通事故，造成所载部分货物受损。G公司根据货物运输协议向H公司赔偿后，依据运输合同向Z公司追偿。

一审法院认为，G公司与Z公司签订的运输合同合法有效，根据运输合同及案件事实，判决Z公司赔偿G公司的损失。Z公司认为该运输合同是G公司事先已制作完毕、条款固定的格式合同，其中第八条载明：货物的损失价值由G公司与生产厂家协商确定，Z公司必须认可并承担全部损失。该条款明显违反了公平原则，加重了Z公司的责任，限制了Z公司的主要权利，应属无效。同时，G公司是在H公司处接收货物后才委托Z公司承运的，匆忙中未对合同条款向Z公司作出合理的解释，仅出示一份格式合同要求Z公司代表签字后就取走，未履行提示和说明义务，也没有印制加粗的醒目字体加以提示。该条款属于不合法条款，不应作为合同的条款适用。因此Z公司提起上诉。

二审法院认为，双方均为从事运输业务的专业运输公司，运输合同系双方经协商共同签订的合同，Z公司应当对运输合同载明的权利与义务知悉并了解，其公司工作人员对该合同签字确认，应视为其知晓该合同的内容。一审认定该运输合同合法有效，并无不当。Z公司的主张缺乏事实及法律依据，不能成立。

从本案可以看出，物流企业和物流从业人员应当树立法律意识，依法承担责任、履行应尽义务，做到知法守法、依法办事，做守法公民；接受健康的思想，并时刻以法律为准绳，规范自己的言行，监督自己的行为；严格要求自己、积极履行法定义务是每一位物流从业人员必须牢固树立的理念。对于物流企业而言，应重视培养员工的守法意识，增强法治观念，积极履行企业责任。

资料来源 山东省威海市中级人民法院民事判决书（2020）鲁10民终3769号。

任务一 了解物流相关概念及物流法律关系

一、物流的概念
（一）"物流"一词的由来

物流即物的流通，英语原文为"physical distribution"（PD，译为"实物分配"）。最初使用"physical distribution"是用以表示传统意义上的"物流"或狭义的"物流"，即在产品销售领域的物流活动，特指销售物流。

"logistics"一词最早出现在第二次世界大战期间的美国陆军中，当时在战时供应中使用"logistics management"（原译为"后勤管理"，后被译为"现代物流管理"）指代"物流"。第二次世界大战后，"logistics"逐步形成了相对独立的体系，并不断发展为"后勤工程"（logistics engineering）、"后勤分配"（logistics distribution）等后勤管理诸领域。后勤管理的理念和方法也被引入工业部门和商业部门。1985年下半年，物流业完成了从"physical distribution"向"logistics"的转变。[1]

1979年6月，我国物资工作者代表团赴日本参加第三届国际物流会议，回国后在考察报告中直接引用了日本的"物流"这一术语，此后"物流"逐渐成为专有名词，为人们所认识。[2]随着我国社会经济的迅猛发展，物流业得到了前所未有的发展，各地纷纷建立起物流园、物流中心或物流枢纽，在我国物流已成为人们所熟知的一个领域。我国学者将物流定义为物质实体从供给地向需要地转移的过程，该过程涉及运输、储存、保管、搬运、装卸、货物处置、货物拣选、包装、流通加工、信息处理等许多相关活动。[3]

（二）物流的法律规范表述

目前国际上和各国对物流的定义不完全一样。日本日通综合研究所1981年出版的《物流手册》中对物流的定义为："物质资料从供给者向需要者的物理性移动，是创造时间性、场所性价值的经济活动。从物流的范畴来看，包括包装、装卸、保管、库存管理、流通加工、运输、配送等诸种活动。"2002年日本工业标准对与物流相关的词汇有两个明确定义。其一是指："物质资料从供给者到需要者进行时间的、空间的移动过程的活动。一般认为是将包装、输送、保管、装卸搬运、流通加工，以及与此相关的情报等各项功能进行综合管理的活动。"其二是指："将物流活动的目标定位

[1] 崔介何. 物流学概论［M］. 5版. 北京：北京大学出版社，2015.
[2] 靳伟. "物流"一词的由来及物流概念的引入［J］. 中国物资流通，2002（2）：40-41.
[3] 王之泰. 新编现代物流学［M］. 4版. 北京：首都经济贸易大学出版社，2018.

于充分满足最终需要，同时要解决保护环境等方面的社会问题，在此前提下完成高水平的、综合的包装、输送、保管、装卸搬运、流通加工，以及相关情报等各项工作，以谋求将供应、生产、销售、回收等各个领域实现一体化、一元化的经营活动。"[1] 美国物流管理协会（Council of Logistics Management，CLM）1986年将物流定义为"为了满足客户的需求，对商品、服务和相关信息从产出点到消费点的合理、有效的流动和储存，进行计划、实施与控制的过程"。2002年CLM将物流定义修订为："物流是供应链过程的一部分，是为了满足客户需求而对商品、服务及相关信息从原产地到消费地的高效率、高效益的正向、反向流动及储存进行的计划、实施与控制过程。"[2] 欧洲物流协会（European Logistics Association，ELA）将物流定义为：在一个系统内对商品的运输、安排及与此相关的支持活动的计划、执行与控制，以达到特定的目的。[3] 加拿大物流管理协会（Canadian Association of Logistics Management，CALM）对物流的定义为：对原材料、库存在制品、产成品及相关信息从起源地到消费地的有效率、有效益的流动和储存进行计划、执行和控制，以满足物流服务需求方要求的过程；该过程包括进向、去向和内部流动。[4]

目前我国有关物流的规范性文件主要是《物流术语》（GB/T 18354—2021），其中第3.2条将物流定义为："根据实际需要，将运输、储存、装卸、搬运、包装、流通加工、配送、信息处理等基本功能实施有机结合，使物品从供应地向接收地进行实体流动的过程。"该定义从两个角度表述物流：一是物流的表观现象，表述物流过程和状态；二是管理角度，表述了物流活动的具体内容，以及对这些工作进行系统的管理。

可见，物流是一种经济活动，它节约了社会成本；物流是一种服务，为我们的生活提供便利，推动了国家的发展。物流活动与我们的生活、国家发展和人类进步都密切相关，随着社会、经济、科技的发展，物流概念也不断地被赋予新的内容。现代物流已经不同于传统物流，它不仅考虑从生产者到消费者的货物配送过程，还要考虑从供应商到生产者的对原材料采购过程，以及生产者本身在产品制造过程中的运输、配送、保管、包装、装卸、流通加工及物流信息处理等多项内容的有机结合。随着电子商务、物联网、区块链、人工智能等新商业模式和先进技术的发展，未来物流的发展也会呈现出不同的形态和内容。

二、物流系统

（一）物流系统定义

系统是由一些互相关联、相互影响、相互作用的部分所构成的具有某种功能的整体。结合《物流术语》（GB/T 18354—2021）对"物流"的定义，物流系统是指由两个或两个以上的物流功能单元构成的，以完成物流服务为目的的有机集合体。物流系统是一个大跨度的系统，地域跨度大、时间跨度大、业务范围跨度大，因而，物流系统稳定性较差，而动态性较强。物流系统由若干物流功能单元（子系统）构成。

---

[1] 王之泰. 新编现代物流学［M］. 4版. 北京：首都经济贸易大学出版社，2018.
[2] 王之泰. 新编现代物流学［M］. 4版. 北京：首都经济贸易大学出版社，2018.
[3] 王之泰. 新编现代物流学［M］. 4版. 北京：首都经济贸易大学出版社，2018.
[4] 汝宜红，田源. 物流学［M］. 3版. 北京：高等教育出版社，2019.

（二）物流子系统

1.运输子系统

《物流术语》（GB/T 18354—2021）中规定：运输是指利用载运工具、设施设备及人力等运力资源，使货物在较大空间上产生位置移动的活动。它包括供应物流、销售物流、逆向物流、废弃物物流中的车、船、飞机等方式的运输，生产物流中的管道、传送带等方式的运输。运输是物流中将商品由卖方转移给买方的有效方式，包括国内货物运输和国际货物运输。

2.仓储子系统

《物流术语》（GB/T 18354—2021）中规定：仓储是指利用仓库及相关设施设备进行物品的入库、储存、出库的活动。商品流通是一个由分散到集中，再由集中到分散的源源不断的过程，仓储是在集散节点储存、保管的阶段。仓储子系统包括堆存、保管、保养、维护等活动。

3.配送子系统

《物流术语》（GB/T 18354—2021）中规定：配送是指根据客户要求，对物品进行分类、拣选、集货、包装、组配等作业，并按时送达指定地点的物流活动。配送往往发生在物流的最后阶段，是最终实现资源配置的活动。

4.装卸与搬运子系统

《物流术语》（GB/T 18354—2021）中规定：装卸是指在运输工具间或运输工具与存放场地（仓库）间，以人力或机械方式对物品进行载上载入或卸下卸出的作业过程。装卸与搬运子系统将运输、保管、包装、流通加工等物流活动进行衔接，在仓储活动中，为检验、维护、保养物品也需要进行装卸搬运的活动。

5.包装子系统

《物流术语》（GB/T 18354—2021）中规定：包装是指为在流通过程中保护产品、方便储运、促进销售，按一定技术方法而采用的容器、材料及辅助物等的总体名称；也指为了达到上述目的而采用容器、材料和辅助物的过程中施加一定技术方法等的操作活动。

6.流通加工子系统

《物流术语》（GB/T 18354—2021）中规定：流通加工是根据顾客的需要，在流通过程中对产品实施的简单加工作业活动的总称。简单加工作业活动包括包装、分割、计量、分拣、刷标志、拴标签、组装、组配等。

7.物流信息子系统

物流信息是反映物流各种活动内容的知识、资料、图像、数据、文件等的总称。物流信息子系统，即反映与物流各种活动有关的计划、预测、动态（运量及收、发、存数）的信息及有关的费用信息、生产信息、市场信息活动。《物流术语》（GB/T 18354—2021）第6部分专章规定了物流信息术语。

在上述子系统中，运输子系统和仓储子系统分别解决物流提供方及物流需求方之间场所和时间的分离问题，是物流创造"场所效用"和"时间效用"的主要功能因素，在物流系统中处于主要地位。

三、物流法律关系

物流法律关系即物流法律规范作用于其调整对象所形成的具有权利义务内容的具体社会关系，物流法律关系中的参加人、权利和义务以及权利义务所指向的对象，构成了物流法律关系所必不可少的三个要素，即主体、内容和客体。

（一）物流法律关系的主体

物流法律关系的主体，即物流法律关系的参与人，分为权利主体和义务主体。其中，在物流法律关系中享有权利的一方为权利主体，在物流法律关系中负有义务的一方为义务主体，具体包括：

1. 法人

根据《中华人民共和国民法典》（以下简称《民法典》）第五十七条的规定，法人是具有民事权利能力和民事行为能力，依法独立享有民事权利和承担民事义务的社会组织。法人是物流法规所调整的特定社会关系中主体的主要部分。随着国际物流、区域物流及国内物流活动的广泛开展，法人在物流法律关系中占有越来越重要的地位。企业法人是物流法律关系的最主要参与者，通常以公司或者其他形式的企业和经济组织的形态出现，如综合性的物流企业、航运企业、货代企业、进出口企业等。

2. 非法人组织

根据《民法典》第一百零二条的规定，非法人组织是不具有法人资格，但是能够依法以自己的名义从事民事活动的组织。非法人组织应当依照法律的规定登记，法律、行政法规规定须经有关机关批准的，应当获得批准。非法人组织在对外进行经营活动时，其财产能够清偿债务的，则由其自身偿付；其财产不足以清偿债务的，除法律另有规定外，由其出资人或设立人对该债务承担连带清偿责任。非法人组织不能独立承担责任，是其与法人的主要区别。非法人组织作为民事主体，在我国《民法典》中已得到明确的认可，从而为其成为物流法律关系的主体奠定了基本的条件。

在我国，非法人组织包括：个人独资企业、合伙企业、不具有法人资格的专业服务机构。非法人组织必须符合相应的法律规定，取得一定的经营资质，才能开展物流业务。而非法人组织也可以接受物流提供方的物流服务，成为物流法律关系的另一方主体。

3. 自然人

自然人是按照自然规律出生的人。自然人具有民事主体资格，可以作为物流法律关系的主体，但由于物流是商业活动，并且法律对一些物流行业的主体有特殊规定，因此，一般而言，自然人成为物流服务的提供方将受到很大的限制。而现代物流涉及的领域非常广泛，自然人在一些情况下可以通过接受物流服务，成为物流法律关系的主体。

4. 行政机关

国家有关行政机关与物流企业、非法人组织，以及自然人之间围绕物流服务产生的管理与被管理、监督与被监督的关系，形成物流行政法律关系。国家有关行政机关是物流行政法律关系的必要主体。如物流企业设立，要与市场监督管理部门发生行政法律关系；违反物流服务市场竞争规则而受处罚的物流企业，与市场监督管理部门或有关行业主管机关之间发生行政法律关系。物流活动中的物流企业、非法人组织、自然人等，为物流行政法律关系中的行政相对人。

物流法律关系的主体具有如下特点：

（1）主体的多元性。物流法律关系通常发生在三方之间，特别是随着物流分工的细化，物流各个环节分包给不同的第三方，甚至会出现三方以上的主体。因此，涉及的主体数量多，关系也较为复杂。如多式联运合同下的配送作业、装卸作业等，通常都会引起多方主体间的权利义务关系。

（2）权利义务的对等性。物流法律关系主体通常互为权利主体和义务主体，如在物流合同中，物流服务提供方有提供约定物流服务的义务，同时享有向物流服务需求方收取服务报酬的权利；物流服务需求方则在享受物流服务的同时，负有向物流服务提供方支付报酬的义务。

（3）涉外性。随着国际物流的快速发展，在物流法律关系主体中，往往有一方或几方是外国法人或者非法人组织、自然人，从而具有了涉外性。

（二）物流法律关系的内容

物流法律关系的内容是指物流法律关系主体在物流活动中享有的民事权利、行政权力和承担的义务。民事权利的享有是指权利主体能够凭借法的强制力或合同的约束力，在法定限度内为或不为一定行为，以及要求义务主体为或不为一定行为，以实现其实际利益。行政权力的享有是指行政机关依靠特定的强制手段，为有效执行国家意志而依法对行政相对人进行管理。义务的承担，是指义务主体必须在法定限度内为或不为一定行为，以协助或不妨碍权利主体实现其利益，或者服从行政机关的管理。

（三）物流法律关系的客体

物流法律关系的客体是指物流法律关系的主体享有权利和承担义务所共同指向的对象。物流民事法律关系大多为债权关系，权利主体要求义务主体为一定行为，包括进行物的交付（货物所有人将货物交付给物流经营人）、智力成果的交付（物流服务提供方向物流服务需求方提供物流管理系统）或提供服务（物流服务提供方为货主提供物流服务）。因而，物流民事法律关系的客体通常为物、智力成果或行为。物流行政法律关系的客体主要表现为"行为"，即物流行政法律关系主体的活动，包括主体的作为和不作为。凡是物流法规中有关行政法律规范所规定的行为，都是物流行政法律关系的客体，如外商在我国境内投资设立物流企业的行为；市场监督管理部门对设立物流企业的审核、批准、备案行为等。

▶ 拓展阅读1-1

如何降低全社会物流成本

物流一头连着生产，一头连着消费，是现代化产业体系的重要组成部分。有效降低全社会物流成本，对于构建高效顺畅的流通体系、畅通国民经济循环、更好支撑现代化产业体系建设具有重要意义。我国物流体系建设取得长足发展，但与发达国家相比物流成本相对偏高，仍有下降空间。交通运输部与有关部门一起，综合施策、持续发力，不断推动交通物流降本提质增效。

1.畅通道、调结构，更好保障交通物流高效运行

我国加快"6轴7廊8通道"国家综合立体交通网主骨架建设，全国综合交通网络总里程超过600万千米。交通运输部将充分发挥国务院物流保通保畅工作机制作用，全力畅通交通物流"大动脉"和"微循环"，持续推进大宗货物和中长途运输"公转铁""公转水"，不断优化运输结构，挖掘物流降本空间。

2.优组织、促融合，不断提升交通物流服务质效

近年来，交通运输部开展综合运输服务"一票制""一单制""一箱制"交通强国专项试点，同时加快推进互联网货运新业态健康规范有序发展，交通物流服务质效得到有效提升。下一步，将强化重点企业跟踪对接和支持引导，促进物流供应链上下游企业协同联动发展，健全多式联运规则体系，培育壮大多式联运经营人。支持重点企业延伸国际物流服务网络，提升物流企业全球服务能力。

3.强管理、优环境，切实降低制度性交易成本

目前来看，我国物流发展仍存在物流与产业链供应链融合不够、仓储和管理运行成本较高、物流大市场规则不统一、制度性交易成本较高等问题。有关部门将取消、调整部分不合理罚款规定，定向降低沿海港口引航费，阶段性降低货物港务费和货车通行费，不断降低制度性交易成本。

资料来源　韩鑫.如何降低全社会物流成本［N］.人民日报，2024-02-06（4）.

思政小课堂1-1 ✓

推动"绿色化"物流发展

2022年的《政府工作报告》中提出，要持续改善生态环境，推动绿色低碳发展。流通是社会大生产循环中的重要环节，绿色物流的发展对促进社会大生产绿色发展具有重要意义，是推动绿色低碳发展的题中应有之义。2021年，我国快递业年业务量突破千亿件级别，已连续8年稳居世界第一，日均服务用户近7亿人次。国家统计局相关数据显示，交通运输、仓储和邮政业能源消费量已由2003年的1.28亿吨标准煤增至2019年的4.39亿吨标准煤，占我国能源消费总量的比例由6.50%提升至9.01%。促进绿色物流产业发展、构建低碳生态，成为一项日益重要且迫切的任务。

绿色物流涉及包装、运输、仓储和配送等方面，由生产者、销售者和消费者共同参与，需要各方共同努力才能实现。近年来，在绿色发展理念和相继出台的绿色低碳发展政策引导下，我国绿色物流呈现较快发展态势，正在向低污染、低消耗、低排放、高效能、高效率、高效益的现代化物流转变。各地加快建设绿色物流仓储园区，通过采用高效节能设备、加快物联网、云计算和大数据等技术应用，进行物流智能化改造，优化仓储设计等，减量和可循环成为快递包装绿色化发展的重要内容。目前，越来越多的物流企业相继启动碳减排路径规划，从加强绿色包装应用、加大新能源物流车推广力度、加强科技手段在物流环节中的赋能等角度出发，积极推进重点环节的绿色发展。

1. 大力推行绿色包装，降低包装能耗

绿色包装是发展绿色物流的重要内容。不少市场主体纷纷在快递包装的减量和循环上做文章。例如顺丰自主研发的新型快递循环箱"丰多宝"，采用的是更易回收的单一化材料PP蜂窝板材，使用自锁底折叠结构和全箱体魔术贴粘合模式，免去使用胶带纸等耗材。

2. 加快推行绿色运输，促进节能减排

例如在货拉拉平台上，新能源车辆的比例在不断提升，在深圳、广州等城市，平台上新能源车辆占比超过30%。京东物流已在全国7个大区、50多个城市，总计布局使用新能源车约2万辆，并大量使用清洁能源充电设施，每年可减少约40万吨二氧化碳排放。

3. 科技赋能，提升流通效率

以互联网、大数据等为代表的数字科技创新为绿色物流按下加速键。建立"互联网+"物流综合信息服务平台，可实现信息资源服务互通共享，对接消费、流通、生产，形成多业联动、融合发展，推动物流绿色高质量发展。例如美团配送利用人工智能、5G应用、物联网、云计算等物流科技，结合配送行业数智化升级的痛点和需求，通过合理划分配送区域、智能实时调度，持续优化骑手、消费者和商家的体验和效率，助力线下零售提升运营效率。

下一步，物流企业要通过引进、消化与自主创新相结合，加大新能源、新材料以及节能技术的研发力度，加快推广经济性较强的绿色物流技术装备。同时，通过业务积累和技术创新，将物联网、大数据、人工智能等技术融合到实际场景中，加快构建绿色化、智能化、信息化的物流产业链，助力全流程提质增效和低碳减排。

资料来源　齐志明. 节能降碳，发展绿色物流［N］. 人民日报. 2022-03-16（19）.

任务二　掌握物流法律规范

一、物流法律规范的调整范围

法的调整范围是指某一法律规范所调整的特定的社会关系。目前，我国尚未形成独立的物流法，调整物流活动的法律规范散见在众多法律文件中。依据法律部门的划分，其调整范围包括两个方面：

（一）物流活动中发生的或者与物流活动有关的民事法律关系

其主要包括：（1）与物流活动有关的合同关系，主要围绕物流服务提供方与物流服务需求方之间就运输、仓储、保管、流通加工、配送等具体事项达成一致所产生的社会关系。（2）物流活动中发生的侵权关系，主要是指物流服务提供方在物流活动中发生的环境污染，以及在运输、仓储、配送等环节发生的损害他人财产或者人身权利，或者在包装中侵犯他人知识产权，从而与被侵权者发生的社会关系。

（二）物流活动中发生的或者与物流活动有关的行政法律关系

其主要包括：（1）物流市场准入管理关系，主要指国内外法人、自然人、非法人组织在进入或者退出物流市场时，与主管机关之间发生的社会关系。（2）物流市场行为管理关系，主要是指主管机关对物流企业开展物流服务时进行监督与被监督、管理与被管理而产生的社会关系。（3）物流行业宏观调控关系，主要是指国家和主管机关综合运用各种手段，对物流活动进行调节控制的过程中产生的调控与被调控的社会关系。宏观调控关系是保证物流活动、与物流活动有关的其他经济活动协调发展的重要法律关系。

综上，物流法律规范是包括调整物流活动以及与物流活动有关的社会关系的法律规范的总称。由于物流是运输、存储、装卸、搬运、包装、流通加工与信息处理等基本功能的有机结合，因此，物流法律规范所涵盖的范围应包括以上各环节和领域。

二、物流法律规范的特点

（一）技术性

物流法律规范是与物流技术、物流业务紧密联系的法律规范。物流活动由运输、包装、仓储和装卸等技术性较强的多个物流环节组成，物流活动过程需要运用各种先进信息技术和商业模式，自始至终都体现较高的技术含量。如运输中货物的配载、积载、保管；包装中的包装材料、包装方法的标准化；装卸中的装卸机械、堆垛/拆垛作业、堆装/拆装作业；仓储中的仓库设置、货物保管、分拣以及越来越多企业对EDI系统的采用等。而物流法律规范作为调整物流活动、规范物流市场的法律规范，必然涉及从事物流活动的专业用语、技术标准、设备标准以及设备操作规程，具有较强的技术性。

（二）广泛性

物流系统的运行过程和物流活动内容决定了物流法律规范的广泛性，表现为：（1）内容的综合性。物流活动涵盖了物品从原材料形态，经过生产环节的半成品、产成品形态，最后通过流通环节到达消费者手上的全过程。同时，物流活动还包括物品的回收和废弃物的处理过程，涉及运输、储存、搬运、装卸、包装、流通加工、配送、信息处理等诸多环节。物流法律规范应当对所有这些环节中产生的关系进行调整，因此内容非常广泛。（2）法律效力的多层次性。物流法律规范内容的综合性决定了其不可能仅限于某一效力层次或某一表现形式，既有国家立法机关颁布的法律，国务院发布的法规，又有各主管部门出台的规章、办法，还有有关的技术标准或技术法规等。物流活动当事人之间签订的物流合同，在当事人之间甚至对合同第三人具有法律效力。在国际物流中可能会涉及多个国家（或者地区）的法律，还要受到国际公约的制约，并遵守相应的国际惯例。（3）参与者的广泛性。物流活动的参与者涉及不同行业、不同部门，如仓储经营者、包装服务商、各种运输方式下的承运人、装卸业者、承揽加工业者、配送商、信息服务供应商、公共网络经营人等。这些参与者的活动既受到社会经济活动的一般法律规则制约，又受到行业性法律法规和行业惯例的制约。

（三）复杂性

物流法律规范的复杂性主要体现为：（1）物流法律规范构成的复杂性。物流法律规范由民事法律规范、行政法律规范及技术规范组成，呈现出非单一性的特点。（2）法律规范适用的多样性。物流活动涵盖了运输、仓储、装卸、加工等环节，各环节中的运行方式又有所不同，主体权利义务和责任的承担亦适用不同的法律规范。

（3）对物流活动参与者规制的多样性。物流活动参与者众多，而且物流服务提供方经常处于双重甚至多重法律关系中，因而物流法律规范在不同领域对物流服务主体行为形成了多种不同的规制。（4）物流活动的国际性。随着国际物流的发展，跨国公司的物流供应链涉及多个国家，在物流活动中必然会涉及有关物流的国际立法以及各国对现有法律制度的协调、平衡等问题，从而使物流法律规范呈现出纷繁复杂的特点。

（四）国际性

现代物流是经济全球化发展的产物，大量的物流业务超越了一国和区域的界限而走向国际化。全世界范围内构建起体现互联网技术的智能性、服务方式柔性、运输方式综合多样性，并与环境协调发展的国际性物流系统，以最低廉的成本实现货物快速、安全、高效、便利送达最终消费者手中的目标，进而促进经济全球化。与此相应，物流法律规范亦呈现出国际化的趋势，表现为在一些领域内出现了全球通用的国际标准、国际公约，如《国际公路运输公约》，公约内容包括托盘、货架、装卸机具、集装箱的尺度规格，条形码、自动扫描等技术标准以及物流技术标准和工作标准等。

三、物流法律规范体系

法律规范是国家制定或认可的，并以国家强制力保障实施的行为规则。法律规范的制定主体不同，其受国家强制力保障的程度也不同，表现出不同的法律效力。根据制定主体的性质和是否具有国际性，物流法律规范的效力分为不同的层级。

（一）国内法律规范

国内立法是物流国内法律规范的主要组成部分。一国的立法机关，在法律授权范围内制定的规范性文件的总和，构成该国的国内立法。《中华人民共和国立法法》（以下简称《立法法》）明确规定了各级立法机构所制定的法律规范的效力层级。

1.宪法

宪法规定了国家的基本社会制度、国家制度的原则和国家政权的组织，以及公民的基本权利义务等内容，是我国的根本大法，拥有最高的法律效力。包括物流法律规范在内的一切法律、行政法规、地方性法规、自治条例和单行条例、规章都不得同宪法相抵触。

2.法律

由国家立法机关（在我国为全国人民代表大会及其常务委员会）按照立法程序制定和颁布的规范性文件，其法律效力仅次于宪法。在物流法律规范中，法律具有重要的地位，如《民法典》、《中华人民共和国海商法》（以下简称《海商法》）、《中华人民共和国民用航空法》（以下简称《民用航空法》）、《中华人民共和国公路法》（以下简称《公路法》）、《中华人民共和国铁路法》（以下简称《铁路法》）等。

3.行政法规

在我国，国务院作为国家一级行政主管部门，管理国家各项行政工作，有权根据宪法和法律，制定有关经济、教育、科技、文化、外事等规范性文件，其法律效力仅次于宪法和法律。行政法规是我国物流法律规范的主体，如《中华人民共和国国际海运条例》（以下简称《国际海运条例》）、《中华人民共和国道路运输条例》（以下简称《道路运输条例》）、《铁路安全管理条例》等。

4.地方性法规

省、自治区、直辖市的人民代表大会及其常务委员会根据本行政区域的具体情况和实际需要，在不与宪法、法律、行政法规相抵触的前提下，可以制定地方性法规。设区的市的人民代表大会及其常务委员会根据本市的具体情况和实际需要，在不与宪法、法律、行政法规和本省、自治区的地方性法规相抵触的前提下，可以对城乡建设与管理、环境保护、历史文化保护等方面的事项制定地方性法规。物流是国民经济的基础性产业，各地可以根据实际需要，对物流服务的某个方面制定地方性法规，对上位法进行补充、细化，但不得与上位法相抵触。

5.规章

规章包括部门规章和地方政府规章。部门规章是指国务院各部、委员会、中国人民银行、审计署和具有行政管理职能的直属机构，根据法律和国务院的行政法规、决定、命令，在本部门的权限范围内，所制定的规范性文件。地方政府规章是省、自治区、直辖市和设区的市、自治州的人民政府，根据法律、行政法规和本省、自治区、直辖市的地方性法规，制定的规范性文件。从数量上看，我国目前的物流法律规范主要体现为部门规章。

6.司法解释

法律必须通过解释才得以适用，这是由成文法所固有的抽象性和一般适用性的特点所决定的。在我国，最高人民法院在其职权范围内，对审判工作中具体应用的法律所作出的具有普遍司法效力的解释，构成司法解释，如《最高人民法院关于审理海上货运代理纠纷案件若干问题的规定》（法释〔2020〕18号）。司法解释在法院体系内具有普遍约束力，各级法院在审理案件时应依司法解释的规定。司法解释不得与法律、行政法规相抵触，应符合国家政策的精神。

7.相关政策

政策不是法律，但它与法律有着密切的关系。从广义上看，政策是国家为了实现某种发展目标而制定的行动指南和行为准则；从狭义上看，政策主要是国家或政府的决策行为，对特定范围内的全体社会成员均具有指导性。在我国，有关物流的行业政策对物流立法和物流活动具有重要的导向作用，可以对物流发展、运行中的突出问题进行及时的调整、引导，如《物流业调整和振兴规划》（国发〔2009〕8号）、《"十四五"现代物流发展规划》（国办发〔2022〕17号）、《国务院办公厅关于加快农村寄递物流体系建设的意见》（国办发〔2021〕29号）、《关于做好2024年降成本重点工作的通知》（发改办运行〔2024〕428号）等政策的实施，推动了我国物流业的平稳、健康、快速发展。

（二）国际条约和国际惯例

国际条约是指国际法主体（主要是国家）之间依据国际法所缔结的、据以确定其相互权利与义务的国际协议。涉及物流法律关系的国际条约很多，如《统一国际航空运输某些规则的公约》《联合国国际货物销售合同公约》《商品名称及编码协调制度的国际公约》等，但并非所有国际条约都无条件地在任何一个国家内生效。根据国际法和国家主权原则，只有经一国政府签署、批准或加入的有关物流的国际条约，才对该国具有法律约束力，成为该国物流法的表现形式。一国参加的国际条约规定可能与该国国内立法规定不一致，我国对此采取国际条约优先于国内立法适用的方法来解决两者之间的冲突，即在涉外物流法律关系中，当我国批准或加入的国际条约与国内立法有不同规定时，优先适用该国际条约，但我国在签署、批准或加入有关国际条约时，声明保留的条款除外。

国际惯例是指在有关国际关系中，因对同一性质的问题所采取的类似行为，经过长期反复实践逐渐形成的，为大多数国家所接受的，具有法律约束力的不成文的行为规则，如《国际贸易术语解释通则》《约克－安特卫普规则》等。国际惯例是经过反复实践逐渐形成、通行于国际社会或某一地区的，具有国际性或区域性的特点。国际惯例的成立必须具备两个要件：①实质要件，即一种行为必须是相同或类似的重复行为，并为广大国家或地区所继续采用。②心理要件，即要求行为人在采取或进行该项行为时，在心理上认为是在履行法律义务。

在物流活动中，国际惯例作为物流法律规范的一个组成部分，可以弥补国内立法、国际条约规范的不足，但它也存在明显的缺陷：①惯例的含义往往不是十分明确，特别是在不同的国家或地区，可能有不同解释。②某些习惯做法是否已成为国际惯例，也不易确定。因此这些惯例的内容往往需要通过司法解释加以确定，否则容易引起纠纷。例如，《海商法》第二百六十八条规定，中华人民共和国缔结或者参加的国际条约同本法有不同规定的，适用国际条约的规定；但是，中华人民共和国声明保留的条款除外。

（三）物流技术规范

技术规范是指产品、过程或服务所应满足的技术要求，又称技术标准。物流各个环节的技术性均较强，为了避免和防止因所采用的技术不统一而导致的技术壁垒，保证物流服务的质量和规范化，实践中形成了一系列物流技术标准。物流技术标准可以进行不同的划分。

（1）根据适用范围的不同，物流技术标准可以分为国家标准、行业标准、地方标准、团体标准和企业标准。国家标准由国务院标准化行政主管部门制定，如《物流术语》（GB/T 18354—2021）、《物流服务合同准则》（GB/T 30333—2013）、《物流单证基本要求》（GB/T 33449—2016）等，在全国范围内适用，其他标准不得与国家标准相抵触。《中华人民共和国标准化法》（以下简称《标准化法》）第十二条规定，对没有推荐性国家标准、需要在全国某个行业范围内统一的技术要求，可以制定行业标准。物流的行业标准由国家标准化管理委员会下设的全国物流标准化技术委员会或者相关机构制定，如《应急物流服务成本构成与核算》（WB/T 1099—2018）、《物流大数据共享系统功能通用要求》（WB/T 1130—2023）、《生鲜果品冷链物流技术规范》（NY/T 4285—2023）等，均为行业标准，在全国物流行业内适用。地方标准是在某个省、自治区、直辖市范围内需要统一的标准。《标准化法》第十三条规定，为满足地方自然条件、风俗习惯等特殊技术要求，可以制定地方标准。物流协会等社会团体可以协调物流企业和相关市场主体共同制定团体标准，由本团体成员约定采用或者按照本团体的规定供社会自愿采用。对于没有国家标准、行业标准和地方标准的产品、过程或服务，《标准化法》第十九条规定，企业可以根据需要自行制定企业标准，或者与其他企业联合制定企业标准，在企业内部适用。

（2）根据法律效力的不同，物流技术标准可以分为强制性标准和推荐性标准。强制性标准是依据法律、行政法规规定强制执行的标准。《标准化法》第十条规定，对保障人身健康和生命财产安全、国家安全、生态环境安全以及满足经济社会管理基本需要的技术要求，应当制定强制性国家标准。强制性国家标准的代码为GB。满足基础通用、与强制性国家标准配套、对各有关行业起引领作用等需要的技术要求，可以制定推荐性标准，代码为/T，一旦为当事人所采用，则对当事人具有法律约束力。《标准化法》第二十一条规定，推荐性国家标准、行业标准、地方标准、团体标准、企业标准的技术要求不得低于强制性国家标准的相关技术要求。国家鼓励社会团体、企业制定高于推荐性标准相关技术要求的团体标准、企业标准。

（四）判例

在普通法系的英美等国，判例是法律规范的组成部分之一，根据"遵守先例"的原则，上级法院的判决作为先例（precedent），对下级法院具有约束力，发挥法律的作用。我国为成文法国家，不承认判例是法的表现形式，但不否认在处理物流纠纷中，判例对人民法院审理同类案件所起到的指导性作用。

四、物流法律规范中的法律责任

（一）物流法律规范中的民事责任

物流法律规范中的民事责任是指物流合同当事人违反法定义务或者合同义务所应承担的法律责任，分为违约责任和侵权责任。前者是指违反物流合同所应承担的责任，承担责任的依据是合同。后者是指在物流活动中侵犯合同当事人或者第三人的财产，造成财产损害所应承担的责任，承担责任的依据是法律的规定。在实践中，物流活动产生的民事责任主要为违约责任。

1.违约责任归责原则

归责原则是指确定主体在违反合同时所应承担责任的一般准则。一般情况下，归责原则决定责任的构成要件和赔偿的范围。违约责任归责原则主要有过错责任原则和严格责任原则。过错责任原则是指以违约方的过错作为确定其责任的要件和责任范围的依据，只要违约方有过错，就应承担违约责任，无过错则不承担违约责任。严格责任原则是指不论违约方是否有过错，除非存在法定或者约定的免责事由，均应承担违约责任。

2.我国法律规范中有关物流合同违约责任归责原则的规定

（1）《民法典》的一般规定。《民法典》合同编中关于违约责任归责原则的一般规定为各类合同应当遵循和适用。第五百七十七条规定，当事人一方不履行合同义务或者履行合同义务不符合规定的，应当承担继续履行、采取补救措施或者赔偿损失等违约责任。这表明我国《民法典》对违约责任采用以严格责任原则为主的归责原则，在法律没有特殊规定时，只要合同一方不履行合同义务，就应当承担违约责任。在法律有明确的特殊规定时，依据特别法优先于普通法的原则，应当适用特殊规定。

（2）《民法典》的特殊规定。第一，委托合同的归责原则。《民法典》第九百二十九条规定，有偿的委托合同，因受托人的过错造成委托人损失的，委托人可以要求赔偿损失。无偿的委托合同，因受托人的故意或者重大过失造成委托人损失的，委托人可以要求赔偿损失。该规定表明，委托合同中的违约责任，采用了过错责任原则，强调只有因为受托人的过错造成委托人损害时，受托人才向委托人承担赔偿责任。第二，保管合同与仓储合同的归责原则。根据《民法典》第八百九十七条的规定，保管期间，因保管人保管不善造成保管物毁损、灭失的，保管人应当承担赔偿责任。但是，无偿保管人证明自己没有重大过失的，不承担赔偿责任。存储期内，因保管不善造成仓储物毁损、灭失的，保管人应当承担赔偿责任。据此，保管合同和仓储合同采取过错责任原则，而对于无偿保管合同，则规定了无重大过失的免责事由。

（3）其他法律的规定。第一，海上货物运输合同的归责原则。《海商法》第四章"海上货物运输合同"中，第五十一条规定："在责任期间货物发生的灭失或者损坏是由于下列原因之一造成的，承运人不负赔偿责任：（一）船长、船员、引航员或者承运人的其他受雇人在驾驶船舶或者管理船舶中的过失；（二）火灾，但是由于承运人本人的过失所造成的除外……"除上述两项免责以外，其他的免责条款都是建立在承运人自身没有过错的基础上的。因此《海商法》规定的海上货物运输合同实行的是有限的过错责任原则。第二，航空运输合同的归责原则。《民用航空法》在第一百二十五条就航空运输承运人对货物的毁损、灭失规定了严格责任原则；同时在第一百二十六条就航空运输承运人对货物的延迟交付造成的损失规定了过错推定责任原则："旅客、行李或者货物在航空运输中因延误造成的损失，承运人应当承担责任；但是，承运人证明本人或者其受雇人、代理人为了避免损失的发生，已经采取一切必要措施或者不可能采取此种措施的，不承担责任。"第三，铁路运输合同的归责原则。《铁路法》第十七条规定，铁路运输企业对承运的货物、包裹、行李，自接受承运时起至交付时止发生的灭失、短少、变质、污染或者损坏，应当承担赔偿责任，同时在第十八条规定了三项免责事由。原则上铁路运输合同的归责原则也为严格责任原则。第四，多式联运合同的归责原则。《民法典》规定多式联运经营人可以与参加多式联运的各区段承运人就多式联运合同的各区段运输约定相互之间的责任，但该约定不影响多式联运经营人对全程运输承担的义务，同时《海商法》也有相同规定，对多式联运合同采用了严格责任原则。

3.物流法律关系中民事责任的确定

物流服务当事人民事责任的确定需要遵循我国法律的一般规定，但在具体纠纷中，尚需具体情况具体分析。以下以物流服务提供方为例，说明如何依据物流法律规范确定当事人的民事责任。

（1）物流服务提供方与需求方签订物流合同时，双方按照物流合同的约定相互享有权利和履行义务，违反合同的即应承担违约责任。关于其责任的确定，一般是由物流合同约定，当约定不明时，即适用法律规定。由于物流合同不属于《民法典》合同编规定的典型合同，对违约责任的认定应适用《民法典》合同编违约责任的一般规定，即一般情况下应当以严格责任原则来认定物流服务提供方的违约责任。当涉及特定行业，有特别法规范的，应当适用特别法。在物流业务实践中，目前大多数物流合同实行的是严格责任原则，物流服务提供方从货物接收到货物交付至最终物流服务需求方手中为止，整个过程无论何时、何地，也无论是否处于其实际控制之下，无论是其自身过错还是分包方的过错，只要发生货物灭失或损坏，均先由物流服务提供方依据物流合同对物流服务需求方承担责任。

（2）物流服务提供方将物流合同再行分包时，与运输企业、仓储企业或者装卸企业、加工企业等签订运输合同、仓储合同、装卸作业合同、加工承揽合同等，物流服务提供方分别处在不同的合同关系中，应根据《民法典》以及其他法律对上述合同的特殊规定来具体确定物流服务提供方的责任。

物流服务提供方将合同分包后，具有双重的法律地位：一方面，面对物流服务需求方，物流服务提供方需承担所有的义务和全部的责任，而不论损坏是否为其造成的；另一方面，面对实际履行某环节的专业公司，则根据具体的分包合同承担相应义务和责任。由于物流服务提供方所处的上述两类合同关系的责任归责原则并不完全相同，赔偿范围也有所差异，因而物流服务提供方向物流服务需求方承担了严格责任后，再向实际履行的分包方追偿，可能增加其经营风险。对此，物流服务提供方应采取一定的措施，如通过责任保险的方式，分散风险。

（二）物流法律规范中的行政责任

物流法律规范中的行政责任是指物流活动的相关方违反国家有关物流服务监管规定所应承担的法律责任。国家对物流服务的监管主要体现在对物流企业的市场准入要求、对物流企业实施物流作业的监督和管理、公平和公开竞争的物流服务市场环境与规则的确立等方面。随着市场主体的增多、交易的广泛，一些大型企业的兴衰直接影响经济的稳定，私人行为也越来越关乎社会整体的利益，不实施有效监管，就会使一些人冒险投机，违法经营。国家相应的主管机关对物流活动的有效监管有助于物流市场健康、有序发展。这些法律行为和法律关系主要由国内的行政法调整。

物流活动如运输、仓储等主要是由物流服务提供方实施，物流服务需求方在物流活动中基本处于配合和接受者的地位，因此物流法律规范中的行政责任主要针对物流服务提供方。如我国对某些物流活动规定了市场准入的条件，只有按照一定的程序取得经营资格的物流服务提供方，才能参与该项物流经营活动，没有取得相应经营资格的企业和非法人组织无权进行该物流经营活动，如有违反，即应承担行政责任。此外，法律禁止物流企业之间的不正当竞争行为，物流服务提供方一旦实施了不正当的竞争行为，即受到相应的惩罚。

一般而言，物流服务提供方可能受到的行政处罚主要有：

（1）停止违法经营活动，即对没有取得相应资格而从事经营的物流服务提供方，行政主管机关要求其停止经营。

（2）没收违法所得，即从事违法经营的物流服务提供方有违法所得的，行政机关依法予以没收。

（3）罚款，即对违反物流法律法规的物流服务提供方所给予的一种经济上的处罚。

（4）撤销经营资格。如《国际海运条例》第三十五条规定，国际客船、国际散装液体危险品船运输经营者将其依法取得的经营资格提供给他人使用的，由国务院交通主管部门或者其授权的地方人民政府交通主管部门责令限期改正；逾期不改正的，撤销其经营资格。

（5）吊销营业执照。这是物流服务提供方从事违法行为而由市场监督管理部门将其营业执照予以吊销的一种处罚。

互动课堂 1-1

物流服务提供方违约的民事责任形式有哪些？

答：（1）继续履行。继续履行是指违约方根据对方当事人的请求继续履行合同规定的义务的违约责任形式。金钱债务，无条件适用继续履行。非金钱债务，原则上可以请求继续履行，但法律上或者事实上不能履行（履行不能）的情形除外。

（2）采取补救措施。采取补救措施是指矫正合同不适当履行，使履行缺陷得以消除的具体措施，如修理、更换、重做、退货、减少价款或者报酬等。

（3）赔偿损失。赔偿损失也称违约损害赔偿，是指违约方以支付金钱的方式弥补受害方因违约行为所减少的财产或者所丧失的利益的违约责任形式。

（4）违约金。违约金是指当事人一方违反合同时应当向对方支付的一定数量的金钱或财物，包括法定违约金和约定违约金。

（5）定金。给付定金的一方不履行约定的责任的，无权要求返还定金；收受定金的一方不履行约定的责任的，应当双倍返还定金。

五、我国物流立法现状

随着我国物流行业的快速发展，相关立法也逐步完善。现行调整物流的法律规范涉及运输、仓储、包装、配送、搬运、流通加工和信息等各个方面，根据其所调整的物流法律关系的不同，主要包括以下两个方面：

（一）物流民事法律规范

2021年实施的《民法典》中的总则、物权、合同、侵权责任等编适用于物流活动各环节。《中华人民共和国电子商务法》（以下简称《电子商务法》）中对电子商务当事人约定采用快递物流交付的相关事项作出了规定。此外，还有大量适用于物流活动某一环节的法律规范和技术标准，如《物流术语》《物流服务合同准则》等。

1.适用于运输环节的法律规范

其主要包括：《民法典》合同编通则、第十九章运输合同，以及《海商法》《民用航空法》《民用航空货物运输管理规定》等。

2.适用于仓储环节的法律规范

仓储环节的法律规范主要有《民法典》合同编通则、第十四章租赁合同、第二十一章保管合同、第二十二章仓储合同的相关规定。

3.适用于搬运配送环节的法律规范

有关搬运配送环节的法律规范主要有《民法典》合同编通则以及第二十三章委托合同等。

4.适用于包装环节的法律规范

目前我国关于包装环节的法律规范主要体现为有关包装的标准，如《一般货物运输包装通用技术条件》（GB/T 9174—2008）、《危险货物运输包装通用技术条件》（GB 12463—2009）、《运输包装 可重复使用的塑料周转箱 第1部分：通用要求》（GB/T 43133.1—2023）、《邮件快件循环包装使用指南》（GB/T 43805—2024）等。

5.适用于流通加工环节的法律规范

流通加工环节的法律规范主要有《民法典》合同编通则、第十七章承揽合同的相关规定，《最高人民法院关于如何确定加工承揽合同履行地问题的函》等。

（二）物流行政法律规范

涉及物流市场准入、物流市场秩序管理等行政管理的法律规范如《公路法》、《铁路法》、《中华人民共和国外商投资法》（以下简称《外商投资法》）、《标准化法》、《国际海运条例》及其实施细则等。

📖 拓展阅读1-2

《国际公路运输公约》实施见证物流发展对中国物流法律规范的影响

《国际公路运输公约》（简称《TIR公约》），是建立在联合国公约基础上的跨境货物运输领域的全球性海关便利通关系统，主要目标是尽最大可能便利国际贸易中海关加封货物的流动及提供必要的海关管控和保障。TIR系统运行涉及六个方面的因素：有管控的车辆和集装箱，国际担保链，TIR通关证，海关监管的相互承认，海关和国际道路运输联盟（IRU）管控下的使用，安全的TIR电子终端和电子预申报（TIR-EPD）。获得TIR运输资质的企业，可以仅凭一张单据在同样实施TIR公约的国家畅通无阻，只需要接受始发地和目的地国家的海关检查，途经国一般情况下不再开箱查验。

目前，《TIR公约》在全球共有73个缔约国，缔约国大多位于丝绸之路经济带沿线重要地区。为了适应共建"一带一路"倡议下我国国际公路运输的发展，2016年7月5日我国正式加入该公约，2017年5月海关总署与IRU签署《关于促进国际物流大通道及实施TIR公约的战略合作安排》，2018年5月该公约在我国落地，自2019年6月25日起全面实施。中国成为落实此公约速度最快的国家之一。

《TIR公约》提高了我国与"一带一路"共建国家海关的监管互认、执法互助水平，促进了双边、多边合作，又促进了丝绸之路经济带沿线国家和地区的贸易繁荣。随着中国与欧亚国家之间贸易往来的不断增长，以及中国与"一带一路"共建国家签署双边或多边运输协议进程的加快，《TIR公约》的作用和潜力将得到进一步的发挥，也有望助推更多国内物流运输企业尝试开展国际公路货运业务。随着中哈、中吉、中乌贸易的不断发展，作为丝绸之路经济带核心区的新疆，在国际道路货运中将发挥更积极的作用，也会进一步释放国际道路运输潜力。《TIR公约》将成为中国"一带一路"倡议的助推器，为重振古老丝绸之路沿线国家和地区的贸易发展以及合作提供强有力的支持。

资料来源 佚名.5分钟带你读懂TIR《国际公路运输公约》[EB/OL].[2024-08-15].https://www.sohu.com/a/704134025_121106854.

⬆ 互动课堂1-2

物流法律规范中民事法律关系和行政法律关系有何区别？

答：（1）主体方面。物流民事法律关系的主体之间一般具有平等性，互为权利主体和义务主体。物流行政法律关系的主体有一方是国家行政机关，它与另一方是监督与被监督、管理与被管理的关系。

（2）内容方面。物流民事法律关系的主体能够凭借法的强制力或合同的约束力行使权利，这种权利一般可以自由处分。物流行政法律关系的主体享有的行政权力一般既是权力又是义务，不可自由处分。

（3）客体方面。物流民事法律关系的客体通常为物、智力成果或行为。物流行政法律关系的客体主要表现为"行为"，即物流行政法律关系主体的活动包括主体的作为和不作为。

思政小课堂1-2 ✓

碳中和，将给物流业带来哪些变化？

国家主席习近平在第七十五届联合国大会一般性辩论上的讲话中指出，中国将提高"国家自主贡献"力度，力争2030年前二氧化碳排放达到峰值，努力争取2060年前实现碳中和。这对我国来说是一个里程碑，既树立了负责任的大国形象、体现责任担当，也是我国经济社会发展到当前阶段深刻转型的内在要求。在实现碳达峰、碳中和的进程中，将会对物流业产生哪些影响？

1.铁路运输比重提升，多式联运发展加快

根据2019年交通运输和铁道统计公报，公路专业货运企业每百吨公里单耗1.7千克标准煤，远洋和沿海货运企业每百吨公里单耗0.26千克标准煤，铁路单位运输工作量综合能耗每百吨公里单耗0.39千克标准煤。铁路、水运明显能耗较低，而公路能耗较高。

同时，与公路和航空、水运相比，铁路运输总体上更容易实现电气化。《国家综合立体交通网规划纲要》中也对各种运输方式进行了定位，明确提出要"以铁路为主干，以公路为基础，水运、民航比较优势充分发挥"。因此，继续调整运输结构，提升铁路运输在整个运输结构中的占比，既是应对碳中和，也是行业发展的必然要求。

2.交通能源动力变革，新能源车辆推广普及

交通运输行业的碳排放占全国碳排放总量的8%左右，且参照国外发达国家的水平，我国人均保有车辆（美国、欧盟和日本交通部门排放达峰时千人乘用车保有量分别约为845、423和575辆，中国目前为173辆）仍将大幅增长，减排任务较重。

电气化是碳中和的核心，也是目前实现碳中和成本最低、最为成熟的技术路径，随着交通等终端能源使用部门电气化水平的提升，将替代煤炭、石油等化石能源的消耗，减少排放。

由于目前重型货车商业化量产尚未实现，城市配送车辆除车辆自身性能不稳定、故障率较高、续航里程短等外，还存在政策预期不稳定、充换电设施以及维修保养等配套不完善，相关标准规范不健全等问题，现有新能源车辆主要还是用于乘用车领域，货运领域应用较少。

3.新兴技术加快落地，智慧物流发展提速

近年来，随着新一代信息技术的快速发展，智慧物流创新理念逐步渗透到物流的各个环节。菜鸟网络推动"新物流"革命；京东物流提出"下一代物流"解决方案；上海、青岛等开启无人港口新时代；无人仓、无人车、无人机、物流机器人、云仓等日益推广开来，京东物流首个全流程无人仓投入使用，顺丰速运建设大型物流无人机总部基地。

智慧物流发展在大幅提升物流效率的同时，有力减少了车辆无效和低效行驶，用更少的排放，提供了更优质的服务。

4.货源结构深刻变化，运输模式产生变革

我国能源禀赋特点是多煤、贫油、少气，发电结构以火力、煤炭发电为主。根据中电联统计，2019年我国发电量中火电的占比高达72%。目前电力领域碳排放占全国碳排放总量的30%以上，电力结构低碳转型，实现零碳燃料替代是必然趋势。随着能源结构的调整，当前货源结构中占比40%左右的煤炭、石油等大宗物资比重将日趋下降。

同时，煤炭运输以铁路运输为主，占到铁路货运量的60%左右，煤炭运输的减少将可能大量释放铁路运能，铁路将有能力承担更多的"白货"运输，届时各种运输方式的关系将进一步发生变化。

此外，能源结构调整和产业结构调整相辅相成，能源结构调整能对产业转型升级产生倒逼和加速推动作用，在产业转型重塑过程中，有更好的机会让运输和制造业两业联动更加深入，对物流的时效性、可靠性和精准性要求进一步提高。

5.货运车辆智能网联，交通物流数字化转型

《新能源汽车产业发展规划（2021—2035年）》中明确提出，到2025年新能源汽车新车销量占比达到25%左右，智能网联汽车新车销量占比达到30%。

车辆的智能网联，为数字交通发展打下基础，并会产生连带效应，推进交通领域公路、铁路、水路等的数字化进程加速，让"哑设施"具备多维监测、智能网联、精准管控、协同服务能力，加快自动驾驶、车路协同、港口自动化作业等应用，进而实现交通物流领域的整体数字化转型。

资料来源 物流前瞻. 碳中和，将给物流业带来哪些变化？［EB/OL］.［2024-08-15］. http：//www.chinawuliu.com.cn/xsyj/202104/09/545852.shtml.

任务三 认识物流合同

《民法典》第四百六十四条规定：合同是民事主体之间设立、变更、终止民事法律关系的协议。《物流术语》（GB/T 18354—2021）中规定：物流合同是指物流企业与客户之间达成的物流相关服务协议。

一、物流合同的法律适用

物流合同是调整物流服务提供方与需求方之间法律关系的主要法律依据，对当事人具有法律约束力。但物流合同是当事人自行协商确定的，可能由于某些原因，合同条款未能全面、合理地确定当事人的权利义务，则需要其他法律规范加以明确，此时即涉及物流合同的法律适用问题。

（一）物流合同的法律性质

明确物流合同的法律适用，需要界定物流合同的法律性质。我国现行法律、行政法规未明确规定物流合同，在理解物流合同的法律性质时应注意以下两点：

1.物流合同不是单纯的货物运输合同、仓储合同、加工承揽合同等典型合同

在物流合同法律关系中，物流服务提供方如果提供全方位物流服务，则不仅站在物流服务需求方的角度为其设计物流系统，还应当承担整个物流系统的管理和运营责任。当然，也有一些物流服务提供方只提供某项物流服务，或者若干项物流服务。当物流服务提供方根据合同提供的是一项以上物流服务时，运输、仓储、加工承揽等仅是这一系列服务项目中的环节之一，它们不足以涵盖物流服务的全过程。物流合同关系复杂、变化多端，其与单纯的运输合同、仓储合同、加工承揽合同等不可同日而语。

2.物流合同具有《民法典》规定的一些典型合同的特性

（1）物流合同与技术合同以及运输、仓储和加工承揽等合同。在物流合同中，物流服务提供方通常承担物流系统的设计和管理工作，并就物流系统的整个运营效果向物流服务需求方负责。当物流服务提供方在按照物流服务需求方的要求完成物流系统的开发、设计时，物流合同即具有技术合同的某些特性。当以其拥有的物流设施、设备和作业场所完成一些具体的物流作业时，物流合同又具有运输、仓储和加工承揽合同等特性。

（2）物流合同与委托合同。委托合同是委托人和受托人约定，由受托人处理委托人事务的合同。委托合同的目的是处理或管理委托人的事务，在委托方式上，委托人可以委托受托人处理一项事务，也可以委托其处理数项事务。从《民法典》合同编第二十三章对委托合同的规定来看，物流合同是物流服务提供方接受物流服务需求方的委托，为物流服务需求方设计并管理物流系统，提供综合物流服务的合同，具有委托合同的某些特性。

（二）物流合同适用法律的确定

《民法典》合同编并没有规定物流合同，按照《民法典》第四百六十七条的规定，《民法典》或者其他法律没有明文规定的合同，适用《民法典》合同编通则的规定，并可以参照合同编或者其他法律最相类似合同的规定。具体地，如果物流服务提供方为物流服务需求方设计物流系统部分，可参照《民法典》合同编中关于技术合同的一般规定和技术开发合同的规定；如果物流服务提供方提供具体物流作业服务的部分，根据服务的具体内容可分别适用运输合同、承揽合同、仓储合同、保管合同等的规定；上述相关规范没有规定的部分，也可参照有关委托合同的规定。如果有关权利义务在现有法律中找不到类似的典型合同规则，则应根据《民法典》合同编的基本原则和一般规定，遵循诚实信用原则和交易习惯，平衡合同双方的利益，参照当事人追求的经济目的处理。《物流服务合同准则》明确：物流合同的订立、生效、履行、变更和转让、权利义务终止和违约责任等，应严格遵守《民法典》合同编的规定，并应遵守合同内容所涉及的我国其他有关法律、法规、规章等规范性法律文件。

二、物流合同的特点

（一）物流合同是双务合同

根据当事人双方权利义务的分担方式，合同可分为单务合同和双务合同。单务合同是指仅有一方当事人承担给付义务的合同。双务合同是指当事人双方相互享有权利、承担义务的合同。在双务合同中，每一方当事人既是债权人又是债务人。物流合同的双方当事人，都既是债权人又是债务人，既享有债权也负有债务，并且一方的义务就是另一方的权利。如物流服务提供方负有为物流服务需求方设计物流系统、谨慎管理整个物流系统以及负责物流系统的顺利运营的义务，同时享有向物流服务需求方收取物流服务费的权利；而物流服务需求方负有支付物流服务费的义务，也享有要求物流服务提供方按约定设计物流系统、管理物流系统的运营及提供约定的物流服务的权利。

（二）物流合同是有偿合同

根据当事人取得权利是否必须偿付代价，合同可分为有偿合同和无偿合同。有偿合同是指享有合同权利必须偿付相应的代价的合同。无偿合同是指享有合同权利而不必偿付相应代价的合同。在物流合同中，物流服务提供方有收取物流服务费的权利，但必须以为物流服务需求方设计和管理物流系统，并承担整个物流系统运营的责任为代价；相应地，物流服务需求方也必须以支付物流服务费为代价，获取享受物流服务提供方提供的物流服务的权利。这符合有偿合同的特点。

（三）物流合同是诺成合同

依据合同的成立是否以交付标的物为要件，合同可分为诺成合同和实践合同。诺成合同是指当事人意思表示一致即成立的合同。实践合同是指除当事人意思表示一致外，还必须交付标的物才能成立的合同。一般地，确定合同是诺成的还是实践的，主要根据法律的规定。我国《民法典》并没有规定物流合同，但从物流合同的具体运作来看，物流合同成立于物流服务需求方和物流服务提供方之间就物流服务协商一致，不需要标的物的交付，因而为诺成合同。

（四）物流合同是提供劳务的合同

物流合同的客体主要是物流服务提供方向物流服务需求方提供物流服务的行为。在物流服务提供方为物流服务需求方提供服务的整个过程中，物流服务提供方没有处分货物的权利，必须按物流服务需求方的指示将货物交付给指定的人。但是，广义的物流合同并非全是提供劳务的合同，如配送合同是一种商流与物流结合得非常紧密的合同（参见本书第5章），其中，销售配送合同的标的既包括物，也包括行为，配送人既将标的物的所有权转移给了用户，同时也为用户提供了配送服务。

（五）物流合同是非典型合同

根据法律、行政法规是否明确规定其名称和调整范围，合同可以分为典型合同和非典型合同。典型合同是指法律、行政法规中有明确规定的合同。非典型合同是指在现行法律、行政法规中没有专门规定的合同。我国《民法典》规定了19种合同，包括运输合同、仓储合同等，在其他法律、行政法规中还规定了其他各类的合同，但均未有对物流合同的专门规定，因此，物流合同属于非典型合同。

三、物流合同的订立

（一）要约

要约又称报价、发盘、发价，是订立物流合同的必经阶段。根据《民法典》第四百七十二条的规定，要约是希望与他人订立合同的意思表示。发出要约的一方为要约人，收到要约的一方为受要约人。

1.要约的有效要件

要约为一种意思表示，是物流合同双方将希望在它们之间产生物流法律关系的内在意图表达于外部的过程。根据《民法典》第四百七十二条的规定，要约能产生当事人预期的法律效果，应满足以下条件：第一，内容具体确定。要约中应包括所欲订立物流合同的基本内容。第二，表明经受要约人承诺，要约人即受该意思表示约束。实践中，物流服务需求方和物流服务提供方都可以作为要约人向对方发出要约，表示希望与对方订立物流合同的愿望。

2.要约的生效时间

根据《民法典》第四百七十四条和第一百三十七条的规定，要约到达受要约人时生效。如果采用数据电文形式订立物流合同，收件人指定特定系统接收数据电文的，该数据电文进入该特定系统的时间，视为到达时间；未指定特定系统的，该数据电文进入收件人任何系统的首次时间，视为到达时间。要约一经生效，要约人即受要约的约束，不得撤回、随意撤销或对要约加以限制、变更或扩张。

3.要约的撤回和撤销

要约的撤回是指要约人在发出要约后，在要约生效前所作出的收回要约的意思表示。《民法典》第四百七十五条及第一百四十一条规定，撤回要约的通知应当在要约到达受要约人之前或与要约同时到达受要约人，才能有效地撤回要约。

要约的撤销是指要约人在要约生效后，将该项要约取消，使其法律效力归于消灭的意思表示。由于要约撤销在要约生效后，因此撤销要约是受严格限制的。《民法典》第四百七十六条规定，要约可以撤销，但是有下列情形之一的除外：（1）要约人以确定承诺期限或者其他形式明示要约不可撤销；（2）受要约人有理由认为要约是不可撤销的，并已经为履行合同做了合理准备工作。

4.要约的失效

要约生效后可因一定事由的发生而不具有法律约束力。《民法典》第四百七十八条规定了引起要约失效的法定事由，包括：（1）要约被拒绝；（2）要约被依法撤销；（3）承诺期限届满，受要约人未作出承诺；（4）受要约人对要约的内容作出实质性变更。

（二）承诺

《民法典》第四百七十九条规定，承诺是受要约人同意要约的意思表示。有效的承诺应当符合以下条件：

1.承诺必须由受要约人作出并且必须向要约人或者其代理人作出

未经授权，任何第三人作出的同意要约的意思表示都不构成有效承诺。

2.承诺必须在承诺期间内作出

根据《民法典》第四百八十一条的规定，如果要约有承诺期限，受要约人应当在确定的期限内作出；没有确定承诺期限的，如果是以对话方式发出的要约，应当即时承诺；如果是以非对话方式发出的要约，应当在合理期限内到达。所谓合理期限，应考虑习惯、交易的性质以及要约使用的通信方法的迅速程度等因素。

3.承诺的内容必须与要约的内容一致

《民法典》第四百八十八条规定，承诺的内容应当与要约的内容一致，即承诺的意思表示与要约的内容在实质上一致，并不要求在文字表述上完全一致。非实质性内容变更不影响承诺的效力。如果受要约人在承诺中对要约的实质性内容加以扩张、限制或变更，便不构成承诺，而只能视为对原要约的拒绝而发出的一项新要约。

4.要约对承诺的作出和传递方式有明确规定的，承诺应当遵从这些规定

要约中对此并未明确规定，则承诺一般应采取与要约相同的方式，或者使用比要约更快的方式。承诺可以是任何方式，物流合同如果有特定的行业习惯，受要约人实际履行要约的行为构成承诺。沉默一般不构成承诺，除非法律另有规定或者当事人另有约定，或者交易双方之间有交易习惯或者长期业务往来。承诺可以撤回，但是撤回承诺的通知应当在承诺通知到达要约人之前或者与承诺通知同时到达要约人。

《民法典》第四百八十四条及第一百三十七条规定，承诺通知到达要约人时生效。承诺不需要通知的，根据交易习惯或者要约的要求作出承诺的行为时生效。采用数据电文形式订立物流合同的，承诺到达的时间适用《民法典》对要约到达受要约人的类似规定。

四、物流合同的形式

合同的形式是指订立合同的当事人双方达成的协议的表现形式，是合同内容的外观和载体。它分为：

（一）法定形式

法定形式是指法律直接规定某种合同应采取的特定形式，不允许当事人选择或变更。法定形式的效力取决于法律的规定。由于物流合同目前还没有明确的法律规定，更没有对其订立形式的规定，因此不存在法定形式。

（二）约定形式

约定形式即当事人对于没有法定形式要求的合同而约定采取的形式，包括：

1.口头形式

这是指当事人使用语言进行意思表示订立合同。口头形式简便易行，一般地，经常进行业务往来的物流合同双方当事人可以直接对话或者电话联系，以便在长期使用的合同基础上迅速达成协议。此外，很多物流合同的分单作业合同是以电话的形式约定的。虽然理论上承认口头合同的效力，但这样的合同缺乏证明。所以一般在实践中，口头对分单作业合同约定后，会有提单、货票、收据等单据在合同当事人之间使用，形成对合同的证明，一定程度上可以弥补口头合同的欠缺。

2.书面形式

按照《民法典》第四百六十九条的规定，书面形式是指合同书、信件和数据电文（包括电报、电传、传真、电子数据交换和电子邮件）等可以有形地表现所载内容的形式。书面形式有据可查，发生纠纷时便于分清责任。鉴于物流合同的复杂性和特殊性，《物流服务合同准则》建议物流合同应优先采用书面形式。

3.其他形式

其他形式是指除口头和书面形式以外的合同形式。

在订立合同时采用何种形式，可以由物流合同双方当事人根据实际情况共同确定。

五、物流合同的条款

（一）物流合同的一般条款

合同条款是当事人达成合意的具体内容。《民法典》第四百七十条对合同的一般条款作了明确规定；国家标准化管理委员会制定的《物流服务合同准则》也规定了物流合同至少应当具备的条款：①合同标的；②物流服务提供方应具备的条件（如设施、设备、建筑物等硬件条件和人员、安全管理体系、信息化系统等软件条件）；③物流服务期限；④物流服务履行方式；⑤物流服务费用及结算方式；⑥不可抗力约定；⑦违约责任；⑧争议解决方式。物流合同还可根据需要增加例外条款、保密条款、补充条款、合同附件等内容。对此，双方当事人在订立物流合同时可以遵循。

根据上述法律规定，并结合物流实践，物流合同的一般条款有：

（1）当事人的名称或者姓名和住所。

（2）物流服务范围和内容。物流服务提供方在提供物流服务时可能涉及如下内容：承接物流系统开发、物流策略订立业务，物流信息管理系统开发与信息管理、数据交换网络功能开发和维护，物流单证设计和物流业务管理，货物运输服务（包括承运人选择、货运代理、进出口报关等），承接中介、对外谈判和合同签订业务以及咨询业务、综合物流业务等。

（3）合作方式和期限。它是指物流服务提供方在一定期限内以哪种运营模式向物流服务需求方提供服务，是仅提供运输、仓储等单一或者少数物流功能的组合服务项目，还是提供实物运输、仓储、配送、分销、流通加工、采购、咨询和信息以及其他增值作业等服务，或者是物流服务需求方与物流服务提供方建立长期物流合同，形成一体化供应链物流方案，根据集成方案将所有物流运作以及管理业务全部交给物流服务提供方。

（4）双方具体权利和义务。其中最重要的是物流服务提供方提供物流服务并收取费用，而物流服务需求方交付费用并享受对方提供的物流服务。

（5）物流服务所应达到的标准。物流服务具有很强的技术性，当事人在物流合同中应详细规定技术标准。

（6）实物交接和费用的结算、支付。物流活动分为很多环节，物流合同应尽量具体地规定每个环节的实物交接和费用结算、支付。

（7）违约和解约的处理。当事人可以在合同中约定何种情况下解除合同以及双方违约责任的承担。

（8）免责条款。当事人约定的用以免除合同责任的条款。免责条款可以由双方当事人自由约定，但不得违背法律的强制性规定。

（9）争议的解决方法。当事人可以约定以仲裁或者诉讼的方式解决纠纷。其中物流服务范围和内容、合作方式、服务所应达到的标准条款是实务中双方容易发生纠纷的条款，当事人签订合同时可以参照《物流服务合同准则》中"5.3.2 物流服务内容"的规定进行完善。

（二）标准物流合同与物流合同格式条款

在物流服务实践中，一些行业协会、大型物流企业及其他物流服务提供方往往制定物流标准合同，预先拟就合同的主要条款，在合同订立阶段，双方只需要在此基础上进行删减、修改或者补充，可以简化和加快物流合同的订立过程，减少为签订物流合同而花费的费用。此外，物流合同中经常包含格式条款，即为了重复使用而预先拟定，并在订立合同时未与对方协商的条款。其特点有：

（1）预先确定性。它由一方当事人预先拟定，或者由某些超然于双方当事人利益之上的社会团体、国家授权机关制定，或由法律直接事先规定。

（2）形式的标准化。格式合同的条款通常由一方将预先确定的合同条款印制成一定的文件，如仓单、提单等。

（3）提供方一般是拥有雄厚的经济实力或行业垄断地位的主体，并且往往凭借此优势规定免责条款以减轻或者免除其责任，对方当事人只能被动地接受合同条款。

《民法典》第四百九十六条至第四百九十八条对格式条款作出了诸多限制，以保护对方当事人的合法权益。目前多数物流服务提供方制定的物流标准合同都有自己的物流格式条款，这些条款应当遵守《民法典》的相关规定：

（1）说明义务。提供格式条款的一方应当遵循公平的原则确定当事人之间的权利义务，并采取合理的方式提请对方注意免除或者限制其责任的条款，按照对方的要求，对该条款予以说明。

（2）格式条款无效的情形。格式条款具有《民法典》第四百九十七条规定的合同无效的情形，或者第五百零六条规定的无效免责的情形，或者免除提供格式条款一方当事人主要义务、加重对方责任、排除对方主要权利的条款，均无效。

（3）对格式条款的解释和排除适用。对格式条款的理解发生争议的，应当作出不利于提供格式条款一方的解释。格式条款和非格式条款不一致的，应当适用非格式条款。

> ▶ 拓展阅读1-3
>
> #### 《物流服务合同准则》解读
>
> 物流合同是物流服务各方当事人权利义务关系的依据，科学合理的物流服务合同能够更好地保护合同各方当事人的合法利益，提供解决纠纷的方案。在实践中，物流合同标的描述不准确、内容约定不完整、履行条款不完善、责权表述不清晰等现象常导致物流服务过程中出现纠纷，并在纠纷发生后无法根据合同准确划分责任。为此，国家标准化管理委员会制定了《物流服务合同准则》（GB/T 30333—2013），明确了物流合同的基本要求、条文编排和主要内容，包含物流合同的基本构成要素、物流服务内容的条款设计、物品验收内容、费用与结算表述、违约条款设计、不可抗力处理及保险的约定等物流合同的主要方面和关键事项，适用于物流企业拟定包括运输、储存、装卸、搬运、包装、流通加工、配送、信息处理及方案设计和规划等主要的物流服务的合同文件。标准对于规范物流服务合同行为，减少物流服务过程中的法律纠纷和由此产生的损失，保护物流服务合同相关方的合法权利，从而进一步规范我国物流市场，创造良好的市场竞争环境，引导物流行业的健康有序发展具有重要意义。

↑互动课堂1-3

签订物流合同应当注意哪些问题？

答：（1）物流合同的内容比较复杂，一般应当明确规定当事人的名称或者姓名和住所，物流服务的范围和内容，合作方式和期限，双方具体的权利和义务，免责条款，服务所应达到的指标，实物交接和费用的结算、支付等。

（2）不同物流合同对合同事项的约定会有一定差异，并不是上述物流合同约定事项在每个物流合同中都是齐全的，可视具体情况增减。

（3）物流过程是一个长期合作的过程，物流合同需要约定违约及争议的解决办法、费用及责任的承担。

（4）提供格式合同时应注意条款不得违反国家的强制性规定。

任务四　了解先进技术对我国物流法律法规的影响

科学技术的发展催生了现代物流业并促进其发展，进入21世纪后，以互联网为基础的先进技术的运用，不仅改变着物流作业的具体操作，而且改变了物流服务运营方式和市场结构，进而影响到物流法律法规。

一、先进技术在物流服务中的运用

（一）物联网技术在物流服务中的运用

物联网（Internet of Things，IoT）是指通过各种信息传感器、射频识别技术、全球定位系统、红外感应器、激光扫描器等装置与技术，实时采集任何需要监控、连接、互动的物体或过程，采集其声、光、热、电、力学、化学、生物、位置等各种需要的信息，通过各类可能的网络接入，实现物与物、物与人的泛在连接，实现对物品和过程的智能化感知、识别和管理。物联网是一个基于互联网、传统电信网等的信息承载体，它让所有能够被独立寻址的普通物理对象形成互联互通的网络。[①]

物流的本质就是实现物的移动，物联网与现代物流有着天然紧密的联系。其关键技术，诸如物体标识及标识追踪、无线定位等新型信息技术的应用，实现了单个商品的识别与跟踪，能够有效实现物流的智能调度管理，整合物流核心业务流程，加强物流管理的合理化，降低物流消耗，从而降低物流成本，减少流通费用，增加利润。

在运输、配送环节，承运人可以通过货物的电子代码自动获取货物信息数据，进行货物分类，降低取货、送货成本。并且，可以利用电子代码的唯一性和仿造的高难度来鉴别货物真伪。由于其读取范围较广，可实现货物通关和运输路线的追踪。如果在运输途中出现问题，承运人可以对其进行准确定位，作出及时的补救，使损失尽可能降到最低。承运人通过电子代码，还可以向物流服务需求方（甚至消费者）提供物流信息增值服务。

在仓储环节，采集出入库货物信息，嵌入相应的数据库，经过数据处理，实现

---

① 刘陈，景兴红，董钢. 浅谈物联网的技术特点及其广泛应用［J］. 科学咨询，2011（9）：86.

对产品的拣选、分类堆码和管理。若仓储空间设置相应的货物进出自动扫描记录，则可防止货物被盗窃或因操作人员疏忽而引起物品流失，从而提高库存的安全管理水平。

（二）区块链技术在物流服务中的运用

从科技层面来看，区块链和分布式记账技术是利用已加密保护的链条式区块结构和分布式节点共识算法，来执行数据验证、存储、更新的一种分布式去中心化的计算范式，涉及数学、密码学、互联网和计算机编程等很多科学技术问题。从应用视角来看，区块链是一个分布式的共享账本和数据库，具有去中心化、不可篡改、全程留痕、可以追溯、集体维护、公开透明等特点，这些特点保证了区块链的"诚实"与"透明"，为区块链创造信任奠定了基础。而区块链丰富的应用场景，基本上都基于区块链能够解决信息不对称问题，实现多个主体之间的协作信任与一致行动。[①]

物流领域有多方主体参与，涉及庞大的信息交流共享，其中往往涉及敏感信息以及信息安全的问题。在传统互联网技术下，经常由具有强势地位的企业构建一个中心化的物流信息共享平台，以供上下游企业进行线上信息对接和线下运营合作，但是此类平台的安全性和完备性完全依赖于该核心企业，在长期运营中存在较大风险。如果不依赖核心企业，则往往存在信息孤岛，商流、物流、信息流、资金流四流合一的全网数据难以获取，企业协同交互成本高，多方协同难以实现，物流数据真实性难以保证。从物流企业内部来看，生产数据造假、设备数据孤岛、一线员工工作单调重复、机构臃肿、沟通成本高、信息传递效率低等问题日益凸显。

区块链技术的出现为上述问题提供了解决出路。由于区块链技术分布式共享账本、公开透明、防篡改、可追溯等技术特性，可协同物流服务的各方，构建一个既公开透明又充分保护各方隐私的开放式区块链网络，实现物流服务体系商流、物流、信息流、资金流"四流合一"，从而解决物流中信息不对称和信息造假的问题。例如，将单据流转及电子签收过程写入区块链存证，实现物流各环节凭证签收无纸化，从而实现交易过程中的信息流与单据流一致。再如，用户可以直接将物流操作行为全流程记录于区块链，可在线提交电子合同、维权过程、服务流程明细等电子证据，各环节电子数据的生成、存储、传播和使用全流程可信，从而建立起整个物流领域的信用体系。通过整体的完整结构，区块链能够解决物流服务中包括信息孤岛、取证困难等一系列问题。[②]

（三）人工智能技术在物流服务中的运用

人工智能（Artificial Intelligence，AI）是研究、开发用于模拟、延伸和扩展人的智能的理论、方法、技术及应用系统的一门新的技术科学，可以实现对人的意识、思维的信息过程的模拟，使机器能够胜任一些通常需要人类智能才能完成的复杂工作。不同的时代、不同的人对"复杂工作"的理解不同，它随着时代的发展和技术的进步而变化，人工智能这门科学的具体目标也自然随着时代的发展而发展，人工智能的界定并没有统一的标准。

① 李拯. 区块链，换道超车的突破口 [EB/OL]. [2024-08-15]. http://www.xinhuanet.com/politics/2019-11/04/c_1125190133.htm.
② 何黎明. 以区块链创新推动物流供应链高质量发展 [J]. 中国物流与采购，2019（22）：8-10.

在当代，以智能感知、图像与视频理解与分析、自然语言处理、知识图谱、数据挖掘与分析、自主决策等为代表的人工智能技术，作为引领未来的战略性技术，将在丰富的应用场景和海量数据的支撑下，推动整个物流行业从劳动密集型服务行业向科技密集型服务行业转变，从而改变物流服务市场的结构与服务提供方式。例如，通过人工智能算法完成物流产品的分拣，替代了人为参与；无人驾驶技术可以避免由于驾驶人员的疏忽造成的意外损失，而无人机配送则可以缩短配送时间，克服由于自然、地理等因素造成的物流不通不畅的困难，解决"最后一公里"的物流配送难题；人工智能可以自动识别物流企业场院内外的人、物、设备、车的状态，并且学习优秀的管理经验和指挥调度方案等，进而逐步实现对物流工作人员的辅助决策，甚至可以实现自动决策。

二、先进技术运用影响物流法律规范

先进技术在物流服务中的运用，在一定程度上解决或缓解了传统技术条件下的法律纠纷。例如，物联网技术的广泛应用从根本上改变了对货物生产、运输、仓储、销售各环节物品监控和动态协调的管理水平，物流企业可以为物流服务需求方提供更为精准的服务，物流合同的履约水平得到提高；依托区块链技术所构建的信用体系，可以强化对物流企业市场行为的法律监管；人工智能的运用，可以大大减少物流服务中由于人的过失造成的损失，减少法律纠纷。同时，先进技术的使用推广也对现行物流法律规范提出了挑战。

（一）先进技术运用对我国物流民事法律规范的影响

物流民事法律关系大都围绕物流合同展开。在传统技术条件下，通过对当事人要约、承诺来判断其合同关系。例如，在区块链技术下，当事人将合同内容编成程序代码，记录在区块链上，在满足合同条件的情况下，参照区块链的记录，自动执行相应的合同，即该合同实质上是事先决定的，在特定条件满足后自动运行应用程序。为此，当事人合意的判断、合同效力以及当事人权利义务内容等，需要不同的法律规则。再如，运用人工智能技术进行的无人驾驶运输作业发生意外造成损失，如何认定责任人以及其责任基础如何界定，也需要不同的考量。随着物流业务的数字化、智能化转型，物流链上的各个当事人需要处理大量的用户信息和业务数据，这些数据泄露造成的损失如何计算，如何认定责任人，亦需要相应的法律规则予以明确。因此，先进技术运用于物流服务领域时，对当事人法律地位的认定、权利义务内容及责任制度等，都需要物流民事法律规范作出相应的调整。

（二）先进技术运用对我国物流行政法律规范的影响

未来物流企业提供服务的能力主要取决于其对先进技术的运用能力，那么在市场准入规范上应如何体现呢？大部分的物流服务交易行为发生在网络空间，甚至基于程序代码的特性自动执行，现行行政法律规范尚不足以对此类行为进行充分的规制。因此，需要我国物流行政法律法规对此作出回应。

（三）先进技术运用对我国物流技术规范的影响

随着先进技术的运用，物流服务市场必然引入适用先进技术的设施设备，可能产生新的术语、不同格式的数据、更新的业务操作，这就需要制定相应的技术规范，实现标准化。

面对先进技术运用于物流领域所带来的法律问题，我国已制定了一些法律、行政法规、技术规范、司法解释等加以解决，如《电子商务法》《数据安全法》《区块链信息服务管理规定》《民用无人驾驶航空器经营性飞行活动管理办法（暂行）》《智能船舶规范》《通用航空装备创新应用实施方案（2024—2030年）》等，但相对于先进技术的发展速度，相关法律规范还非常欠缺，需要进一步加强对先进技术运用于物流服务的法律问题研究，加快立法步伐，为促进先进技术的发展和先进技术与物流行业的深度融合，提供法律依据和法律保护。

📡 互动课堂1-4

在先进技术广泛运用的时代背景下，我国物流法律制度发展应遵循哪些原则？

答：在先进技术广泛运用的时代背景下，我国物流法律制度发展应遵循以下原则：

第一，坚持促进发展的原则。应始终把促进先进技术在物流行业的科学合理运用、可持续发展摆在首位。一是保障有关各方主体权益，明确义务和责任。二是鼓励创新，充分发挥市场在资源配置中的决定性作用，鼓励形成企业自治、行业自律、社会监督、政府监管的社会共治模式，同时通过创新监管更好地发挥政府作用。三是在发展中逐步规范，在规范中持续发展。

第二，坚持问题导向的原则。先进技术运用于物流业的过程中面临一些突出矛盾和问题。一是法律体系和商业规则有待完善。二是市场秩序有待规范，交易环境需要健全完善。三是管理体制有待理顺，交易安全保障亟待加强。对于这些问题，应陆续采取一些措施加以解决，在制定相关法律规则时，应将成熟的经验做法作为制度确定下来，同时注重与相关法律法规相衔接。

第三，规范与保障并重的原则。规范先进技术供应方、物流服务提供方的经营行为，明确其资质条件、公示和审验义务、服务安全等，形成良好的营商环境。注重加强对物流服务需求方的保护力度，为在先进技术广泛运用的时代背景下物流行业的良性发展、互动创新奠定制度基础。

●●基本训练

1.单项选择题

（1）下列属于物流范畴的是（　　）。

A.戴尔召回一批电池不合格产品　　　　B.福特汽车向全球采购零部件

C.超市聘请模特促销商品　　　　D.某人从大连开车去北京旅游

（2）下列属于第三方物流的是（　　）。

A.中石油用油罐车将汽油配送到各下属加油站

B.首钢从澳大利亚运回矿石用于生产

C.中远海运与首钢签订合同，为其运输矿石

D.福特将汽车零部件从德国运到中国

2.多项选择题

（1）下列属于民事法律调整的物流关系的有（　　　　）。

A.国家采购一批医用器材，委托一物流公司运输

B.某国有公司将原材料运输包给一私营企业

C.某人申请注册物流公司

D.某承运人不慎将货物灭失

（2）下列属于我国物流法律法规的有（　　　　）。

A.《国内水路运输管理条例》　　　　　　　B.《中华人民共和国民法典》

C.判例法　　　　　　　　　　　　　　　　D.《国际铁路货物联运协定》

（3）下列可以由物流法律规范调整的有（　　　　）。

A.新注册货运代理公司

B.由于中远海运的迟延交付，收货方拒收

C.某人为了报复邻居，将邻居家的狗运至异地抛弃

D.甲将乙走私的车运往各地销售

3.判断题

（1）物流合同是双务、有偿、实践合同。　　　　　　　　　　　　　（　　　）

（2）目前，我国已经拥有了统一的物流法规，但其立法层次不高。　（　　　）

4.简答题

（1）简述物流法律规范的概念、特点及其表现形式。

（2）简述物流合同的特点和法律适用。

（3）如何确定物流服务提供方的法律责任？

●●综合应用

1.案例分析

进出口公司A将一批茶叶交由第三方物流经营人B安排装运，A与B签订了物流合同。B又将茶叶交由仓储公司C装箱，C在装箱时将茶叶和丁香配装在同一集装箱内。收货人D收到茶叶后进行质检，质检报告认为：茶叶与丁香串味，已经无法饮用。该批茶叶交货条件为CIF，由中国人民保险公司（以下简称人保）承保。A凭保险单向人保提出赔偿要求，人保在赔付之后取得代位求偿权，进而向B追偿。

请问：（1）B是否应当承担茶叶的损失？

（2）A与B之间的法律关系如何？

2.思考题

试述物流服务提供方在物流活动中如何更好地履行自己的责任。

3.实训题

收集近5年来物流服务提供方承担责任的案例，归纳导致其承担责任的细节，并谈谈对你今后的学习、工作有何启发。

项目二
物流企业市场准入与经营法律法规

学习目标

知识目标：

通过本项目的学习，掌握我国物流企业市场准入的相关法律法规；熟悉我国物流企业的设立、变更、消灭与清算。

能力目标：

熟悉各种类型物流企业的市场准入条件；熟悉物流企业设立登记程序；理解坚持改革开放政策对我国物流业发展的意义。

素养目标：

培养严谨细致的职业态度和脚踏实地、认真做事的职业素养；培养规范做事、诚实守信的职业习惯。

情境案例

中铁建业物流有限公司诉中铁建业集团有限公司追缴出资案

2014年8月12日，中铁建业物流有限公司（以下简称中铁建业物流）成立，注册资本为2亿元。股东为中铁建业集团有限公司（以下简称中铁建业集团），实缴资本为零，认缴期限为2044年5月28日。2017年2月23日，中铁建业集团将其在中铁建业物流中的100%股权2亿元零对价转让给江阴市远大燃料有限公司（以下简称远大公司），并进行股权变更，远大公司未向中铁建业物流缴纳注册资本。

2016年9月，中铁建业物流涉诉三起票据纠纷案件，法院分别判决中铁建业物流应向鹏翔公司、谷阔公司支付票据款50万元及利息，向张店经营部支付票据款100万元及利息。判决生效后，因中铁建业物流不能清偿到期债务且明显无清偿能力，谷阔公司向法院申请中铁建业物流破产，法院经审查后于2017年9月5日作出受理裁定。上述债务截至破产受理时合计2 160 164.5元。中铁建业物流向法院起诉，请求判令中铁建业集团立即补缴注册资本2 160 164.5元，远大公司承担连带责任。

法院经审理认为，中铁建业集团在未履行出资义务的情况下即向远大公司转让股权，远大公司对此知情且未支付对价。现法院已受理对中铁建业物流的破产清算申请，故中铁建业物流有权要求中铁建业集团履行出资义务，远大公司对此应当承担连带责任。遂判决中铁建业集团向中铁建业物流缴纳出资款2 160 164.5元，远大公司承担连带清偿责任。中铁建业集团不服一审判决，上诉至无锡市中级人民法院。无锡中院经审理后驳回上诉，维持原判。

资料来源 江苏省无锡市中级人民法院民事判决书（2018）苏02民终1516号。

任务一   了解物流企业及相关法律法规

目前，在我国的行业分类目录中没有物流业这个名称，在 2017 年 10 月 1 日开始实施的《国民经济行业分类》（GB/T 4754—2017）中，交通运输、仓储和邮政业归为一大类，下设铁路运输、道路运输、水上运输、航空运输、管道运输、多式联运和运输代理、装卸搬运和仓储业、邮政类等分行业，该分类与现代意义上的物流业相当接近。由于我国法律规范没有对物流企业确定一个明确具体的标准，因此对于何谓物流企业存在不同的理解①，主要有：①将为生产企业提供全部或部分物流服务的外部供应商理解为物流企业。②将仓储企业、运输企业、外贸进出口企业等视作传统物流企业，而将从事第三方物流服务的企业视作现代物流企业。③把从事仓储、运输、包装、装卸等一项或几项服务的企业称为功能性物流企业，而把从事全部物流服务的企业称为综合性物流企业。

一、物流企业的法律概念及法律特征

（一）物流企业的法律概念

根据《物流术语》（GB/T 18354—2021），物流企业是指从事物流基本功能范围内的物流业务设计及系统运作，具有与自身业务相适应的信息管理系统，实行独立核算、独立承担民事责任的经济组织。该规定明确了物流企业并不仅仅指提供一体化物流服务的第三方物流企业，只要是从事物流运输、仓储、加工、装卸、包装、配送等一项或多项物流业务的都是物流企业。具体来说，物流企业是指以材料、半成品、成品从生产地到消费地进行用户服务、需求预测、情报信息联络、物料搬运、订单处理、采购、包装、运输、装卸、仓库管理以及废物回收处理等一系列以物品为对象的活动，以获取盈利、增加积累、创造社会财富为目的的营利性社会经济组织，是具备为物质资料提供流通服务能力的组织。从法律上讲，物流企业是具有权利能力和行为能力，能够依法独立享有民事权利和承担民事义务，从事物流活动的经济组织。

（二）物流企业的法律特征

物流企业的法律特征主要体现在以下三个方面：

1.物流企业应具备法律所规定的主体资格

物流企业在法律上具有权利能力和行为能力，能够依法独立享有民事权利，履行民事义务。这决定了物流企业能够自主经营、自负盈亏，是以获取利润、增加积累、创造社会财富为目的的营利性组织，能够在市场经济的运行和发展过程中平等地参与和竞争，并承担相应的民事责任。我国与物流相关的法律法规并没有要求物流企业必须是企业法人，因此，它可以包含企业法人和非法人组织，非法人组织只要具有法律所规定的主体资格，专门从事物流活动，也属于物流企业。

---

① 我国第一家以物流冠名的企业申请登记时，登记管理部门以行业分类目录中没有这一类为由不予办理，最后只得以仓储替代。现在虽然我国已出现了众多以物流为名称的公司，但是这些物流公司在经营范围一栏中，是不能填写"物流"这样一个抽象的名词的，必须明确是物流中具体哪一项活动，即经营范围为仓储、包装、运输或者装卸搬运等中的一项或几项。

2.物流企业依据法律规定的相应程序而设定

任何一家物流企业，都必须依照一定的法律程序，取得相应资格后方能进行经营，而且这些物流企业变更、终止也需要根据相应的法律法规按照一定的程序办理。

3.物流企业具有特定的经营范围

物流企业经营范围广泛，但总体而言有其特定性，即承担着供给商（包括生产商、供应商）和消费者（包括生产消费者、生活消费者）之间的货物储存、运输、加工、包装、配送、信息服务等部分或全部活动。这是物流企业区别于其他行业企业的根本特征。

二、物流企业的类型

（一）按从事物流业务范围的大小划分

根据从事物流业务范围的大小不同，物流企业可分为功能性物流企业和综合性物流企业。

1.功能性物流企业

功能性物流企业又称单一性物流企业，是指仅从事仓储、运输、包装、装卸等一项或几项物流服务的物流企业。这类企业根据其从事的具体物流功能不同，又可具体分为以下几种类型：① 仓储服务型物流企业。其是以仓储保管业务为盈利手段的企业，主要从事货物的接运、入库、保管保养、发运或运输等流动过程的经营活动，提供对产品的整合、货物分类服务，承担加工或参与少量的制造活动以及支持企业的销售服务，并起到调节供应和需求的作用，但储存保管是主要的功能。我国的仓储服务型物流企业主要集中在商业、粮食、物资、外贸、交通运输、邮政及工业等方面，提供的仓储服务大多较为简单。②运输服务型物流企业。其是使用运输工具对货物进行运送，以实现物流的空间效用的企业，主要从事货物从生产地向仓储集散地，以及从仓储集散地向消费地等的运输活动，如各种公路、铁路、航空运输公司等。③装卸服务型物流企业。其是从事货物搬运，以改变其存放状态和空间位置的物流服务活动的企业，可分为铁路装卸、港口装卸、场库装卸等。④包装服务型物流企业。其是采用适当的材料，制成与货物相适应的容器，对货物进行包裹、捆扎，以便货物搬运、装卸、运输、保管和销售的企业，通常分为消费包装企业和工业包装企业两类。⑤信息服务型物流企业。其是通过互联网，利用信息网络、电子商务等方式向社会、企业及个人提供新闻、行业动态、企业目录、供求检索等信息服务的电子商务物流服务活动的企业。

2.综合性物流企业

综合性物流企业即从事原材料、半成品、成品从生产地到消费地之间的运输、储存、装卸、包装、流通加工、配送、信息处理等全部物流服务的物流企业。国外的综合性物流企业较多，如美国联合包裹运送服务公司（UPS）是全球最大的综合性物流服务商之一，服务范围涉及汽车运输、铁路运输、航空运输、仓库、通关、物流信息处理等物流业务及其关联业务。我国的中远海运物流、中外运物流等企业也属于综合性物流企业。

（二）按采取的物流运作方式划分

根据物流运作方式不同，物流企业可分为：

1.批发型物流企业

批发型物流企业即采用先进的设备和技术并实现规模化经营，具备物流中心、信息中心和配送中心等多种功能的物流企业，类似于商品交易中的批发商，主要为生产商和零售商提供商品流通服务。

2.国际流通物流企业

国际流通物流企业即从事不同国家之间物流服务的企业，负责货物从一国到另一国的空间转移。此类企业多为国际海上船舶运输公司、国际航空运输公司、国际多式联运经营人、国际铁路联运经营人等。

3.第三方物流企业

第三方物流企业即为物流服务的供、需双方提供全部或部分物流功能的独立的、专业化的外部服务提供商。它不拥有商品，不参与商品买卖，而是为客户提供以合同为约束、以结盟为基础的系列化、个性化、信息化的物流服务，包括设计物流系统，电子数据交换（EDI），报表管理，货物集运，选择承运人、货代、海关代理，信息管理，仓储管理，咨询，运费支付和谈判等。第三方物流企业为客户提供了一种新型的物流运作模式，使得供应链的小批量库存变得更加经济，并且可以提供比供需双方自有物流服务系统运作更快捷、更廉价、更安全和更高服务水准的物流服务。因此，许多企业将物流外包给第三方物流企业，以便自己集中精力组织生产。

4.第四方物流企业

第四方物流企业即对公司内部和具有互补性的物流服务供应商所拥有的不同资源、能力和技术进行整合和管理，从而提供一套供应链解决方案的集成商。这类企业在第三方物流企业的基础上对管理和技术等物流资源进一步整合，为用户提供全面的供应链解决方案，以密切客户和第三方物流企业的关系并进行规范化管理为目标。

（三）按从事货物流通的领域划分

根据从事货物流通的领域不同，物流企业可分为生产物流企业和流通物流企业。

1.生产物流企业

生产物流企业又称厂家物流企业，指在生产经营过程中，自己负责安排从生产所需要的原材料购进开始，经过生产加工到产成品和销售，以及伴随生产消费过程中所产生的废旧物回收及再利用的整个过程的物流活动的企业。严格来说，该类企业不属于物流企业的范畴，因为物流企业是专门从事物流经营活动的企业。因此，划分一个企业是物流企业还是生产企业，应该看企业主要是从事生产活动，还是主要从事物流活动。如果一个企业以生产活动为主，物流活动为辅，则应划分为生产企业；若以物流活动为主，生产活动为辅，则该企业应划分为物流企业。

2.流通物流企业

流通物流企业是与生产物流企业相对应的、专门从事货物流通的企业。从事批发、仓储、配送、运输等业务的企业，均为流通物流企业。

（四）按从事的业务性质划分

根据从事的业务性质不同，物流企业可分为：

1.物流作业企业

物流作业企业即对外提供运输、仓储、配送、包装、搬运、装卸、流通加工等服务的企业。

2.物流信息企业

物流信息企业即利用信息网络、电子商务等方式为其他企业提供物流信息服务的企业。这类企业建立在一个信息平台上，为客户提供信息服务，以收取信息费为主要营业收入。这类企业包括物流信息网站，但并不仅指物流信息网站，物流信息网站最终要以物流作业活动为基础。

（五）我国现有的物流企业类型

1.传统的仓储企业、物资企业

传统的仓储企业、物资企业即通过资产重组和流程再造，利用原有仓储设施建设配送中心，向用户提供配送、流通加工等物流服务的企业。其典型代表有中储物流、中铁物流等。

2.运输企业和货运代理企业

运输企业和货运代理企业即立足运输，开展"门到门"运输，提供运输代理，并且利用信息网络技术，与物流链上的其他企业进行合作，为用户提供集货、配送、包装、流通加工以及仓储等服务的企业。其典型代表有中远海运物流、中邮物流等。

3.生产企业自身成立相对独立的机构或实体

生产企业自身成立相对独立的机构或实体即成立物流作业子公司，承担母公司物资产品的运输、保管、装卸、包装等物流作业；或者成立物流管理子公司，将母公司的物流企划工作独立出来，负责母公司物流管理工作，此类企业主要有青岛海尔、上海大众、中石化、中石油、中海油等。

4.以现代物流需求为市场，面向社会开展物流事业经营的新兴物流企业

这类企业包括民营企业、合资企业等，主要提供第三方物流或多种物流功能服务等。

三、物流企业市场准入与经营所涉及的法规和政策

物流企业所涉及的法律法规层面包括了物流企业的市场准入、经营活动及监管等。

（一）物流企业市场准入涉及的法律法规

物流企业市场准入制度是指国家准许、限制或禁止企业进入某项物流业务经营活动的法律制度。目前关于物流市场准入制度的法律规范主要有两方面：

1.物流企业市场准入的一般性规定

一般性规定即规范物流企业进行经营活动所要求的具备主体资格的一般条件。物流企业市场准入的一般性规定主要体现在《民法典》中关于法人和非法人组织主体资格的一般规定，以及《公司法》《合伙企业法》《个人独资企业法》对有限公司和股份有限公司、合伙企业、个人独资企业以及外商投资企业的规定中。

2.物流企业市场准入的特别规定

我国对物流企业市场准入的特别规定，是在一般性规定之外，限定了从事某行业的物流企业的特殊准入条件。公路运输企业市场准入的法规和规章，主要是《道路运输条例》《道路货物运输及站场管理规定》。对于水路运输企业，涉及市场准入的相关

法规和规章包括《国际海运条例》等。在航空运输方面，涉及市场准入的相关法律法规和规章有《民用航空法》《定期国际航空运输管理规定》《公共航空运输企业经营许可规定》，以及《民用航空国内航线经营许可规定》等。

（二）物流企业市场经营活动涉及的政策文件

物流企业市场经营活动涉及的相关法规，主要是规范经营管理活动，指导物流企业发展方向的法律法规。《国务院办公厅关于加快推进政务服务"跨省通办"的指导意见》所附"全国高频政务服务'跨省通办'事项清单"第52项规定，申请人可异地申请经营快递业务，不受提交申请地点限制，不影响法定经营地域。《国务院关于加快建立健全绿色低碳循环发展经济体系的指导意见》中指出："积极调整运输结构，推进铁水、公铁、公水等多式联运，加快铁路专用线建设。加强物流运输组织管理，加快相关公共信息平台建设和信息共享，发展甩挂运输、共同配送。"《国务院办公厅关于以新业态新模式引领新型消费加快发展的意见》鼓励企业依托新型消费拓展国际市场：推动电子商务、数字服务等企业"走出去"，加快建设国际寄递物流服务体系，统筹推进国际物流供应链建设，开拓国际市场特别是"一带一路"沿线业务，培育一批具有全球资源配置能力的国际一流平台企业和物流供应链企业。充分依托新型消费带动传统商品市场拓展对外贸易，促进区域产业集聚。持续提高通关便利化水平，优化申报流程。探索新型消费贸易流通项下逐步推广人民币结算。鼓励企业以多种形式实现境外本土化经营，降低物流成本，构建营销渠道。

> **拓展阅读 2-1**
>
> ### 科学有效降低全社会物流成本
>
> 物流是实体经济的"筋络"，连接生产和消费、内贸和外贸。予降低全社会物流成本，对于构建高效顺畅的流通体系、畅通国民经济循环，更好支撑现代化产业体系建设具有重要意义。
>
> 党的十八大以来，我国物流业发展取得积极成效，物流成本总体下降，对国民经济发展的支撑保障作用显著增强。但与发达国家相比，社会物流总费用占GDP比重仍然较高；与高质量发展要求相比，物流与产业链供应链融合程度还不够深，制度性交易成本还偏高。科学有效地降低全社会物流成本，要瞄准全要素降本增效、衔接产业链供应链、提升智慧水平等关键环节，综合施策、持续发力。
>
> "一本账"管理，挖掘物流全要素降本空间。降低物流成本，必须实现物流各环节、全要素的降本增效。要进一步优化运输结构，打通"公转铁""公转水"等堵点卡点，因地制宜发挥不同运输方式的比较优势，配套完善相关运输设备，优化运输线路等，同时加快多式联运发展，实现无缝衔接、高效转运，提高综合运输效益。要强化仓储成本控制，提高仓储土地集约化利用水平，科学规划区域仓储中心，大力投放现代化仓储设备，优化库存管理模式，有效提升库存周转效率，减少仓储环节资金消耗和物品损耗。

"一盘棋"谋划，统筹物流与产业链供应链有效衔接。物流是深度嵌入产业链供应链的生产性服务业，物流降本增效不仅涉及物流要素本身的成本优化，更依靠物流与产业链供应链的衔接联动、协同融合。要加强物流枢纽与城市空间布局协调。统筹考虑地理条件、行政区划、城市功能分布和市场需求，构建科学化、集约化的物流布局，优化物流枢纽点位和网络布局，实现物流节点与城市功能区的相互配套，减少低效物流作业。要深化物流规划与产业布局结构融合，加强物流布局与产业链供应链布局的整体统筹，适应不同区域生产力布局和产业分工，形成生产物流、生活物流各有侧重、相互配套、彼此支撑的物流体系。

"一张网"运行，打造智慧物流新模式。庞大的物流量对应着巨大的数据量，数字化赋能物流业转型升级是实现降本增效的关键举措。要加快5G、物联网等创新技术的集成应用，提升数据实时传输能力，精准掌握物流数据动态变化趋势，强化对物流全链条的感知力。应用计算机视觉、深度学习等技术分析数据的区域分布和流向，提升客群画像精准度和供给适配度，提升物流全流程的智慧决策效能。要充分利用大规模设备更新和消费品以旧换新的契机，加快新型物流基础设施建设，更广泛应用无人驾驶、无人机、自动分拣等新技术新设备，降低人力成本，提升智慧化作业水平。此外，还要健全数据技术标准体系，加快建立物流业各项数据编码、管理、安全等技术标准，统一不同平台技术接口标准，提升平台兼容和数据交换的便利性，以高质量数据流动促进高水平物流运转。

物流降成本是一项涉及广泛的系统工程。系统推进、久久为功，挖掘物流全要素降本空间，不仅能促进物流业进一步发展，也将为实体经济发展提供更有力的支撑、创造更好的环境。

资料来源　吴惠. 科学有效降低全社会物流成本［EB/OL］.［2024-04-17］. http：//paper.people. com.cn/rmrbwap/html/2024-04/17/nw.D110000renmrb_20240417_2-18.htm.

互动课堂 2-1

物流企业对经济社会发展有何作用？

答：物流企业是物流服务的供应商，其职能是围绕如何为其顾客提供完整的以供应链组织协调为核心的整套服务。为此，现代物流企业的基本职能已突破了传统的仓储、运输等，提供以满足客户需求为核心，以资源优化配置为目标，以信息技术为支撑，以专业化服务为保证的整体物流解决方案。

（1）满足客户对物流服务的综合需求。物流企业存在的目的就是满足客户的各种物流服务需求。现代物流企业不仅是生产企业的原料库、成品库和运输商，而且也是最终用户和服务的供应者。它以现代信息技术为支撑，使传统的仓储运输服务提升到一个新水平；同时，开展配送、流通加工、物流系统优化、企业资源整合、物流信息系统规划和实施等深层次服务。

（2）降低运营成本。仓储运输是形成企业成本的主要内容，也是影响企业利润的主要因素。现代物流企业的主要职能之一，就是通过为客户提供专业化物流服务，优化客户物流系统，减少客户库存，缩短运输、配送周期，帮助客户提高运营效率，降低运营成本。

（3）实现物流功能整合。所谓物流功能整合，就是对各种物流功能性活动进行重组和协调，使其形成一个完整的物流系统，以提高系统的整体效率，实现系统的整体效益。物流企业在整个供应链中具有承上启下的作用，通过物流企业可以将生产企业、流通企业和最终用户联系起来，实现物流、商流和信息流的统一。另外，物流企业也可以通过专业化服务，整合客户所需要的各种物流活动，实现物流的功能最佳、成本最低、效率最高。

（4）提升客户竞争能力。物流企业为客户提供系统、有效的专业化物流服务，并与客户企业的业务系统实现完美的集成，可以使客户企业把优势资源集中于具有竞争力的核心业务中，提升客户的竞争力。

资料来源　刘丹. 物流企业管理［M］. 3版. 北京：科学出版社，2018.

任务二　认识物流企业的市场准入条件

一、我国物流企业市场准入的类型划分

我国物流企业的市场准入条件是指物流企业在什么条件下可以进入物流市场，参与市场活动。由于物流企业可能涉及运输、仓储、加工和配送等环节，我国法律法规对从事各环节的企业规定了相应的准入条件。

（一）普通类型物流企业的市场准入

在我国，从事通常的物流行业，如批发业、货物仓储等行业，需要在设立时有与拟经营的物流服务范围相适应的固定的生产经营场所、必要的生产经营条件，以及与所提供的物流服务相适应的人员、技术等，并到市场监督管理部门申请设立登记。

《民法典》中法人和营利法人设立的一般性规定对物流企业的设立具有普遍性约束意义。依据《民法典》的规定，依法成立的物流企业可以分为个人独资企业、合伙企业、有限责任公司、股份有限公司、外资企业等不同类型，并为我国物流企业取得合法的主体资格规定了一般性法定条件和登记程序。

《公司法》细化了作为有限责任公司、股份有限公司的物流企业的成立条件，为这类物流企业的设立提供了合法依据。《公司法》规定了公司注册资金的认缴登记制，并放宽了注册资本登记条件，降低了从事批发业、仓储等物流企业的门槛，只要符合我国《民法典》《公司法》以及其他法律法规关于设立企业法人的条件，就可以到市场监督管理部门申请设立登记，成立相应的物流企业，进入物流市场开展物流服务活动。经过现代企业制改革后，我国物流企业的经营机制以有限责任公司和股份有限公司占绝大多数。

《合伙企业法》规定了合伙企业设立的条件和程序，为采用合伙企业方式的物流企业提供了合法依据。

《个人独资企业法》规定了个人独资企业设立的条件和程序。个人独资企业是物流企业类型的重要补充，其设立程序简单，经营管理灵活自由，适用于规模有限的物流企业。

《外商投资法》规范了外商在我国投资进行生产经营的行为，其形式主要包括：①外国投资者单独或者与其他投资者共同在中国境内设立的外商投资企业；②外国投资者取得中国境内企业的股份、股权、财产份额或者其他类似权益；③外国投资者单独或者与其他投资者共同在中国境内投资新建项目的外商独资企业。该法对外商投资实行准入前国民待遇加负面清单管理制度，即国家规定在特定领域对外商投资实施准入特别管理措施（负面清单），对负面清单之外的外商投资，给予外国投资者及其投资不低于本国投资者及其投资的待遇。外商投资于负面清单外的物流企业享受国民待遇，加大了我国物流产业对外开放的力度。

（二）特殊类型物流企业的市场准入

特殊物流企业类型是指成立此类企业时，除了在市场监督管理部门进行设立登记外，还需要经过主管机关的审核或者履行其他行政手续才能进入市场，从事物流经营活动。

在公路运输方面，有国务院颁布的《道路运输条例》、交通运输部颁布的《道路货物运输及站场管理规定》等，规定物流企业经营道路货物运输业、道路货物运输服务业、道路货物运输站场必须符合规定的条件并取得交通运输部门颁发的许可证。

在水路运输方面，规定物流企业经营水路货物运输业、水路货物运输服务业必须符合规定的条件并取得交通运输部门颁发的许可证。

在国际海运方面，根据《国际海运条例》及其实施细则的规定，从事国际班轮运输业务的物流企业，需要符合条例和实施细则中规定的条件，经过国务院交通主管部门审核许可设立；从事无船承运业务的物流企业，则需要自开业之日起15日内向省、自治区、直辖市人民政府交通主管部门备案，备案信息包括企业名称、注册地、联系方式。经营国际船舶代理业务的物流企业，应当在开业后30日内向交通运输部报备企业名称、注册地、联系方式、企业统一社会信用代码等信息。

在航空运输方面，《民用航空法》《定期国际航空运输管理规定》《公共航空运输企业经营许可规定》等作出规定，物流企业经营公共航空运输、航空快递、国际航空货物运输业务必须符合规定条件并取得民航部门颁发的许可证。

在国际货物运输代理业务方面，《中华人民共和国国际货物运输代理业管理规定》（简称《国际货代业管理规定》）、《中华人民共和国国际货物运输代理业管理规定实施细则》（简称《国际货代业管理规定实施细则》）、《国际货运代理企业备案（暂行）办法》等规定物流企业经营国际货物运输代理必须符合规定条件并进行备案。

在外资物流企业市场准入方面，根据《外商投资准入特别管理措施（负面清单）（2024年版）》，在国内水上运输公司、公共航空运输公司、通用航空公司、民用机场、邮政公司和信件的国内快递业务方面作出一定限制条件或者禁止性规定。《国际海运条例》《国际海运条例实施细则》规定外商可以投资设立企业经营国际船舶运输、代理、管理，国际海运货物装卸、仓储、集装箱和堆场业务，必须符合法律、行政法规及国家其他有关规定的条件；《国内水路运输管理条例》规定外国的企业、其他经济组织和个人不得经营水路运输业务，也不得以租用中国籍船舶或者舱位等方式变相经营水路运输业务。

二、我国物流企业市场准入条件的相关法律法规

我国目前对物流企业市场准入进行规范的除了《民法典》《公司法》等一般法律外，还包括对有关仓储、运输以及代理等具体物流业务进行专门规定的法规等。

1.《民法典》

《民法典》第五十八条对法人成立作出详细规定。物流企业为法人的，应当符合《民法典》该条对法人成立的一般条件，即应当有自己的名称、组织机构、住所、财产或者经费。法律、行政法规规定须经有关机关批准的，还需要依照其规定。

2.《公司法》

《公司法》分别规定了设立有限责任公司和股份有限公司应具备的条件。物流企业为有限责任公司的，需要具备《公司法》第四条至第八条规定的条件：①有限责任公司的股东以其认缴的出资额为限对公司承担责任。②设立公司应当依法制定公司章程。③公司应当有自己的名称。公司名称应当符合国家有关规定。④公司以其主要办事机构所在地为住所。物流企业为股份有限公司的，需要符合《公司法》第九十二至第九十六条规定的条件：①发起人符合法定人数。②有在公司登记机关登记的已发行股份的股本总额。③股份发行、筹办事项符合法律规定。④发起人共同制定公司章程。⑤有公司名称，建立符合股份有限公司要求的组织机构。⑥有公司住所。

3.《民用航空法》

从事航空运输的物流企业，应当按照《民用航空法》第九十三条的规定，取得公共航空运输经营许可，具备下列条件：①有符合国家规定的适应保证飞行安全要求的民用航空器。②有必需的依法取得执照的航空人员。③有不少于国务院规定的最低限额的注册资本。④法律、行政法规规定的其他条件。

4.《中华人民共和国港口法》（以下简称《港口法》）

从事港口经营的物流企业，应当按照《港口法》第二十二条的规定向港口行政管理部门书面申请取得港口经营许可，并依法办理工商登记。第二十三条规定，取得港口经营许可，应当有固定的经营场所，有与经营业务相适应的设施、设备、专业技术人员和管理人员，并应当具备法律、法规规定的其他条件。

三、我国物流企业市场准入的行政法规和规章

1.《道路运输条例》

《道路运输条例》规定了我国从事道路运输经营以及与道路运输相关业务的企业市场准入条件。第二十一条规定，申请从事货运经营的，应当具备的条件：①有与其经营业务相适应并经检测合格的车辆；②有符合该条例第二十二条规定条件的驾驶人员；③有健全的安全生产管理制度。第二十二条规定，从事货运经营的驾驶人员，应当符合下列条件：①取得相应的机动车驾驶证；②年龄不超过60周岁；③经设区的市级人民政府交通运输主管部门对有关货运法律法规、机动车维修和货物装载保管基本知识考试合格。申请从事危险货物运输经营的，还应当符合第二十三条的规定：①有5辆以上经检测合格的危险货物运输专用车辆、设备；②有经所在地设区的市级人民政府交通运输主管部门考试合格、取得上岗资格证的驾驶人员、装卸管理人员、押运人员；③危险货物运输专用车辆配有必要的通信工具；④有健全的安全生产管理制度。

2.《道路货物运输及站场管理规定》

《道路货物运输及站场管理规定》第六条细化规定了从事道路货物运输经营应具备的车辆的技术要求和其他要求。第七条规定了申请从事道路货物运输站（场）经营应具备下列条件：①有与其经营规模相适应的货运站房、生产调度办公室、信息管理中心、仓库、仓储库棚、场地和道路等设施，并经有关部门组织的工程竣工验收合格；②有与其经营规模相适应的安全、消防、装卸、通信、计量等设备；③有与其经营规模、经营类别相适应的管理人员和专业技术人员；④有健全的业务操作规程和安全生产管理制度。

3.《铁路运输企业准入许可办法》

《铁路运输企业准入许可办法》第六条规定申请从事铁路运输的企业应当具备下列条件：①拥有符合规划和国家标准的铁路基础设施的所有权或者使用权。②拥有符合国家标准、行业标准以及满足运输规模需要数量的机车车辆的所有权或者使用权。仅有铁路基础设施使用权的，应当拥有机车车辆的所有权。③生产作业和管理人员符合铁路运输岗位标准、具备相应从业资格，且其数量满足运输规模需要。④具有符合法律法规规定的安全生产管理机构或者安全管理人员，以及安全生产管理制度和应急预案。⑤具有铁路运输相关的组织管理办法、服务质量标准、生产作业规范。⑥法律法规和规章规定的其他条件。

4.《国内水路运输管理条例》及《国内水路运输管理规定》

《国内水路运输管理条例》及《国内水路运输管理规定》规定了我国从事国内水路运输的物流企业的市场准入条件。其中，《国内水路运输管理规定》第五条规定，申请经营国内水路运输业务，除个人申请经营内河普通货物运输业务外，申请人应当符合下列条件：①具备企业法人资格。②有明确的经营范围，包括经营区域和业务种类。经营水路旅客班轮运输业务的，还应当有班期、班次以及拟停靠的码头安排等可行的航线营运计划。③有符合本规定要求的船舶，且自有船舶运力应当符合附件1的要求。④有符合本规定要求的海务、机务管理人员。⑤有符合本规定要求的与其直接订立劳动合同的高级船员。⑥有健全的安全管理机构及安全管理人员设置制度、安全管理责任制度、安全监督检查制度、事故应急处置制度、岗位安全操作规程等安全管理制度。

《国内水路运输管理规定》第六条规定，个人只能申请经营内河普通货物运输业务，并应当符合下列条件：①经市场监督管理部门登记的个体工商户；②有符合规定要求的船舶，且自有船舶运力不超过600总吨；③有安全管理责任制度、安全监督检查制度、事故应急处置制度、岗位安全操作规程等安全管理制度。此外，《国内水路运输管理条例》第八条规定，经营水路运输业务，应当按照国务院交通运输主管部门的规定，经国务院交通运输主管部门或者设区的市级以上地方人民政府负责水路运输管理的部门批准。取得水路运输业务经营许可，持水路运输业务经营许可证件依法向市场监督管理部门办理登记后，方可从事水路运输经营活动。

5.《国内水路运输辅助业管理规定》

水路运输辅助业务包括船舶管理、船舶代理、水路旅客运输代理、水路货物运输代理等水路运输辅助性业务经营活动。《国内水路运输辅助业管理规定》第五条规定，申请经营船舶管理业务，申请人应当符合下列条件：①具备企业法人条件；②有符合该规定要求的海务、机务管理人员；③有健全的安全管理机构和安全管理人员设置制度、安全管理责任制度、安全监督检查制度、事故应急处置制度、岗位安全操作规程等安全管理制度，以及与其申请管理的船舶种类相适应的船舶安全与防污染管理体系。第十二条规定，从事船舶代理、水路货物运输代理业务，应当自市场监督管理部门准予设立登记之日起15个工作日内，向其所在地设区的市级人民政府水路运输管理部门办理备案手续，并递交下列材料：①备案申请表；②"企业法人营业执照"复印件；③法定代表人身份证明材料。

6.《国际海运条例》及《国际海运条例实施细则》

《国际海运条例》及其实施细则规定了我国从事国际海上运输、无船承运业务及相关辅助业务如国际海运货物装卸、国际海运货物仓储、国际海运集装箱站和堆场等业务的物流企业的市场准入条件，物流企业从事这些经营活动的，需要符合条例和实施细则的条件。其中，《国际海运条例》第五条规定了经营国际客船、国际散装液体危险品船运输业务应当具备的条件：①取得企业法人资格；②有与经营业务相适应的船舶，其中必须有中国籍船舶；③投入运营的船舶符合国家规定的海上交通安全技术标准；④有提单、客票或者多式联运单证；⑤有具备国务院交通主管部门规定的从业资格的高级业务管理人员。第六条规定，经营国际客船、国际散装液体危险品船运输业务，应当向国务院交通主管部门提出申请，并附送符合本条例第五条规定条件的相关材料。国务院交通主管部门应当自受理申请之日起30日内审核完毕，作出许可或者不予许可的决定。予以许可的，向申请人颁发《国际船舶运输经营许可证》；不予许可的，应当书面通知申请人并告知理由。第七条规定，经营无船承运业务，应当自开业之日起15日内向省、自治区、直辖市人民政府交通主管部门备案，备案信息包括企业名称、注册地、联系方式。

7.《港口经营管理规定》

《港口经营管理规定》规定了从事港口经营，应当申请取得港口经营许可，并明确了一般港口经营和港口拖轮经营的准入条件。根据第七条的规定，从事港口经营（港口拖轮经营除外），应当具备下列条件：①有固定的经营场所。②有与经营范围、规模相适应的港口设施、设备。其中：A.码头、客运站、库场、储罐、岸电、污水处理设施等固定设施应当符合港口总体规划和法律、法规及有关技术标准的要求；B.为旅客提供上、下船服务的，应当具备至少能遮蔽风、雨、雪的候船和上、下船设施，并按相关规定配备无障碍设施；C.为船舶提供码头、过驳锚地、浮筒等设施的，应当有相应的船舶污染物、废弃物接收能力和相应污染应急处理能力，包括必要的设施、设备和器材；③有与经营规模、范围相适应的专业技术人员、管理人员。④有健全的经营管理制度和安全管理制度以及生产安全事故应急预案，应急预案经专家审查通过，依法设置安全生产管理机构或者配备专职安全管理人员。根据第八条的规定，从事港口拖轮经营，应当具备下列条件：①具备企业法人资格。②有满足拖轮停靠的自有泊位或者租用泊位。③在沿海港口从事拖轮经营的，应当至少自有并经营2艘沿海拖轮；在内河港口从事拖轮经营的，应当至少自有并经营1艘内河拖轮。④海务、机务管理人员数量满足附件的要求，海务、机务管理人员具有不低于大副、大管轮的从业资历且在申请经营的港口从事拖轮服务满1年以上。⑤有健全的经营管理制度和符合有关规定的安全与防污染管理制度。

8.《公共航空运输企业经营许可规定》

《公共航空运输企业经营许可规定》规定了从事公共航空运输经营，应当申请取得公共航空运输企业经营许可证。根据第六条的规定，设立公共航空运输企业应当具备下列条件：①不少于3架购买或者租赁并且符合相关要求的民用航空器；②负责企业全面经营管理的主要负责人应当具备公共航空运输企业管理能力，主管飞行、航空器维修和其他专业技术工作的负责人应当符合涉及民航管理的规章的相应要求，企业法定代表人为中国籍公民；③具有符合涉及民航管理的规章要求的专业技术人员；④不少于国务院规定的注册资本的最低限额；⑤具有运营所需要的主运营基地机场和其他固定经营场所及设备；⑥民航局规定的其他必要条件。

此外，《国内投资民用航空业规定》《通用航空经营许可管理规定》《中国民用航空国内航线经营许可规定》《定期国际航空运输管理规定》等对航空货物运输市场准入条件进行了详细规定。

9.《国际货代业管理规定》

《国际货代业管理规定》规定了国际货物运输代理企业必须依法取得中华人民共和国企业法人资格。第七条规定，设立国际货物运输代理企业，根据其行业特点，应当具备下列条件：①有与其从事的国际货物运输代理业务相适应的专业人员。②有固定的营业场所和必要的营业设施。③有稳定的进出口货源市场。第八条规定了设立国际货物运输代理企业的注册资本最低限额：①经营海上国际货物运输代理业务的，注册资本最低限额为500万元人民币。②经营航空国际货物运输代理业务的，注册资本最低限额为300万元人民币。③经营陆路国际货物运输代理业务或者国际快递业务的，注册资本最低限额为200万元人民币。经营前述两项以上业务的，注册资本最低限额为其中最高一项的限额。

四、外商投资物流企业在我国市场准入的相关法律法规和政策

（一）我国加入WTO法律文本中涉及外商投资物流业的内容

1.产品分销权方面

向外国公司提供产品分销权。

2.电子商务方面

根据协议，中国允许国外网络公司直接拥有中国网络公司49%~100%的股份，并允许相关的银行、运输和服务等领域的开放。另外，电子商务中互联网服务提供商接入服务属于半开放到开放的领域。

3.商业企业的开放

在京、津、沪、渝等地开放批发业。与商业有关的金融、保险、外贸、咨询、运输、工程承包、电信、旅游等领域也相应放宽了投资限制。

4.道路运输和相关的汽车维修服务行业

允许外商设立合营、控股或独资企业从事境内道路货物运输。

5.水路运输方面

国际海上运输，包括货运和客运，允许外国海运服务提供者跨境提供海运服务；

允许外商设立合资企业从事船舶代理、货物装卸和集装箱场站。

（二）我国有关外商投资物流企业市场准入的主要法律法规

1.《外商投资法》

《外商投资法》规定了我国坚持对外开放的基本国策，鼓励外国投资者依法在中国境内投资。根据第四条和第二十八条的规定，我国对外商投资实行准入前国民待遇加负面清单管理制度。外商投资准入负面清单规定禁止投资的领域，外国投资者不得投资；外商投资准入负面清单规定限制投资的领域，外国投资者进行投资应当符合负面清单规定的条件；外商投资准入负面清单以外的领域，按照内外资一致的原则实施管理。

2.《国内水路运输管理规定》

《国内水路运输管理规定》第三十六条对外商投资企业申请从事水路运输作出了特殊规定，除满足其第五条规定的经营资质条件外，还应当符合下列条件：①拟经营的范围内，国内水路运输经营者无法满足需求；②应当具有经营水路运输业务的良好业绩和运营记录。第三十七条规定，具有许可权限的部门可以根据国内水路运输实际情况，决定是否准许外商投资企业经营国内水路运输。

3.《国际海运条例》及《国际海运条例实施细则》

由于我国近些年来扩大对外开放范围，实施准入前国民待遇加负面清单管理制度，将国际海运领域"国际海上运输""国际船舶代理"等业务从负面清单中删除，外商投资国际海运业及其辅助业股比不再受限。《国际海运条例》及其实施细则对外商投资国际海运业及其辅助业进行了相关规定，在法规和规章层面明确了国际海运业及其辅助业的全面对外开放。国务院交通主管部门和有关的地方人民政府交通主管部门依照该条例及其实施细则的规定对国际海上运输经营活动实施监督管理，并对与国际海上运输相关的辅助性经营活动实施监督管理。

4.国务院《内地与香港关于建立更紧密经贸关系的安排》及其补充协议和《内地与澳门关于建立更紧密经贸关系的安排》及其补充协议（CEPA）

针对服务贸易，允许香港服务提供者和澳门服务提供者在内地以合资、合作、独资的形式设立国际货运代理企业。《内地向香港开放服务贸易的具体承诺》第11项运输部分规定，从事沿海水路运输货运服务的香港企业应符合下列条件：①在拟经营的范围内，内地水路运输经营者无法满足需求。②应当具有经营水路运输业务的良好业绩和运营记录。③限于合资、合作，且香港服务提供者的出资额低于50%。《内地与澳门关于建立更紧密经贸关系的安排》附件4规定，允许澳门服务提供者以独资形式在内地设立企业，经营国际船舶管理、国际海运货物仓储、国际海运集装箱站和堆场以及无船承运人业务。在运输涉及的仓储服务领域，附件4要求对澳门服务提供者在内地投资设立仓储企业的最低注册资本要求比照内地企业实行。

（三）外商投资物流企业市场准入的相关政策

1.《鼓励外商投资产业目录（2022年版）》

根据国家发改委、商务部于2022年10月发布的《鼓励外商投资产业目录（2022年版）》，港口公用码头设施的建设、经营，国际海上运输公司、国际集装箱多式联运转运设施建设，物流业务相关仓储设施建设，一般商品的共同配送，鲜活农产品冷链物流和特殊药品低温配送等物流及相关技术服务的提供和运用等21项属于鼓励外商投资产业。

2.《外商投资准入特别管理措施（负面清单）（2024年版）》

根据国家发改委、商务部于2024年9月发布的《外商投资准入特别管理措施（负面清单）（2024年版）》，国内水上运输公司须由中方控股；公共航空运输公司须由中方控股，且一家外商及其关联企业投资比例不得超过25%，法定代表人须由中国籍公民担任；通用航空公司的法定代表人须由中国籍公民担任，其中农、林、渔业通用航空公司限于合资，其他通用航空公司限于中方控股；民用机场的建设、经营须由中方相对控股，外方不得参与建设、运营机场塔台；禁止外商投资邮政公司、信件的国内快递业务。

互动课堂 2-2

未进行无船承运业务备案的公司签发的提单是否具有效力？

答：根据《国际海运条例》的规定，经营无船承运业务的公司应当向省、自治区、直辖市人民政府交通主管部门备案。这说明无船承运业务采用备案制，未履行备案手续即从事无船承运业务、签发提单，属违法行为。但是，该公司仅是超越经营范围而没有违反国家的限制、特许经营，根据《民法典》第一百五十三条、第五百零五条的规定，当事人超越经营范围订立的合同，不得仅以超越经营范围确认合同无效。因此，该公司因违反行政法规会受到行政处罚，但所签发的提单仍然具有民事法律效力。

思政小课堂 2-1 ✔

学习贯彻党的二十届三中全会精神｜交通运输全链条发力 降低全社会物流成本

物流是实体经济的筋络，连接生产和消费、内贸和外贸。把物流成本降下去，让经济运行效率提起来。多年来，我国持续推进降低全社会物流成本，交通物流降本提质增效取得显著成效，我国建成全球最大的交通基础设施网络，成为世界上运输最繁忙的国家之一。2023年，我国社会物流总费用与国内生产总值（GDP）的比率为14.4%，较上年下降0.3个百分点。《中共中央关于进一步全面深化改革 推进中国式现代化的决定》提出，完善流通体制，加快发展物联网，健全一体衔接的流通规则和标准，降低全社会物流成本。

当前，交通运输领域正全链条发力，通过促进交通物流与现代产业体系深度融合、深化运输结构调整、推动多式联运高效衔接等，打通交通物流堵点卡点，进一步降低社会物流成本。"一单制""一箱制"支撑"物畅其流"。

2024年5月，一列载有摩托车零配件的列车从重庆团结村站启程，经浙江宁波舟山港出海，踏上前往希腊比雷埃夫斯港的旅程。此次运输采用多式联运"一单制""一箱制"。集装箱甫一装车，客户便能拿到提单，运输全程不落地，到港口后直接装船出海，无须二次倒运换装。相比传统模式，运输总耗时减少将近一周，物流成本大幅降低。所谓"一单制""一箱制"，是指托运人一次委托、费用一次结算、货物一次保险、多式联运经营人全程负责的服务模式。当前，我国跨境运输方式衔接系统性和制度性成本较高，"一单制""一箱制"成为解决这一问题的关键突破口。

近年来，各地各部门积极发展多式联运"一单制""一箱制"。在宁波舟山港，通过推动多式联运信息互联互通，港口探索创新多式联运"一单制"，推出"一次委托、一口报价、一单到底、一票结算"全程运输服务产品，打造"宁波舟山港—浙赣湘（渝川）集装箱公海铁公多式联运"示范工程，稳定开行重庆、南昌、上饶、金义等地区至宁波舟山港的精品海铁联运线路。

多式联运的发展还需进一步深化。2023年8月，交通运输部会同商务部等7部门印发《关于加快推进多式联运"一单制""一箱制"发展的意见》，进一步推进多式联运高质量发展，推动交通物流提质增效升级，更好服务支撑实现"物畅其流"。

据悉，接下来，交通运输部将健全完善标准规则和管理制度，加快培育具有全程服务能力的多式联运经营人，稳步扩大国际海运船队、航空机队、中欧班列以及国际道路运输规模等，完善多元化国际物流网络。

资料来源　北梦原. 学习贯彻党的二十届三中全会精神｜交通运输全链条发力 降低全社会物流成本［EB/OL］.［2024-08-06］. https://finance.sina.com.cn/tjhz/2024-08-06/doc-inchruvt7277629.shtml.

任务三　熟悉物流企业的设立方式及程序

一、物流企业设立的含义

物流企业的设立是指物流企业的创立人为使企业具备从事物流活动的能力，取得合法的主体资格，依照法律规定的条件和程序所实施的一系列行为。设立物流企业须具备实质要件和形式要件。实质要件是设立物流企业时必须具备的条件，即要有与物流经营活动相应的财产和必要的生产经营条件，有物流企业运营的组织机构，有固定的生产经营场所以及与生产相适应的人员等，实质要件与物流企业的市场准入相关联。形式要件是指创立人在设立特定的物流企业时依照法律规定的程序履行申请、审批和登记手续，依法取得从事物流经营活动主体资格的过程。

二、物流企业设立的法律效力

1.按照法律规定和程序设立

依法取得主体资格，具有民事权利能力和民事行为能力，可以以该物流企业的身份从事物流经营活动。

2.取得了企业名称的专用权

物流企业设立后便取得该企业名称的专有使用权，有权使用该名称从事民事活动，同一地区的任何人和同一行业的任何单位不得使用该名称，企业有权对该名称进行转让。

3.承担民事责任

作为法人的物流企业设立完成后，该企业就必须以自己的财产对因设立行为和其后的物流经营活动产生的债务独立承担法律责任。作为非法人组织的物流企业成立后，按照《民法典》第一百零四条的规定，由该物流企业的财产承担其物流经营活动产生的债务；该物流企业的财产不足以清偿债务的，其出资人或者设立人承担无限责任。

三、物流企业的设立方式

物流企业的设立方式也称设立的原则，是指企业根据何种法定原则、通过何种具体途径达到企业设立的目的。企业的设立方式随着各国政治制度、经济制度、经济发展状况以及法律制度的不同而不同，一个国家在不同时期对企业设立方式的规定也不同。总的来说，企业设立的方式主要有以下几种：

1.特许设立

这是企业必须经过国家的特别许可才能设立的一种方式，通常适用于特定企业的设立，如涉及国计民生的企业及承担特殊公共职能、承担公共服务的公用企业等。

2.核准设立

核准设立又称"许可设立""审批设立"，是指除需要具备法律规定的设立企业的各项条件外，还需要主管行政机关审核批准后，才能申请登记注册的一种设立方式。

3.准则设立

准则设立又称"登记设立"，即设立企业不需要经有关主管行政机关批准，只要企业在设立时符合法律规定的有关成立条件，即可到登记主管机关申请登记，经登记主管机关审查合格后予以登记注册，企业即告成立。

4.自由设立

自由设立即法律对企业的设立不予强制规范，企业的创立人可以自由设立企业的一种设立方式。

目前，我国物流企业的设立方式主要是核准设立和准则设立。

四、物流企业的设立登记

（一）物流企业设立登记的定义

物流企业设立登记是物流企业的创立人提出企业登记的申请，经登记主管机关核准，确认其法律上的主体资格，并颁发有关法律文件的行为。设立登记是物流企业取得法律主体资格的必要程序，物流企业申请企业法人登记，经登记主管机关审核，准予登记并领取企业法人营业执照后，取得法人资格，方可从事经营活动，其合法权益受法律保护。非法人组织的物流企业，如个人独资企业和合伙企业等也需要依照法律的规定登记，未经主管机关登记注册的，不得从事物流经营活动。

（二）物流企业设立的登记主管机关和登记管辖

根据我国法律的规定，我国物流企业的登记主管机关是国家市场监督管理总局和地方各级市场监督管理局。物流企业设立的登记管辖包括级别管辖和地域管辖，其级别管辖分为三级，即国家市场监督管理总局，省、自治区、直辖市市场监督管理局和市、县、区市场监督管理局。我国对企业的设立登记管辖实行分级登记管理的原则。

五、物流企业设立程序

物流企业设立程序即物流企业的设立人向登记主管机关提出登记申请，登记主管机关对申请进行审查、核准以及准予设立登记和发布设立公告等程序。

（一）物流企业的设立人

物流企业的设立人即设立物流公司的出资人。

物流企业为有限责任公司或者股份有限公司的，设立人为全体股东或者全体发起人。按照《公司法》和《中华人民共和国市场主体登记管理条例》（以下简称《市场主体登记管理条例》）的规定，有限责任公司的设立人（股东）应达到法定人数，即应由1个以上50个以下的股东出资设立，国家授权的投资机构或者国家授权的部门可以单独投资设立国有独资有限责任公司，允许设立一人有限责任公司。设立股份有限公司，应当有1人以上200人以下为发起人，其中必须有半数以上的发起人在中国境内有住所。

物流企业为个人独资企业的，设立人为设立物流企业的一个自然人，财产为投资人个人所有，投资人以其个人财产对企业债务承担无限责任。

物流企业为合伙企业的，设立人为设立合伙物流企业的全体合伙人，合伙人对合伙企业债务承担无限连带责任，有限合伙人以其认缴的出资额为限对合伙企业债务承担责任。

（二）向登记主管机关提出设立登记申请

有限责任公司的设立，根据《公司法》第二十九条提交下列文件：设立公司，应当依法向公司登记机关申请设立登记。法律、行政法规规定设立公司必须报经批准的，应当在公司登记前依法办理批准手续。对于申请设立公司，根据《公司法》第三十条应当提交设立登记申请书、公司章程等文件，提交的相关材料应当真实、合法和有效。申请材料不齐全或者不符合法定形式的，公司登记机关应当一次性告知需要补正的材料。

设立国家出资的物流公司。由国务院或者地方人民政府分别代表国家依法履行出资人职责，享有出资人权益。国务院或者地方人民政府可以授权国有资产监督管理机构或者其他部门、机构代表本级人民政府对国家出资公司履行出资人职责。履行出资人职责的机构代表本级人民政府对国家出资企业依法享有资产收益、参与重大决策和选择管理者等出资人权利。履行出资人职责的机构依照法律、行政法规的规定，制定或者参与制定国家出资企业的章程。履行出资人职责的机构对法律、行政法规和本级人民政府规定须经本级人民政府批准的履行出资人职责的重大事项，应当报请本级人民政府批准。

股份有限公司的设立，应当由董事会向公司登记主管机关申请设立登记，提交下列文件：根据《中华人民共和国市场主体登记管理条例实施细则》（以下简称《市场主体登记管理条例实施细则》）第二十五条，申请办理设立登记，应当提交下列材料：①申请书；②申请人主体资格文件或者自然人身份证明；③住所（主要经营场所、经营场所）相关文件；④公司、非公司企业法人、农民专业合作社（联合社）章程或者合伙企业合伙协议。第二十六条规定，申请办理公司设立登记，还应当提交法定代表人、董事、监事和高级管理人员的任职文件和自然人身份证明。

股份有限公司的注册资本为在公司登记机关登记的已发行股份的股本总额。在发起人认购的股份缴足前，不得向他人募集股份。以发起设立方式设立股份有限公司的，发起人应当认足公司章程规定的公司设立时应发行的股份。以募集设立方式设立股份有限公司的，发起人认购的股份不得少于公司章程规定的公司设立时应发行股份总数的35%；但是，法律、行政法规另有规定的，从其规定。发起人应当在公司成立前按照其认购的股份全额缴纳股款。发起人不按照其认购的股份缴纳股款，或者作为出资的非货币财产的实际价额显著低于所认购的股份的，其他发起人与该发起人在出资不足的范围内承担连带责任。

设立合伙物流企业，根据《中华人民共和国合伙企业法》第十四条，应当具备下列条件：①有两个以上合伙人。合伙人为自然人的，应当具有完全民事行为能力；②有书面合伙协议；③有合伙人认缴或者实际缴付的出资；④有合伙企业的名称和生产经营场所；⑤法律、行政法规规定的其他条件。例如，申请设立非公司企业法人，还应当提交法定代表人的任职文件和自然人身份证明。此外，根据《市场主体登记管理条例实施细则》第二十八条，申请设立合伙企业，还应当提交下列材料：①法律、行政法规规定设立特殊的普通合伙企业需要提交合伙人的职业资格文件的，提交相应材料；②全体合伙人决定委托执行事务合伙人的，应当提交全体合伙人的委托书和执行事务合伙人的主体资格文件或者自然人身份证明。执行事务合伙人是法人或者其他组织的，还应当提交其委派代表的委托书和自然人身份证明。

（三）登记主管机关对物流企业提交的申请进行核准、登记

申请人应当对提交材料的真实性、合法性和有效性负责。登记机关应当对申请材料进行形式审查。对申请材料齐全、符合法定形式的予以确认并当场登记。不能当场登记的，应当在3个工作日内予以登记；情形复杂的，经登记机关负责人批准，可以再延长3个工作日。申请材料不齐全或者不符合法定形式的，登记机关应当一次性告知申请人需要补正的材料。

六、外商投资物流企业设立登记的特别规定

根据《外商投资法》第二十九及第三十条，《外商投资法实施条例》第三十五条至第三十八条的规定，外国投资者在依法需要取得许可的行业、领域进行投资的，除法律、行政法规另有规定外，负责实施许可的有关主管部门应当按照与内资一致的条件和程序，审核外国投资者的许可申请，不得在许可条件、申请材料、审核环节、审核时限等方面对外国投资者设置歧视性要求。负责实施许可的有关主管部门应当通过多种方式，优化审批服务，提高审批效率。对符合相关条件和要求的许可事项，可以按照有关规定采取告知承诺的方式办理。外商投资需要办理投资项目核准、备案的，按照国家有关规定执行。

外商投资企业的登记注册，由国务院市场监督管理部门或者其授权的地方人民政府市场监督管理部门依法办理。国务院市场监督管理部门应当公布其授权的市场监督管理部门名单。外国投资者或者外商投资企业应当通过企业登记系统以及企业信用信息公示系统向商务主管部门报送投资信息。国务院商务主管部门、市场监督管理部门应当做好相关业务系统的对接和工作衔接，并为外国投资者或者外商投资企业报送投资信息提供指导。

▶ 拓展阅读2-2

政策解读：市场主体登记管理条例

2022年3月1日，由国务院发布的《市场主体登记管理条例》正式施行，这是

我国第一部统一规范各类市场主体登记管理的行政法规，解读如下：

1.出台背景

党中央、国务院高度重视深化"放管服"改革和优化营商环境的法治保障工作。改革开放以来，我国先后出台了《公司法》《合伙企业法》《个人独资企业法》《农民专业合作社法》《企业法人登记管理条例》《公司登记管理条例》《合伙企业登记管理办法》等多部规范市场主体登记管理的法律法规。但是，现行市场主体登记管理制度逐渐暴露出一些与新时期市场主体发展不适应、不协调的问题，需要予以解决和完善。

2.出台意义

针对不同市场主体统一规范，为市场主体提供清晰的指引；制定统一的制度规则，提升制度规则的系统性、科学性；积极回应新情况、新问题，比如解决市场主体"注销难"、虚假登记尤其是"冒名登记"和市场主体因自然灾害、事故灾难、公共卫生事件、社会安全事件等原因造成经营困难，需要降低维持成本等新问题。《市场主体登记管理条例》对维护良好市场秩序与市场主体合法权益，推进工商登记便利化和推动高质量发展具有重要意义。

3.主要内容

（1）统一规定登记主体范围。《市场主体登记管理条例》适用于在中国境内以营利为目的、从事经营活动的各类市场主体，包括：公司、非公司企业法人、个人独资企业、合伙企业、农民专业合作社（联合社）以及它们的分支机构，个体工商户，外国公司分支机构，以及法律、行政法规规定的其他市场主体。除法律、行政法规规定无须办理登记的外，未经登记，不得以市场主体名义从事经营活动。

（2）整合市场主体登记备案事项。市场主体的一般登记事项包括：名称，主体类型，经营范围，住所或者主要经营场所，注册资本或者出资额，法定代表人、执行事务合伙人或者负责人姓名等。此外，不同组织形态的市场主体还应当分别登记其他相关事项，例如有限责任公司股东、股份有限公司发起人、个人独资企业的投资人、合伙企业的合伙人及其承担责任方式等。

市场主体的备案事项包括：市场主体的章程或者合伙协议，经营期限或者合伙期限，认缴出资数额，公司董事、监事、高级管理人员，农民专业合作社（联合社）成员，参加经营的个体工商户家庭成员姓名，公司、合伙企业等市场主体受益所有人相关信息等事项。

资料来源　南通市通州区行政审批局.政策解读：市场主体登记管理条例［EB/OL］.［2022-03-04］.http://www.tongzhou.gov.cn/tzqxzspj/zcjd/content/1e46ef98-8359-4fbe-852c-c1d589c6f8bc.html.

互动课堂2-3

物流企业登记应依法备案哪些事项？

答：根据《市场主体登记管理条例实施细则》第七条：市场主体应当按照类型

依法备案下列事项：（一）公司：章程、经营期限、有限责任公司股东或者股份有限公司发起人认缴的出资数额、董事、监事、高级管理人员、登记联络员、外商投资公司法律文件送达接受人。（二）非公司企业法人：章程、经营期限、登记联络员。（三）个人独资企业：登记联络员。（四）合伙企业：合伙协议、合伙期限、合伙人认缴或者实际缴付的出资数额、缴付期限和出资方式、登记联络员、外商投资合伙企业法律文件送达接受人。（五）农民专业合作社（联合社）：章程、成员、登记联络员。（六）分支机构：登记联络员。（七）个体工商户：家庭参加经营的家庭成员姓名、登记联络员。（八）公司、合伙企业等市场主体受益所有人相关信息。（九）法律、行政法规规定的其他事项。上述备案事项由登记机关在设立登记时一并进行信息采集。

任务四　了解物流企业的变更、消灭与清算

一、物流企业的变更概述

物流企业的变更是指已经登记注册的物流企业在其存续期间，由于企业本身或者其他主客观情况的变化，在物流企业组织机构或其他登记事项上的改变，包括企业组织的变更、主要注册登记事项的变更等，物流企业的变更必须依据法律规定的条件和程序进行。

（一）物流企业组织的变更

1.物流企业的合并

物流企业的合并即两个或者两个以上的物流企业为了物流经营的需要，依照法律规定或合同约定合并为一个物流企业。物流企业的合并能够在不增加投资的情况下，有效地利用现有资本存量，扩大企业规模，增强企业竞争力，是提高物流企业运营效率的重要手段之一。

按合并的方式不同，企业的合并可分为新设合并和吸收合并。新设合并是指两个或两个以上的物流企业合并成为一个新的物流企业，原来的物流企业消灭，新的物流企业产生。吸收合并是指两个或两个以上的物流企业合并时，其中一个物流企业继续存在，其他物流企业因被合并而归于消灭。吸收合并还有一种特殊的形式，即一个物流企业被分成若干部分并入其他多个物流企业中，吸收已消灭物流企业的，不是一个物流企业，而是多个物流企业。

2.物流企业的分立

物流企业的分立即已经设立的物流企业按照法律规定或合同约定，依照一定的条件和程序，分立成两个或者两个以上物流企业。依分立的方式，物流企业的分立可分为创设式分立和存续式分立。创设式分立又称新设式分立，即解散一个已经设立的物流企业，将其全部财产分配给两个或两个以上的新的物流企业，原物流企业消灭。存续式分立，又称派生式分立，是指将一个已设立的物流企业的部分财产分立，另设一个新的物流企业，原物流企业继续存在。

3.物流企业责任形式的变更

物流企业责任形式的变更即物流企业在存续的状态下，由一种责任形式的物流企业变更为其他责任形式的物流企业。物流企业责任形式的变更与物流企业的合并、分立一样，都是为了调整企业的组织结构。在企业法人中，由于经营的需要，可以将无限公司变更为有限责任公司，有限责任公司变更为股份有限公司或者作相反的变更。这种公司责任形式的变更，将导致公司组织结构的变更。因此，物流企业责任形式的变更必须遵守法律对拟变更后企业的成立、资本、财务等的最低要求。

物流企业组织的变更必须遵守有关法律的规定，如物流公司合并或分立，必须通知债权人，并依《公司法》第二百二十条、第二百二十二条的规定进行公告。

（二）物流企业主要注册登记事项的变更

物流企业主要注册登记事项的变更包括名称变更、企业住所和经营场所变更、法定代表人变更、经济性质变更以及经营范围、经营方式、注册资金、经营期限变更。物流企业主要登记事项变更、增设或撤销分支机构、企业组织形式变更的，都必须办理企业变更登记。因分立或者合并而保留的物流企业，应当申请变更登记；因分立或者合并而新办的物流企业，应当申请开业登记；因合并而终止的物流企业，应当申请注销登记。

（三）物流企业变更登记

物流企业变更登记事项，依照《市场主体登记管理条例》第二十六条、第二十七条、第二十八条的规定，应当提交下列材料：①市场主体变更经营范围，属于依法须经批准的项目的，应当自批准之日起30日内申请变更登记。许可证或者批准文件被吊销、撤销或者有效期届满的，应当自许可证或者批准文件被吊销、撤销或者有效期届满之日起30日内向登记机关申请变更登记或者办理注销登记。②市场主体变更住所或者主要经营场所跨登记机关辖区的，应当在迁入新的住所或者主要经营场所前，向迁入地登记机关申请变更登记。迁出地登记机关无正当理由不得拒绝移交市场主体档案等相关材料。③市场主体变更登记涉及营业执照记载事项的，登记机关应当及时为市场主体换发营业执照。

依据《市场主体登记管理条例实施细则》第三十六条，市场主体变更注册资本或者出资额的，应当办理变更登记。公司增加注册资本，有限责任公司股东认缴新增资本的出资和股份有限公司的股东认购新股的，应当按照设立时缴纳出资和缴纳股款的规定执行。股份有限公司以公开发行新股方式或者上市公司以非公开发行新股方式增加注册资本，还应当提交国务院证券监督管理机构的核准或者注册文件。公司减少注册资本，可以通过国家企业信用信息公示系统公告，公告期45日，应当于公告期届满后申请变更登记。法律、行政法规或者国务院决定对公司注册资本有最低限额规定的，减少后的注册资本应当不少于最低限额。外商投资企业注册资本（出资额）币种发生变更，应当向登记机关申请变更登记。

个人独资物流企业变更企业名称、企业住所、经营范围的，根据《市场主体登记管理条例实施细则》第三十一条至第三十六条的规定，市场主体变更登记事项，应当自作出变更决议、决定或者法定变更事项发生之日起30日内申请办理变更登记。市场主体登记事项变更涉及分支机构登记事项变更的，应当自市场主体登记事项变更登记之日起30日内申请办理分支机构变更登记。

合伙物流企业登记事项发生变更的，根据《市场主体登记管理条例实施细则》第三十二条的规定申请办理变更登记，应当提交申请书，并根据市场主体类型及具体变更事项提交下列材料：合伙企业应当提交全体合伙人或者合伙协议约定的人员签署的变更决定书；变更事项涉及修改合伙协议的，应当提交由全体合伙人签署或者合伙协议约定的人员签署修改或者补充的合伙协议。

（四）外商投资物流企业合并与分立的专门规定

根据《外商投资法实施条例》第四十四条的规定，《外商投资法》施行前依照《中华人民共和国中外合资经营企业法》《中华人民共和国外资企业法》《中华人民共和国中外合作经营企业法》（现均已废止）设立的外商投资企业（以下称现有外商投资企业），在《外商投资法》施行后5年内，可以依照《公司法》《合伙企业法》等法律的规定调整其组织形式、组织机构等，并依法办理变更登记，也可以继续保留企业原组织形式、组织机构等。

自2025年1月1日起，对未依法调整组织形式、组织机构等并办理变更登记的现有外商投资企业，市场监督管理部门不予办理其申请的其他登记事项，并将相关情形予以公示。

二、物流企业的终止和清算

物流企业的终止又称物流企业的消灭，是指已设立的物流企业因企业章程或者法律规定事由的发生，丧失法律主体资格，导致其权利能力和行为能力的终止。物流企业的终止是一个动态的过程，当终止的事由发生时，企业的主体资格并未马上消灭。此时应依法对该企业进行清算，停止清算范围外的经营活动，了结未完成的业务，清结企业的债权债务关系，如有剩余财产，对财产进行分配，清算终止后，办理企业注销登记，企业便告终止。

（一）物流企业终止的原因

《民法典》第六十八条和第一百零六条对法人和非法人组织的终止原因作出了规定，物流企业的终止，亦应遵循该规定。

1.解散

物流企业自行决定终止或者因主管机关作出的关闭和撤销决定而终止。

按照《民法典》第六十九条的规定，作为法人的物流企业，其解散的情形包括：①法人章程规定的存续期间届满或者法人章程规定的其他解散事由出现；②法人的权力机构决议解散；③因法人合并或者分立需要解散；④法人依法被吊销营业执照、登记证书，被责令关闭或者被撤销；⑤法律规定的其他情形。

按照《民法典》第一百零六条的规定，作为个人独资企业和合伙企业的物流企业，其解散的情形包括：①章程规定的存续期间届满或者章程规定的其他解散事由出现；②出资人或者设立人决定解散；③法律规定的其他情形。

2.被宣告破产

作为法人的物流企业因为经营管理不善，不能清偿到期债务，经当事人的申请，人民法院依法定程序，宣告该物流企业破产，而使其丧失法律主体资格。物流企业法人的破产程序适用《中华人民共和国企业破产法》（以下简称《企业破产法》）。

3.法律规定的其他原因

除上述原因外，法律（包括《民法典》之外的其他法律）所规定的物流企业终止的原因，比如国家经济政策调整、发生战争等原因而导致的物流企业终止。

（二）物流企业的清算

物流企业的清算即物流企业解散或宣告破产后，清算义务人依法组成清算组织对企业资产和债权债务进行清理处分，了结企业的业务和债务，向出资者或股东分配剩余财产，终结企业的全部财产关系。

企业的清算主要分为非破产清算和破产清算两种情况。

1.非破产清算

非破产清算又称普通清算，是指物流企业因破产以外的原因消灭时所进行的清算。在这种清算中，物流企业的清算义务人按照企业章程或出资人、股东决定的清算方法对企业的剩余资产进行清理和分配。

物流企业是法人的，按照《民法典》第七十条的规定，法人解散的，除合并或者分立的情形外，清算义务人应当及时组成清算组进行清算。法人的董事、理事等执行机构或者决策机构的成员为清算义务人。法律、行政法规另有规定的，依照其规定。清算义务人未及时履行清算义务，造成损害的，应当承担民事责任；主管机关或者利害关系人可以申请人民法院指定有关人员组成清算组进行清算。物流企业是个人独资企业或者合伙企业的，清算义务人为个人独资企业的出资人或者合伙企业的全体合伙人，由该义务人组织物流企业的清算。

企业法人清算时，按照《民法典》第七十一条的规定，清算组的职权，依照有关法律的规定；没有规定的，参照适用公司法律的有关规定。在解散的情形下，通常而言，物流企业的债权人往往全额受偿。若清算义务人在清算时发现企业有破产情形，则应转入破产清算。

2.破产清算

破产清算是指物流企业因破产而进行的清算。在破产清算中，应由受理破产申请的人民法院指定破产管理人，进行企业的清算活动，按照《企业破产法》的要求和程序，对破产财产进行处理和分配。

根据《民法典》第七十二条第二款的规定，物流企业在解散清算后，如果有剩余财产，按照法人章程的规定或者法人权力机构的决议处理。法律另有规定的，依照其规定。

3.物流企业清算期间的民事主体资格

物流企业在清算期间，依照《民法典》第七十二条第一款的规定，其民事主体资格依然存续，只是活动范围受到限制。为了保证清算的正常进行，维护社会交易安全，清算组或破产管理人在清算的范围内，仍然可以以该物流企业的名义从事与清算有关的活动，但不得再从事物流经营活动。此时物流企业的活动主要是了结业务、收取债权、偿还债务、分配剩余财产等。

只有清算结束，并完成注销登记时，根据《民法典》第七十二条第三款和第七十三条的规定，物流企业的主体资格才告终止；而物流企业法人被宣告破产的，在依法进行破产清算并完成法人注销登记时，该物流企业的民事主体资格终止。

（三）物流企业的注销登记

物流企业清算完毕后，应当向登记机关申请注销登记。公司形态的物流企业，有下列情形之一的，公司清算组应当自公司清算结束之日起30日内向原公司登记机关申请注销登记：①公司被依法宣告破产；②公司章程规定的营业期限届满或者公司章程规定的其他解散事由出现，但公司通过修改公司章程而存续的除外；③股东会、股东大会决议解散或者一人有限责任公司的股东、外商投资的公司董事会决议解散；④依法被吊销营业执照、责令关闭或者被撤销；⑤人民法院依法予以解散；⑥法律、行政法规规定的其他解散情形。

物流企业法人办理注销登记，根据《市场主体登记管理条例实施细则》第四十六条的规定，应当提交下列材料：①申请书；②依法作出解散、注销的决议或者决定，或者被行政机关吊销营业执照、责令关闭、撤销的文件；③清算报告、负责清理债权债务的文件或者清理债务完结的证明；④税务部门出具的清税证明。除前款规定外，人民法院指定清算人、破产管理人进行清算的，应当提交人民法院指定证明；合伙物流企业分支机构申请注销登记，还应当提交全体合伙人签署的注销分支机构决定书。

《市场主体登记管理条例》第三十七条规定，登记机关依法作出注销登记决定的，市场主体应当缴回营业执照。拒不缴回或无法缴回营业执照的，由登记机关通过国家企业信用信息公示系统公告营业执照作废。

➡ **拓展阅读2-3**

国务院办公厅印发《"十四五"现代物流发展规划》

2022年，国务院办公厅印发《"十四五"现代物流发展规划》（以下简称《规划》）。《规划》是我国现代物流领域第一份国家级五年规划，对于加快构建现代物流体系、促进经济高质量发展具有重要意义。

《规划》指出，"十四五"时期要以习近平新时代中国特色社会主义思想为指导，坚持稳中求进工作总基调，完整、准确、全面贯彻新发展理念，加快构建新发展格局，全面深化改革开放，坚持创新驱动发展；推动高质量发展，坚持以供给侧结构性改革为主线，统筹发展和安全，提升产业链供应链韧性和安全水平；推动构建现代物流体系，推进现代物流提质、增效、降本，为建设现代产业体系、形成强大国内市场、推动高水平对外开放提供有力支撑。

《规划》明确，按照"市场主导、政府引导，系统观念、统筹推进，创新驱动、联动融合，绿色低碳、安全韧性"原则，到2025年，基本建成供需适配、内外联通、安全高效、智慧绿色的现代物流体系，物流创新发展能力和企业竞争力显著增强，物流服务质量效率明显提升，"通道＋枢纽＋网络"运行体系基本形成，安全绿色发展水平大幅提高，现代物流发展制度环境更加完善。展望2035年，现代物流体系更加完善，具有国际竞争力的一流物流企业成长壮大，通达全球的物流服务网络更加健全，对区域协调发展和实体经济高质量发展的支撑引领更加有力。

《规划》作出六方面工作安排，包括加快物流枢纽资源整合建设、构建国际国内物流大通道、完善现代物流服务体系、延伸物流服务价值链条、强化现代物流对社会民生的服务保障、提升现代物流安全应急能力；提出三方面发展任务，包括加快培育现代物流转型升级新动能、深度挖掘现代物流重点领域潜力、强化现代物流发展支撑体系；从优化营商环境、创新体制机制、强化政策支持、深化国际合作、加强组织实施等方面，对加强实施保障提出明确要求。

资料来源　新华社. 国务院办公厅印发《"十四五"现代物流发展规划》[EB/OL]. [2022-12-05]. https://www.gov.cn/xinwen/2022-12/15/content_5732146.htm.

互动课堂2-4

物流企业破产清算的程序是什么？

答：物流企业破产清算的程序主要有：（1）法院宣告破产。当企业无力清偿到期债务时，由人民法院依据《企业破产法》宣告其破产，并自破产裁定作出之日起5日内送达债务人和管理人，10日内通知已知债权人，并予以公告。（2）变价。破产管理人拟订破产财产变价方案，提交债权人会议讨论。管理人应当按照债权人会议通过的或者人民法院依照《企业破产法》裁定的破产财产变价方案，适时变价出售破产财产。（3）拟订破产财产分配方案。除债权人会议另有决议外，破产财产的分配应当以货币分配方式进行。管理人拟订破产财产分配方案，提交债权人会议讨论；会议通过破产财产分配方案后，管理人将该方案提请人民法院裁定认可。（4）执行分配方案。破产财产分配方案经人民法院裁定认可后，由管理人执行。根据破产财产分配方案实施多次分配的，应当公告本次分配的财产额和债权额。对于执行结束时附生效条件或者解除条件而条件未成就的债权，以及债权人未受领的破产财产分配额，诉讼或者仲裁未决的债权，管理人应当将其分配额提存。（5）终结破产程序。管理人在最后分配完结后，向人民法院提交破产财产分配报告，并提请人民法院裁定终结破产程序。人民法院应当自收到管理人终结破产程序的请求之日起15日内作出是否终结破产程序的裁定。裁定终结的，应当予以公告。（6）注销登记。管理人自破产程序终结之日起10日内，持人民法院终结破产程序的裁定，向破产人的原登记机关办理注销登记。

●●基本训练

1.单项选择题

（1）下列不属于物流企业的是（　　　）。

A.北京京桥仓储服务有限公司　　　B.上海西站装卸服务公司

C.广州迈前物流信息技术开发公司　D.环宇物流

（2）下列属于综合性物流企业的是（　　　）。

A.中铁仓储有限公司　　　　　　　B.中远散货运输有限公司

C.日邮物流　　　　　　　　　　　D.杭州第一汽车运输公司

2.多项选择题

（1）下列属于调整我国物流企业市场准入的法律的有（　　　）。

A.《民用航空法》　　　　　　　　B.《民法典》

C.《公司法》　　　　　　　　　　D.《港口法》

（2）物流企业消灭的原因有（　　　）。

A.解散　　　　　　　　　　　　　B.破产

C.清算　　　　　　　　　　　　　D.依法被吊销营业执照

3.判断题

（1）目前，我国物流企业的设立主要是特许设立和核准设立。　　　　（　　）

（2）《国际海运条例》是确定我国从事国际海上运输、无船承运业务及相关辅助服务业市场准入的法律规范。　　　　　　　　　　　　　　　　　　（　　）

4.简答题

（1）简述功能性物流企业和综合性物流企业的区别。

（2）简述我国目前物流企业市场准入的法律法规。

综合应用

1.思考题

我国物流企业的设立应履行哪些程序？

2.实训题

自2002年1月1日以来，《国际海运条例》及其实施细则历经多次修订。请收集相关资料，分析历次修订的历史背景，并谈谈对"制度自信"的理解。

项目三
货物运输法律法规

学习目标

知识目标：

通过本项目的学习，了解运输的概念、作用与方式；掌握物流企业在运输中的法律地位及责任；熟悉与陆路、水路和航空运输相关的法律法规；掌握各种运输合同下当事人权利义务及责任分配；熟悉与各种运输方式相关的国际公约；掌握国际货运代理的概念及法律地位；了解国际货运代理与物流的关系。

能力目标：

熟悉陆路运输、水路运输、航空运输以及多式联运合同的主要内容；能够理解依法履行物流中运输环节相关义务对物流服务提供方的重要意义。

素养目标：

公平正义是社会主义的核心价值，是法治中国的灵魂；通过本项目的学习，培养法律意识，增强法律观念，自觉遵守法律，维护法律的尊严。

情境案例

天鑫健身休闲用品有限公司与美商纵横国际货代有限公司海上货物运输合同无单放货纠纷案

2007年5月，天鑫健身休闲用品有限公司（以下简称天鑫）通过美商纵横国际货代有限公司（以下简称美商）承运一批货物，从中国宁波至德国汉堡。美商向天鑫签发了正本提单，因未凭正本提单放货，致使天鑫丧失对提单项下货物的控制权，无法收取货款。天鑫将其诉至法院，请求判令美商赔偿天鑫货款损失1.3万美元。美商辩称涉案提单系下属的美商纵横国际货代有限公司宁波分公司（以下简称宁波分公司）经美商纵横联运有限公司（以下简称联运公司）授权签发的提单，联运公司是依据美国法律注册登记的一家公司，相关的法律后果应该由联运公司承担。

法院认为，交通运输部网站相关信息显示，被告美商及宁波分公司都具有无船承运人资格，涉案提单经交通运输部备案。虽然提单正面记载宁波分公司代理TRANSLINK SHIPPING INC.签发提单，但代理协议中联运公司和代理人宁波分公司都使用 TRANSLINK SHIPPING INC. 的英文名称，只是宁波分公司加了 NINGBO BRANCH 后缀，而美商使用的公章英文名称为 TRANSLINK SHIPPING INC.，宁波分公司工商登记资料也使用 TRANSLINK SHIPPING INC. 的英文名称，应视为被告在对外业务活动中对其身份的宣告。而被告混用同一英文名称产生的后果，应对其作不利的解释。基于此，法院认定美商为提单承运人，原、被告之间海上货物运输合同成立，判决美商赔付天鑫因无单放货造成的损失1.3万美元及利息。

资料来源　浙江省高级人民法院民事判决书（2008）浙民三终字第190号。

公平正义是社会主义的核心价值，是法治中国的灵魂。法律上的公平正义具有明确性、规范性、统一性等特质，以法治的方式实现公平正义，成为现代法治社会的普遍选择。当前社会上出现了滥用公平正义概念寻求不当利益的现象，这就需要把公平正义的不同认识及其诉求尽可能纳入法治轨道，通过法律途径和程序实现公平正义。由此，物流从业人员在工作中要树立法律意识，强化法治观念，自觉遵守法律，维护法律尊严。

任务一 了解货物运输及相关法律法规

一、货物运输的概念及常见运输方式

（一）货物运输的概念

《物流术语》（GB/T 18354—2021）中规定，运输是指利用载运工具、设施设备及人力等运力资源，使货物在较大空间上产生位置移动的活动。运输是整个物流系统中一个极为重要的环节，在物流活动中处于中心地位，是物流活动的支柱之一。

运输包括生产领域内的运输和流通领域内的运输。生产领域内的运输又称厂内运输，通常是在企业的内部进行的，包括原材料、半成品和成品的运输，有时也称物料搬运。流通领域内的运输则是生产过程在流通领域的继续，它以社会服务为目的，完成产品从生产领域到消费领域在空间上的物理性转移过程，实现产品从生产者到消费者的流转。它既包括产品从生产所在地到消费（用户）所在地的直接移动，也包括产品从生产所在地到物流网点（如仓库、配送中心、物流中心等）的移动，以及产品从物流网点到消费者（用户）所在地的移动，其中由物流网点到消费者（用户）所在地的运输，由于其距离短、批量小，又称"配送"，以区别于长途运输。本项目所介绍的运输，主要是指在流通领域内的不包括"配送"在内的长途运输。

（二）常见的运输方式

1.陆路运输

陆路运输包括公路运输与铁路运输。

（1）公路运输是指使用汽车和其他交通工具在公路上载运货物的运输方式。公路运输的工具以汽车为主，因此又称汽车运输，它是航空、船舶、铁路衔接运输以及"门到门"运输不可或缺的环节。其主要优点是机动灵活，适合近距离、中小量货物运输，运输费用相对较低，运输速度较快，可以满足用户的多种需求。其主要缺点是运量小，长途运输成本高，对环境造成的污染严重，准时性差，容易受气候和道路条件的制约。

（2）铁路运输是指将火车车辆编组成列车在铁路上载运货物的一种运输方式。其主要优点是运行速度较快，运输能力大，受自然条件的限制较小，适合各种货物的运输，运输的安全性和运输时间的准确性较高，远距离铁路运输的成本较低。其主要缺点是受铁轨和站点的限制，受运行时刻、配车、编列和中途编组等因素的影响，不能适应用户的紧急需要，近距离运输的费用较高。物流活动中通常利用铁路运输来承担中长距离且运量大的货运任务。

2.水路运输

水路运输是指使用船舶及其他航运工具，在江河湖泊、运河和海洋上载运货物的一种运输方式。其主要优点是运载能力大，可以运输体积大、重量大的货物，运输成本相对较低。其主要缺点是受港口、水位、季节、气候影响较大，运输速度较慢，运输时间较长，装卸和搬运费用较高等。物流活动中通常利用水路运输来完成运量大、运距长、对时间要求不太高、运费负担能力较低的货运任务。

3.航空运输

航空运输是指在具有航空线路和航空港（飞机场）的条件下，利用飞行运载工具进行货物运输的一种运输方式。其主要优点是运输速度快、安全性和准确性高、散包事故少、货物包装费用低。其主要缺点是运输成本较高、飞机的载运能力有限、机场所在地以外的城市受到限制。在物流活动中，航空运输最适合运送运量小、运距大、对时间要求高的货物，其运费也相对较高。

4.管道运输

管道运输是指利用管道运输气体、液体和粉状固体的一种运输方式，主要靠货物在管道内顺着压力方向循序移动实现的。优点是采用密封设备，可以避免货物散失、丢失。在物流活动中，管道运输比较适合运输单向、运输量大且呈流体状的货物。

5.多式联运

多式联运是指以至少两种不同的运输方式，由多式联运经营人将货物从接管货物的地点运至指定交付货物的地点的运输方式。多式联运具有托运手续简单方便、缩短货物在途时间、车船周转快、运输工具利用率高等优点。但进行多式联运必须具有一定的条件，对物流企业的要求比较高，比如在运输沿线上必须具有搬运装卸能力较强的车站、码头，有高效率、高质量的中途转运管理等。多式联运是物流活动中最理想的运输方式，能够充分发挥各种运输方式的长处，实现运输组织合理化和资源的优化配置。

二、货物运输环节中的当事人及其法律地位

（一）运输环节中的当事人

运输环节涉及较复杂的法律关系，常见的法律关系所对应的当事人包括：

1.托运人

托运人即与承运人订立货物运输合同的人。托运人是货物运输合同的一方当事人，通常由其将货物交承运人运输。

2.承运人

承运人即与托运人订立货物运输合同的人。承运人是货物运输合同的另一方当事人，负责通过约定的运输方式将货物运送至指定的目的地。

3.收货人

收货人即在货物运输合同中指定的有权领取货物的人。收货人虽然不是签订运输合同的人，但有权提取货物，并在一定条件下受货物运输合同的约束。

4.多式联运经营人

多式联运经营人即在多式联运方式下，与托运人订立多式联运合同的人。多式联运经营人负责组织完成货物运输，其法律地位相当于货物运输合同中的承运人。

（二）物流合同当事人在运输环节中的法律地位

从法律视角来看，运输是发生在承运人和托运人之间的法律关系。运输作为物流系统中的重要环节，其法律关系的形成受物流企业参与运输活动方式的影响。因物流企业参与运输活动的方式不同，由此引发的法律关系也不同。

1.物流企业自行运输时当事人的法律地位

很多物流企业本身拥有一定的运输能力，尤其是由运输企业转型而来的物流企业，往往拥有自己的车队、船舶、飞机甚至铁路专线。具有运输作业能力的物流企业可以凭借自身拥有的交通运输工具，自行完成运输活动。在运输环节中，该物流企业为上面所述的承运人或者多式联运经营人，货主企业则为托运人。

2.物流企业非自行运输时当事人的法律地位

如果物流企业没有完成运输活动的能力，或者虽有运输能力但由于某种原因不能自行完成运输的，可以与其他主体，如专门的运输企业签订运输合同。此时，物流企业同时是两个合同的当事人：在物流服务合同中，其法律地位为物流服务提供方，对方当事人是货主企业，法律地位为物流服务需求方；在运输合同中，其法律地位为托运人，对方当事人是运输企业，法律地位为承运人。

三、货物运输环节相关法律规范

（一）运输环节相关民事法律规范

我国有关运输环节的民商事法律规范主要针对运输合同进行调整，法律层次上的规范是《民法典》《海商法》《民用航空法》。《民法典》合同编第十九章运输合同对运输合同的定义、货运合同下托运人和承运人的权利义务、多式联运合同等相关内容作出了规定。《海商法》第四章海上货物运输合同对海上货物运输合同的定义、承运人和托运人的责任、运输单证、货物交付、合同解除等作出了规定，并对航次租船合同、多式联运合同作出了特别规定。《民用航空法》第九章公共航空运输对航空货运单证、托运人、承运人和实际承运人的义务和责任等作出了规定。

在法律适用上，对于当事人之间的权利义务和责任，《海商法》《民用航空法》分别就海上货物运输合同和公共航空运输有特殊规定的，应优先适用；未规定的，依次适用《民法典》合同编第十九章运输合同、《民法典》合同编通则，以及《民法典》总则编的一般规定。

（二）运输环节相关行政法律规范

我国调整运输环节的行政法律规范主要涉及安全管理、运输市场准入和监督管理等。

运输环节涉及的主要专项法律规范见表3-1。

表3-1 运输环节涉及的主要专项法律规范

法规层次	法规名称	制定部门	施行（或最新修订）日期
法律	《中华人民共和国公路法》（修订）	全国人民代表大会常务委员会	2017-11-04
法律	《中华人民共和国道路交通安全法》（修订）	全国人民代表大会常务委员会	2021-04-29

续表

法规层次	法规名称	制定部门	施行（或最新修订）日期
法律	《中华人民共和国铁路法》（修订）	全国人民代表大会常务委员会	2015-04-24
法律	《中华人民共和国海商法》	全国人民代表大会常务委员会	1993-07-01
法律	《中华人民共和国民用航空法》（修订）	全国人民代表大会常务委员会	2021-04-29
行政法规	《中华人民共和国道路交通安全法实施条例》（修订）	国务院	2017-10-07
行政法规	《公路安全保护条例》	国务院	2011-07-01
行政法规	《中华人民共和国道路运输条例》（修订）	国务院	2023-07-20
行政法规	《城市道路管理条例》（修订）	国务院	2019-03-24
行政法规	《铁路安全管理条例》	国务院	2014-01-01
行政法规	《内河交通安全管理条例》（修订）	国务院	2019-03-02
行政法规	《国内水路运输管理条例》（修订）	国务院	2013-01-01
行政法规	《中华人民共和国国际海运条例》（修订）	国务院	2023-07-20
行政法规	《中华人民共和国民用航空器国籍登记条例》（修订）	国务院	2020-11-29
行政法规	《外国民用航空器飞行管理规则》（修订）	国务院	2024-12-06
行政法规	《中华人民共和国民用航空安全保卫条例》（修订）	国务院	2011-01-08
行政法规	《中华人民共和国民用航空器权利登记条例》	国务院	1997-10-21
行政法规	《民用航空运输不定期飞行管理暂行规定》（修订）	国务院	2024-12-06
行政法规	《中华人民共和国民用航空器适航管理条例》	国务院	1987-06-01
部门规章	《道路交通安全违法行为处理程序规定》（修订）	交通运输部	2020-05-01
部门规章	《网络平台道路货物运输经营管理暂行办法》	交通运输部、国家税务总局	2020-01-01
部门规章	《危险货物道路运输安全管理办法》	交通运输部、工业和信息化部、公安部、生态环境部、应急管理部、国家市场监督管理总局	2020-01-01

法规层次	法规名称	制定部门	施行（或最新修订）日期
部门规章	《道路危险货物运输管理规定》（修订）	交通运输部	2023-11-10
部门规章	《道路运输企业主要负责人和安全生产管理人员安全考核管理办法》	交通运输部	2024-10-01
部门规章	《道路运输从业人员管理规定》（修订）	交通运输部	2022-11-10
部门规章	《道路运输车辆技术管理规定》（修订）	交通运输部	2023-06-01
部门规章	《道路货物运输及站场管理规定》（修订）	交通运输部	2023-11-10
部门规章	《中华人民共和国海关关于境内公路承运海关监管货物的运输企业及其车辆、驾驶员的管理办法》（修订）	海关总署	2023-03-09
部门规章	《超限运输车辆行驶公路管理规定》（修订）	交通运输部	2021-08-25
部门规章	《道路运输服务质量投诉管理规定》（修订）	交通运输部	2016-09-02
部门规章	《放射性物品道路运输管理规定》（修订）	交通运输部	2023-11-10
部门规章	《国际道路运输管理规定》（修订）	交通运输部	2023-11-10
部门规章	《铁路机车车辆驾驶人员资格许可办法》	交通运输部	2024-12-01
部门规章	《铁路安全生产约谈实施办法（试行）》	国家铁路局	2018-10-18
部门规章	《铁路运输业信用管理暂行办法》	国家铁路局	2018-10-15
部门规章	《铁路运输服务质量监督信息公开办法》	国家铁路局	2018-04-08
部门规章	《国家铁路局公平竞争审查制度实施办法》	国家铁路局	2021-11-22
部门规章	《关于深化铁路货运价格市场化改革等有关问题的通知》	国家发展改革委	2017-12-14
部门规章	《铁路运输企业准入许可办法》（修订）	交通运输部	2018-01-29
部门规章	《铁路危险货物运输安全监督管理规定》	交通运输部	2022-12-01
部门规章	《铁路安全生产违法行为公告办法》	国家铁路局	2015-05-19

法规层次	法规名称	制定部门	施行（或最新修订）日期
部门规章	《违反〈铁路安全管理条例〉行政处罚实施办法》	交通运输部	2021-11-19
部门规章	《铁路货物运输规程》	原铁道部	1991-05-01
部门规章	《国内水路运输管理规定》（修订）	交通运输部	2020-05-01
部门规章	《船舶载运危险货物安全监督管理规定》	交通运输部	2018-9-15
部门规章	《水路运输市场信用信息管理办法（试行）》	交通运输部	2017-09-06
部门规章	《危险货物水路运输从业人员考核和从业资格管理规定》（修订）	交通运输部	2021-09-03
部门规章	《国内水路运输辅助业管理规定》	交通运输部	2014-03-01
部门规章	《国际航空运输价格管理规定》	交通运输部	2021-01-01
部门规章	《大型飞机公共航空运输承运人运行合格审定规则》（修订）	交通运输部	2024-04-13
部门规章	《定期国际航空运输管理规定》（修订）	交通运输部	2020-01-01
部门规章	《民用航空危险品运输管理规定》	交通运输部	2024-07-01
部门规章	《民用航空货物运输管理规定》	交通运输部	2024-12-01
部门规章	《国内航空运输承运人赔偿责任限额规定》	原中国民用航空总局	2006-01-29
国家标准	《道路运输危险货物车辆标志》（GB 13392—2005）	国家质量监督检验检疫总局、国家标准化委员会	2005-08-01
国家标准	《多式联运运载单元标识》（GB/T 42933—2023）	全国综合交通运输标准化技术委员会	2023-12-01
国家标准	《集装箱术语》（GB/T 1992—2023）	全国综合交通运输标准化技术委员会	2023-07-01
国家标准	《货物多式联运术语》（GB/T 42184—2022）	全国综合交通运输标准化技术委员会	2022-12-30
行业标准	《冷链货物空陆联运通用要求》（JT/T 1348—2020）	全国综合交通运输标准化技术委员会	2021-04-01
行业标准	《危险货物道路运输营运车辆安全技术条件》（JT/T 1285—2020）	全国道路运输标准化技术委员会	2020-04-01
行业标准	《空陆联运集装货物转运操作规范》（JT/T 1286—2020）	全国综合交通运输标准化技术委员会	2020-04-01

法规层次	法规名称	制定部门	施行（或最新修订）日期
行业标准	《冷藏集装箱多式联运技术要求》（JT/T 1288—2020）	全国综合交通运输标准化技术委员会	2020-04-01
行业标准	《道路大型物件运输规范》（JT/T 1295—2019）	全国道路运输标准化技术委员会	2020-03-01
行业标准	《国内集装箱多式联运电子运单》（JT/T 1245—2019）	全国道路运输标准化技术委员会	2019-07-01
行业标准	《国内集装箱多式联运运单》（JT/T 1244—2019）	全国道路运输标准化技术委员会	2019-07-01
行业标准	《道路冷链运输服务规则》（JT/T 1234—2019）	全国道路运输标准化技术委员会	2019-03-01
行业标准	《零担货物道路运输服务规范》（JT/T 620—2018）	全国道路运输标准化技术委员会	2018-05-01
行业标准	《铁路集装箱运输规则》（TG/HY 110—2015）	原中国铁路总公司	2015-12-03

拓展阅读3-1

可转让货物单证 载入史册的"中国建议"

2019年7月，基于中欧班列的实践需求，中国在联合国国际贸易法委员会（UNCITRAL）第五十二届会议上首次提出立法提案《中国关于联合国贸法会就解决铁路运单不具备物权凭证属性带来的相关问题开展工作的建议》，提出拟定相关法律文书，创新和完善陆上贸易规则，推动国际贸易的繁荣发展。UNCITRAL认为提案对世界贸易，特别是对发展中国家的经济增长具有重要现实意义。为满足国际贸易企业的融资担保等金融需求，UNCITRAL自2020年启动可转让多式联运单证新国际文书的制定工作。至2022年UNCITRAL秘书处组织专家组讨论完成了可转让货物单证文书的初步条文草案的编写工作，拟以国际公约的形式，赋予铁路、公路、空运的国际货物运输经营人签发的运输单证货物所有权凭证属性。新文书涵盖所有运输方式，适用于多式联运和单式运输。2022年该专题分配给UNCITRAL第六工作组（可转让货物单证），由其在秘书处草案基础上进行审议。2024年7月22日，中国银行江苏省分行为连云港自贸区中小外贸企业客户投放了围绕"中欧班列"铁路运输单据物权化的创新国际贸易融资业务，实现了联合国可转让货物单证公约试点项目金融服务方案在全球的首发。

任务二　认识陆路货物运输合同

陆路货物运输合同是指物流企业收取运费，负责将货主企业托运的货物经公路或者铁路由一地运至另一地的合同。此时物流企业的法律地位是承运人，货主企业的法律地位是托运人。在我国，与陆路运输合同相关的法律主要是《民法典》，并适用相关的行政法规、部门规章和标准。

根据所使用的运输工具的不同，陆路货物运输合同可分为公路货物运输合同和铁路货物运输合同。

一、公路货物运输合同

（一）公路货物运输合同的订立

1.批量运输合同和一次性运输合同

公路货物运输合同可根据当事人的实际情况签订批量运输合同和一次性运输合同。批量运输合同是指承运人与托运人签订的、在规定的期间内用公路运输车辆将货物分批量地由起运地运至目的地的货物运输合同，通常适用于大批量的运输需求。一次性运输合同是指承运人与托运人之间签订一次性的、用公路运输车辆将货物由起运地运至目的地的货物运输合同。

批量运输合同和一次性运输合同的订立与其他合同一样，要经过要约和承诺两个步骤。双方意思表示一致后，合同即告成立。采取书面形式的，合同自双方当事人签字或盖章时成立；当事人采用信件、数据电文等形式订立合同的，可以要求签订确认书，合同自签订确认书时成立。每次货物运输时，由承运人根据运输合同填写公路运单，并注明相应的合同序号。

2.运单合同

在很多情况下，物流企业并不与货主企业签订运输合同，而是由货主企业填写运单，向物流企业提出托运货物的请求，这一行为即货主企业向物流企业发出的订立公路运输合同的要约。物流企业接受货物托运，并在运单上签字后，就表明其作出了承诺。货物托运和承运的过程就是公路运输合同订立的过程，该公路运单就成为公路货物运输合同。

3.网络平台道路货物运输合同

随着互联网的发展，通过网络平台提供道路运输服务的业务逐渐发展起来。为促进道路货物运输业与互联网融合发展，规范网络平台道路货物运输经营活动，维护道路货物运输市场秩序，保护网络平台道路货物运输经营各方当事人的合法权益，根据《道路运输条例》及有关法规和国务院关于促进平台经济规范健康发展的决策部署，交通运输部和国家税务总局制定了《网络平台道路货物运输经营管理暂行办法》。物流企业可以依托互联网平台整合配置运输资源，与货主企业签订运输合同，并委托实际具有运输能力的运输企业（实际承运人）完成道路货物运输，从而成为网络货运经营者。仅就运输环节而言，物流企业处于双重法律关系当中。在与货主企业的法律关系中，其为承运人，货主企业为托运人；在与运输企业的法律关系中，其为委托人，运输企业为受托人。网络货运经营者委托运输不得超越实际承运人的经营范围。

（二）公路货物运输合同的主要义务

1.托运人的义务

（1）正确申报和提交文件的义务。根据《民法典》第八百二十五条的规定，托运人办理货物运输，应当向承运人准确表明收货人的姓名、名称或者凭指示的收货人，货物的名称、性质、重量、数量，收货地点等有关货物运输的必要情况。《民法典》第八百二十六条还规定，货物运输需要办理审批、检验等手续的，托运人应当将办理完有关手续的文件提交承运人。

（2）支付运费和相关费用的义务。根据《民法典》第八百一十三条的规定，托运人或者收货人应当支付票款或者运输费用。在每个具体的公路运输合同中，是由托运人还是收货人支付运费，应当在合同中明确约定；未约定的，托运人为运费支付义务人。

托运人或者收货人未支付运费、保管费或者其他费用的，根据《民法典》第八百三十六条的规定，除非当事人另有约定，否则承运人可对相应的货物行使留置权。

（3）适当包装的义务。根据《民法典》第八百二十七条的规定，托运人应当按照约定的方式包装货物。对包装方式没有约定或者约定不明确的，双方当事人可以通过签订协议补充；不能达成补充协议的，按照合同相关条款或者交易习惯确定。据此仍然无法确定的，适用《民法典》第六百一十九条的规定，即按照通用的方式包装；没有通用方式的，应当采取足以保护标的物且有利于节约资源、保护生态环境的包装方式。

（4）托运危险货物的特别义务。根据《民法典》第八百二十八条的规定，托运人托运易燃、易爆、有毒、有腐蚀性、有放射性等危险物品的，应当按照国家有关危险物品运输的规定对危险物品妥善包装，制作危险物品标志和标签，并将有关危险物品的名称、性质和防范措施的书面材料提交承运人。托运人违反前款规定的，承运人可以拒绝运输，也可以采取相应措施以避免损失的发生，因此产生的费用由托运人负担。托运人不得在托运的普通货物中违规夹带危险货物，或者将危险货物匿报、谎报为普通货物托运。托运人还应当向承运人提交电子或者纸质形式的危险货物托运清单，载明危险货物的托运人、承运人、收货人、装货人、始发地、目的地、危险货物的类别、项别、品名、编号、包装及规格、数量、应急联系电话等信息，以及危险货物危险特性、运输注意事项、急救措施、消防措施、泄漏应急处置、次生环境污染处置措施等信息。托运人应当妥善保存危险货物托运清单，保存期限不得少于12个月。

2.承运人的义务

（1）安全按时完成运输的义务。根据《民法典》第八百一十一条和第八百一十二条的规定，承运人应当按照约定的或者通常的运输路线，在约定期限或者合理期限内将货物安全运输到约定地点。

为履行此义务，承运人应当根据《道路运输条例》等相关行政法规、规章，使用与所承运货物相适应并经检测合格的车辆，并随车携带车辆营运证；安排符合规定条件的驾驶人员，驾驶人员连续驾驶时间不得超过4个小时；道路运输从业人员应当遵守道路运输操作规程，不得违章作业。

（2）依托网络平台经营道路货物运输的特别义务。根据《网络平台道路货物运输经营管理暂行办法》第十条的规定，网络货运经营者应当对实际承运车辆及驾驶员资质进行审查，保证提供运输服务的车辆具备合法有效的营运证（从事普通货物运输经营的总质量4.5吨及以下普通货运车辆除外）、驾驶员具有合法有效的从业资格证（使用总质量4.5吨及以下普通货运车辆的驾驶人员除外）；网络货运经营者和实际承运人应当保证线上提供服务的车辆、驾驶员与线下实际提供服务的车辆、驾驶员一致。

如果是零担货物运输，网络货运经营者应当对托运人身份进行查验登记，督促实际承运人实行安全查验制度，对货物进行安全检查或者开封验视。网络货运经营者应当如实记录托运人身份、物品信息。

（3）承运危险货物的特别义务。为了保障人民生命财产安全，保护环境，维护道路危险货物运输各方当事人的合法权益，交通运输部制定了《道路危险货物运输管理规定》，并会同工业和信息化部、公安部等共同制定了《危险货物道路运输安全管理办法》，对从事道路危险货物运输活动进行专门规制。

承运危险货物的公路承运人必须获得加注相关危险货物运输许可的《道路运输经营许可证》，并使用安全技术条件符合国家标准要求且与承运危险货物性质、重量相匹配的车辆、设备进行运输。驾驶人员、装卸管理人员、押运人员应当经所在地设区的市级人民政府交通运输主管部门考试合格，并取得相应的从业资格证。法律、行政法规规定托运人必须办理有关手续后方可运输的危险货物，道路危险货物运输企业应当在查验有关手续齐全有效后方可承运。承运人应当制作危险货物运单，并交由驾驶人员随车携带；危险货物运单应当妥善保存，保存期限不得少于12个月。

在运输前，承运人应当对运输车辆、罐箱及相关设备的技术状况，以及卫星定位装置进行检查并做好记录，对驾驶人员、押运人员进行运输安全告知。驾驶人员、押运人员在起运前，应当对承运危险货物的运输车辆、罐箱进行外观检查，确保没有影响运输安全的缺陷，并检查确认危险货物运输车辆按照《道路运输危险货物车辆标志》（GB 13392—2005）的要求安装、悬挂标志。

在危险货物装卸过程中，应当遵守安全作业标准、规程和制度，并在装卸管理人员的现场指挥或者监控下进行；根据危险货物的性质，轻装轻卸，堆码整齐，防止混杂、撒漏、破损，不得与普通货物混合堆放；用于装卸危险货物的机械及工具的技术状况应当符合行业标准规定的技术要求。

在道路危险货物运输过程中，除驾驶人员外，还应当在专用车辆上配备押运人员，确保危险货物处于押运人员监管之下。驾驶人员应当随车携带道路运输证。驾驶人员或者押运人员应当按照相关要求，随车携带道路运输危险货物安全卡和从业资格证。在运输过程中，不得将危险货物与普通货物混装运输；严禁违反国家有关规定超载、超限运输；应严格遵守有关部门关于危险货物运输线路、时间、速度方面的有关规定，并遵守有关部门关于剧毒、爆炸危险品道路运输车辆在重大节假日通行高速公路的相关规定；不得随意停车。

（三）货物的接收与交付

承运人在接收货物时，可以检查货物的数量、包装、标志等是否与托运人申报和说明的情况一致。根据《民法典》第八百二十七条的规定，托运人未尽到包装义务的，承运人可以拒绝运输；如果是危险货物，承运人可以拒绝运输，也可以采取相应措施以避免损失的发生，由此产生的费用由托运人负担。

在交付货物时，根据《民法典》第八百三十条的规定，货物运输到达后，承运人知道收货人的，应当及时通知收货人，收货人应当及时提货。收货人逾期提货的，应当向承运人支付保管费等费用。收货人提货时应当按照约定的期限检验货物。对检验货物的期限没有约定或者约定不明确的，当事人可以协议补充；不能达成补充协议的，按照合同相关条款或者交易习惯确定。按上述方法仍不能确定的，应当在合理期限内检验货物。

收货人在约定的期限或者合理期限内对货物的数量、毁损等未提出异议的，视为承运人已经按照运输单证的记载交付的初步证据。

根据《民法典》第八百三十七条的规定，收货人不明或者收货人无正当理由拒绝受领货物的，承运人可以依法提存货物。

（四）合同的变更和解除

根据《民法典》第八百二十九条的规定，在承运人将货物交付收货人之前，托运人可以要求承运人中止运输、返还货物、变更到达地或者将货物交给其他收货人，但是应当赔偿承运人因此受到的损失。

根据《民法典》第五百六十二条的规定，公路运输合同的当事人可以协商一致解除合同；或者约定一方解除合同的事由，在解除合同的事由发生时，解除权人可以解除合同。根据《民法典》第五百六十三条的规定，发生下列情形之一的，当事人也可以解除合同：因不可抗力致使不能实现合同目的；在履行期限届满前，一方当事人明确表示或者以自己的行为表明不履行主要债务的；当事人一方迟延履行主要债务，经催告后在合理期限内仍未履行的；当事人一方迟延履行债务或者其他违约行为致使合同不能实现合同目的的；法律规定的其他情形。

（五）违约责任

1.托运人的责任

《民法典》规定了托运人对承运人的严格责任。其第八百二十五条规定，托运人对货物的情况申报不实或者遗漏重要情况，因此造成承运人损失的，托运人应当承担赔偿责任。

2.承运人的责任

《民法典》规定了承运人对公路货物运输承担严格责任。根据《民法典》第八百三十二条的规定，运输过程中货物发生毁损、灭失的，承运人应当承担赔偿责任。如果货物毁损、灭失是由于以下原因造成的，承运人不承担赔偿责任：①不可抗力；②货物本身的自然性质或者合理损耗；③托运人、收货人的过错。

承运人收取运费的权利相应受到影响。根据《民法典》第八百三十五条的规定，除法律另有规定外，货物在运输过程中因不可抗力灭失，未收取运费的，承运人不得请求支付运费；已经收取运费的，托运人可以请求返还。

二、铁路货物运输合同

为了规范铁路货物运输合同，根据《铁路法》等有关法律，国务院制定了《铁路货物运输合同实施细则》，适用于铁路运输部门与企业、农村经济组织、国家机关、事业单位、社会团体等法人之间签订的货物运输合同；个体经营户、个人与铁路运输部门签订的货物运输合同，可参照执行。该规定于2022年被废止，当事人仍可参照其内容订立、履行铁路货物运输合同。

（一）铁路货物运输合同的订立与主要内容

铁路货物运输合同的订立需要遵循《民法典》有关要约、承诺的规定。

托运人利用铁路运输货物，应与承运人签订货物运输合同。该运输合同的形式可随货物批量的不同而不同。

大宗物资的运输，可按年度、半年度或季度签订货物运输合同，也可以签订更长期限的运输合同；其他整车货物运输，可按月签订运输合同。按月度签订的运输合同，可以用月度要车计划表代替。按年度、半年度、季度或月度签订的货物运输合同，通常要载明下列基本内容：①托运人和收货人名称；②发站和到站；③货物名称；④货物重量；⑤车种和车数；⑥违约责任；⑦双方约定的其他事项。

零担货物和集装箱货物运输，可以将货物运单作为运输合同，托运人按照货物运单的有关要求填写，承运人在托运人提出的货物运单上加盖车站日期戳后，合同即告成立。货物运单通常载明下列内容：①托运人、收货人名称及其详细地址；②发站、到站及到站的主管铁路局；③货物名称；④货物包装、标志；⑤件数和重量（包括货物包装重量）；⑥承运日期；⑦运到期限；⑧运输费用；⑨货车类型和车号；⑩施封货车和集装箱的施封号码；⑪双方商定的其他事项。

（二）铁路货物运输合同当事人的主要义务

1.托运人的义务

根据《铁路法》第十六条、第十九条、第二十条，以及业务实践，托运人的义务主要有：①按照货物运输合同约定的时间和要求向承运人交付托运的货物；托运人应当如实填报托运单，承运人有权对填报的货物和包裹的品名、重量、数量进行检查。经检查，申报与实际不符的，检查费用由托运人承担；申报与实际相符的，检查费用由承运人承担，因检查对货物和包裹中的物品造成损坏的由承运人赔偿。②托运货物需要包装的，托运人应当按照国家包装标准或者行业包装标准包装；没有国家包装标准或者行业包装标准的，应当妥善包装，使货物在运输途中不因包装原因而受损坏。③按规定需要凭证运输的货物，应出示有关证件。④对整车货物，提供装载货物所需的货车装备物品和货物加固材料。⑤托运人组织装车的货物，装车前应对车厢完整和清洁状态进行检查，并按规定的装载技术要求进行装载，在规定的装车时间内将货物装载完毕或在规定的停留时间内，将货车送至交接地点。⑥在运输中需要特殊照料的货物，须派人押运。⑦向承运人交付规定的运输费用。⑧将领取货物凭证及时交给收货人并通知其向到站领取货物。⑨货物按保价运输办理时，须提出货物声明价格清单，支付货物保价费。托运人可以自愿向保险公司办理货物运输保险。

2.承运人的义务

承运人的义务主要有：①按照货物运输合同约定的时间、数量、车种，拨调状态良好、清扫干净的货车；②对于在车站公共装卸场所装卸的货物，若无其他约定，负责组织装卸；③按照合同约定的期限或者国务院铁路主管部门规定的期限，将承运的货物运到目的站；④对于托运人或收货人组织装车或卸车的货物，将货车调到装、卸地点或商定的交接地点；⑤对承运的容易腐烂变质的货物和活动物，应当按照国务院铁路主管部门的规定和合同的约定，采取有效的保护措施；⑥由承运人组织卸车的货物，向收货人发出到货催领通知；⑦发现多收运输费用，及时退还托运人或收货人。

因自然灾害，货物运输发生阻碍时，承运人应当采取绕路运输或卸下再装措施。因货物性质特殊，绕路运输或卸下再装会造成货物损失时，承运人应联系托运人或收货人在要求的时间内提出处理办法；超过期限未答复的，承运人可按照有关规定处理。

3.收货人的义务

收货人的义务主要有：①缴清托运人在发站未交或少交以及运送期间发生的运输费用和由于托运人责任发生的垫款；②及时领取货物，并在规定的免费暂存期限内，将货物搬出车站；③收货人组织卸车的货物，在约定的卸车时间内将货物卸完或在约定的停留时间内将货车送至交接地点；④由收货人组织卸车的货物，卸车完毕后，将货车清扫干净并关好门窗、端侧板（特种车为盖、阀），约定需要洗刷消毒的应进行洗刷消毒。

（三）货物的接收与交付

托运人向承运人托运货物时应进行交接验收。如果发现货物（托运人组织装车的为封印、货物装载状态、篷布苫盖状态或规定标记）有异状或与货物运单记载不符，应由托运人改善后承运人再行接收。

承运人向收货人交付货物的时候，也应进行交接验收。如果发现货物存在前述现象，收货人应即向承运人提出异议。收货人在验收货物的时候，没有提出异议，即认为运输合同履行完毕。由承运人组织装车并在专用线、专用铁道内卸车的货物，按承运人同收货人商定的办法，办理交接验收。

根据《铁路法》第二十二条的规定，承运人发出领取货物通知之日起满三十日仍无人领取的货物，或者收货人书面通知承运人拒绝领取的货物，承运人应当通知托运人；托运人自接到通知之日起满三十日未作答复的，由承运人变卖；所得价款在扣除保管等费用后尚有余款的，应当退还托运人，无法退还、自变卖之日起一百八十日内托运人又未领回的，上缴国库。

（四）合同的变更和解除

铁路货物运输合同经双方同意，并在约定的变更范围内可以办理变更。托运人或收货人由于特殊原因，经承运人同意，对承运后的货物可以按批在货物所在的中途站或到站办理变更到站、变更收货人。

货物运输合同在货物发送前，经双方同意，可以解除。

（五）责任

1.托运人、收货人的责任

根据《铁路法》第十九条、第二十一条的规定，托运人因申报不实而少交的运费和其他费用应当补交，承运人按规定加收运费和其他费用；货物到站后，收货人应当支付托运人未付或者少付的运费和其他费用；未在规定的期限内领取货物的，收货人应当按照规定交付保管费。此外，《铁路法》第二十三条规定，因托运人或者收货人的责任给承运人造成财产损失的，由托运人或者收货人承担赔偿责任。

2.承运人的违约责任

（1）货损责任。《铁路法》第十七条规定，承运人应当对承运的货物自接受承运时起到交付时止发生的灭失、短少、变质、污染或者损坏，承担赔偿责任。如果托运人办理了保价运输，按照实际损失赔偿，但最高不超过保价额；如果未办理保价运输，按照实际损失赔偿，但最高不超过国务院铁路主管部门规定的赔偿限额。如果损失是由于承运人的故意或者重大过失造成的，不适用赔偿限额的规定，按照实际损失赔偿。

（2）逾期责任。《铁路法》第十六条规定，承运人应当按照合同约定的期限或者国务院铁路主管部门规定的期限，将货物运到目的站；逾期的，承运人应当支付违约金。承运人逾期三十日仍未将货物交付收货人的，托运人或者收货人有权按货物灭失向承运人要求赔偿。

（3）免责条款。《铁路法》第十八条规定，由于下列原因造成的货物损失，承运人不承担赔偿责任：不可抗力；货物本身的自然属性，或者合理损耗；托运人、收货人的过错。

（六）责任的处理

根据《铁路法》第三十二条的规定，发生铁路运输合同争议的，承运人和托运人、收货人可以通过调解解决；不愿意调解解决或者调解不成的，可以依据合同中的仲裁条款或者事后达成的书面仲裁协议，向国家规定的仲裁机构申请仲裁。

当事人一方在规定的期限内不履行仲裁机构的仲裁决定的，另一方可以申请人民法院强制执行。

当事人没有在合同中订立仲裁条款，事后又没有达成书面仲裁协议的，可以向人民法院起诉。

▶ **拓展阅读 3-2**

网络平台道路货物运输经营者的产生及法律规制

随着互联网技术与货运物流行业的深度融合，物流企业经营陆路货物运输出现了新的组织方式。这类物流企业自身既不拥有运输车辆，也不租用他人车辆，而是依托移动互联网等技术搭建物流信息平台，通过管理和组织模式的创新，集约整合和科学调度车辆、站场、货源等零散物流资源。它们一方面以承运人的身份与货主企业签订陆路货物运输合同；同时以托运人的身份，与实际承运人签订陆路货物运输合同，由实际承运人使用符合条件的载货汽车和驾驶员，完成货物的运输。这类业务中的物流企业被形象地称为"无车承运人"。为了将这一新型商业模式纳入管理范围，2016年8月26日，交通运输部办公厅印发了《关于推进改革试点加快无车承运物流创新发展的意见》，决定于2016年10月至2017年12月，在全国开展道路货运无车承运人试点工作。"无车承运人"指的是不拥有车辆而从事货物运输的个人或单位，一般不从事具体的运输业务，只从事运输组织、货物分拨、运输方式和运输线路的选择等工作，其收入来源主要是规模化的"批发"运输而产生的运费差价。在《网络平台道路货物运输经营管理暂行办法》中，将经营此类业务的个人或单位称为网络平台道路货物运输经营者，并对其定义和法律地位进行了明确界定。在市场准入方面，贯彻落实"放管服"改革要求，以不增设许可、不突破既有法律法规为基本原则，确定了网络货运经营条件，放宽市场准入限制，鼓励发展新业态。在经营管理方面，从保障安全、维护权益、提高服务角度出发，对网络货运经营者有关承运车辆及驾驶员资质审核、货物装载及运输过程管控、信息记录保存及运单数据传输、税费缴纳、网络和信息安全，货车司机及货主权益保护、投诉举报，服务质量及评价管理等作出了系统规定，合理界定了平台责任，规范平台经营行为。网络平台道路货物运输经营者具有资源整合能力强、品牌效应广、网络效应明显等特点，利用互联网手段和组织模式创新，有效促进货运市场的资源集约整合和行业规范发展，其存在和规范经营，对促进物流货运行业的转型升级和提质增效具有重要意义。

资料来源 交通运输部. 加快促进网络货运新业态规范健康发展 为道路货运行业高质量发展提供有力支撑——《网络平台道路货物运输经营管理暂行办法》解读［EB/OL］.［2019-09-09］. http://www.gov.cn/zhengce/2019-09/09/content_5428571.htm.

互动课堂 3-1

网络平台道路货物运输经营者与道路运输承运人有哪些区别？

答：网络平台道路货物运输经营者与道路运输承运人的区别主要有：

（1）网络平台道路货物运输经营者在特定货物的运输中具有双重身份；道路运输承运人只具有承运人的身份。

（2）网络平台道路货物运输经营者不拥有自己的运输车辆；道路运输承运人一般使用自己的车辆完成运输。

（3）网络平台道路货物运输经营者不用关注货物具体的装卸作业、运输作业，不用具体管理车辆和关注于货物运输要素的集约整合；道路运输承运人则要关注货物的具体作业。

任务三　认识水路货物运输合同

水路货物运输合同是指物流企业收取运费，负责将货主企业托运的货物经水路由一港（站、点）运至另一港（站、点）的合同。此时物流企业的法律地位是承运人，货主企业的法律地位是托运人。

有的物流企业，尤其是航运企业转型而来的物流企业，拥有自己的船舶，可以使用自有船舶来完成货物运输。有些物流企业，如由货运代理企业转型而来的物流企业，虽然自己不拥有船舶，可通过与航运企业签订水路货物运输合同，来完成其与货主企业之间有关货物运输服务的义务。在我国，与水路运输合同相关的法律主要是《民法典》和《海商法》。国内水路货物运输（包括沿海运输）适用《民法典》第十九章运输合同、《国内水路运输管理条例》等法律、行政法规的规定，并适用相关的部门规章和标准。为了规范水路货物运输合同，国务院制定了《水路货物运输合同实施细则》，该行政法规于2022年被废止，但对当事人订立、履行水路货物运输合同仍具有一定的参考意义。国际海上货物运输合同主要适用《海商法》第四章的规定，其相关内容将在任务六中详述。

一、水路货物运输合同的订立与主要内容

水路货物运输合同的订立受《民法典》中关于要约、承诺相关规则的约束。当事人签订水路货物运输合同，可以采用书面运输合同，也可以货运运单作为运输合同，在短途驳运、摆渡零星货物，双方当事人可以即时清结的情况下，也可以不采用书面形式。水路运输合同的内容通常包括：①货物名称；②托运人和收货人名称；③起运港和到达港，海江河联运货物应载明换装港；④货物重量、件数，按体积计费的货物应载明体积；⑤包装，运输标志；⑥运费、港口费和有关的其他费用及其结算方式；⑦承运日期，运到期限（规定期限或商定期限）；⑧货物价值；⑨违约责任。

二、水路货物运输合同的主要义务

（一）托运人的义务

根据《民法典》的规定，以及业务实践，托运人应当承担下列义务：

（1）托运的货物必须与货物运单或者运输合同记载的品名相符。

（2）向承运人准确表明收货人的姓名、名称或者凭指示的收货人，货物的名称、性质、重量、数量，收货地点等有关货物运输的必要情况。

（3）需要包装的货物，必须按照国家或主管部门规定的标准包装；没有统一规定包装标准的，应在保证运输安全和货物质量的原则下进行包装；需要随附备用包装的，应提供备用包装。

（4）正确制作货物的运输标志和必要的指示标志。

（5）货物运输需要办理审批、检验等手续的，托运人应当将办理完有关手续的文件提交承运人。

（6）实行保价运输的个人生活用品，提出货物清单，逐项声明价格，并按声明价格支付规定的保价费。

（7）按照货物属性或双方商定需要押运的货物，应派人随船押运。

（8）托运易燃、易爆、有毒、有腐蚀性、有放射性等危险物品的，应当按照国家有关危险物品运输的规定对危险物品妥善包装，制作危险物品标志和标签，并将有关危险物品的名称、性质和防范措施的书面材料提交承运人。托运人不得匿报品名、隐瞒性质或在普通货物中夹带危险货物。

（二）承运人的义务

根据《民法典》的规定，以及业务实践，承运人应当承担下列义务：

（1）按商定的时间和地点调派适航、适载条件的船舶装运，并备妥相应的护货垫隔物料；但按规定应由托运人自行解决的特殊加固、苦垫材料及所需人工除外。

（2）对承运货物的配积载、运输、装卸、驳运、保管及交接工作，应谨慎处理，按章作业，保证货运质量。

（3）对经由其他运输工具集中到港的散装运输、不计件数的货物，如具备计量手段，应对托运人确定的重量进行抽查或复查；如不具备计量手段，应在保证质量的前提下，负责原来、原转、原交。对按体积计收运输费用的货物，应对托运人确定的体积进行抽查或复查，准确计费。

（4）对扫集的地脚货物，应做到物归原主；对不能分清货主的地脚货物，应按无法交付货物的规定处理。

（5）组织好安全及时运输，保证运到期限。

（6）按照船舶甲板货物运输的规定，谨慎配装甲板货物。

（7）按照规定的航线运输货物，到达后，承运人知道收货人的，应当及时通知收货人，并负责将货物交付给指定的收货人。

（三）收货人的义务

根据《民法典》的规定，以及业务实践，收货人应当承担下列义务：

（1）接到达港到货通知后，应在规定时间内同到达港办妥货物交接验收手续，将货物提离港区。

（2）按规定应由收货人支付的运输费用、托运人少缴的费用以及运输途中发生的垫款，应在提取货物时一次付清。

（3）由收货人自理卸船的货物，应在商定的时间内完成卸船作业，将船舱、甲板清扫干净；对装运污秽货物、有毒害性货物的，应负责洗刷、消毒，使船舱恢复正常清洁状态。

三、货物的接收与交付

承运人从托运人处接收货物，以及向收货人交付货物时，均应进行交接验收。除另有约定外，散装货物按重量交接，其他货物按件数交接。散装货物按重量交接的，应当约定货物交接的计量方法，没有约定的，应当按船舶水尺数计量，不能按船舶水尺数计量的，运单中载明的货物重量对承运人不构成其交接货物重量的证据。

货物运抵到达港，承运人发出到货通知后，收货人拒绝收货或找不到收货人，承运人应通知托运人在限期内自行处理该项货物，并应承担由此而发生的一切费用；如托运人在限期内不予处理，承运人可以按照无法交付货物的规定对该项货物就地处理。

散装液体货物装船前应由托运人验舱，合格后才能装运。装船完毕，由托运人会同承运人按照每处油舱和管道阀门进行施封，施封材料由托运人自备，并将施封的数目、印文、材料品种等在运单内载明；卸船前，由承运人与收货人凭舱封交接。托运人要求在两个以上地点装载、卸载或者在同一卸载地点由几个收货人接收货物时，计量分劈及发生重量差数，均由托运人或者收货人负责。

由托运人自理装船或收货人自理卸船的货物，可以由承运人与托运人或收货人签订装卸合同，商定装卸时间和条件，实行船舶速遣和滞期奖罚办法。

由于货物本身原因或应托运人要求，需要对货物、船舱、库场进行检疫、熏蒸、消毒的，应由托运人或收货人负责办理检疫、熏蒸、消毒并承担有关费用。

托运人自理装船的货物，卸船时船体完好，舱封完整或装载状态无异状，而发生货物灭失、短少、损坏，或者托运人自行装箱、施封的集装箱运输货物，箱体完整，铅封完好，拆箱时发现货物灭失、短少、损坏或内容不符，以及托运人自行押运的货物所发生的灭失、短少、变质、污染、损坏或其他损失（除证明属于承运人责任外），应由托运人负责处理。

收货人提货时应当按照约定期限或者在合理期限内检验货物。收货人在约定的期限或者合理期限内对货物的数量、毁损等未提出异议的，视为承运人已经按照运输单证的记载交付的初步证据。

收货人不明或者收货人无正当理由拒绝受领货物的，承运人依法可以提存货物。

四、合同的变更和解除

根据《民法典》第八百二十九条的规定，承运人将货物交付收货人之前，托运人可以要求承运人中止运输、返还货物、变更到达地或者将货物交给其他收货人，但是应当赔偿承运人因此受到的损失。

五、违约责任

（一）托运人、收货人的责任

根据《民法典》第八百二十五条、第八百二十七条、第八百二十八条、第八百三十六条的规定，托运人、收货人对承运人的责任主要有：

托运人对有关货物运输的必要情况申报不实或者遗漏重要情况，造成承运人损失的，托运人应当承担赔偿责任。

托运人未履行有关货物包装的义务的，承运人可以拒绝运输。

托运人未履行有关危险货物运输规定的，承运人可以拒绝运输，也可以采取相应措施以避免损失的发生，因此产生的费用由托运人负担。

托运人或者收货人不支付运费、保管费或者其他费用的，承运人对相应的运输货物享有留置权。

（二）承运人的责任

根据《民法典》第八百三十二条、第八百三十三条、第八百三十五条的规定，承运人对运输过程中货物的毁损、灭失承担赔偿责任。货物的毁损、灭失的赔偿额，当事人有约定的，按照其约定；没有约定或者约定不明确，又未能达成补充协议的，按照交付或者应当交付时货物到达地的市场价格计算。法律、行政法规对赔偿额的计算方法和赔偿限额另有规定的，依照其规定。

如果承运人证明货物的毁损、灭失是因不可抗力、货物本身的自然性质或者合理损耗以及托运人、收货人的过错造成的，不承担赔偿责任。

货物在运输过程中因不可抗力灭失，未收取运费的，承运人不得请求支付运费；已经收取运费的，托运人可以请求返还。

互动课堂 3-2

在水路货物运输合同中，托运人托运危险货物时应提供哪些信息？

答：根据《船舶载运危险货物安全监督管理规定》第二十二条的规定，托运人应当在交付载运前向承运人说明所托运的危险货物种类、数量、危险特性以及发生危险情况的应急处置措施，提交以下货物信息，并报告海事管理机构：

（1）危险货物安全适运声明书。

（2）危险货物安全技术说明书。

（3）按照规定需要进出口国家有关部门同意后方可载运的，应当提交有效的批准文件。

（4）危险货物中添加抑制剂或者稳定剂的，应当提交抑制剂或者稳定剂添加证明书。

（5）载运危险性质不明的货物，应当提交具有相应资质的评估机构出具的危险货物运输条件鉴定材料。

（6）交付载运包装危险货物的，还应当提交下列材料：包装、货物运输组件、船用刚性中型散装容器的检验合格证明；使用船用集装箱载运危险货物的，应当提交"集装箱装箱证明书"；载运放射性危险货物的，应当提交放射性剂量证明；载运限量或者可免除量危险货物的，应当提交限量或者可免除量危险货物证明。

（7）交付载运具有易流态化特性的B组固体散装货物通过海上运输的，还应当提交具有相应资质的检验机构出具的货物适运水分极限和货物水分含量证明。

承运人应当对上述货物信息进行审核，对不符合船舶适装要求的，不得受载、承运。

任务四　认识航空货物运输合同

航空货物运输合同是指物流企业收取运费，负责将货主企业托运的货物通过航空器，由一地运至另一地的合同。此时物流企业的法律地位是承运人，货主企业为托运人。结合《民用航空法》《民用航空货物运输管理规定》等法律法规的规定，航空货物运输的形式有普通航空运输、航空快递运输、包机（或者包舱）运输等。航空快递运输、包机（或者包舱）运输是航空运输的特殊形式，其中航空快递运输是指航空快递企业利用航空运输，收取发件人的快件，并按照向发件人承诺的时间将其送交指定地点或者指定收件人的门到门快递服务；包机运输是指航空公司按照约定的条件和费率，将整架飞机的吨位包给一个或若干个包机人，从一个或几个航空站装运货物至指定目的地，适合大宗货物运输，费率较低。班机运输是指承运人运用有固定开航时间、航线、始发港、目的港以及途经港的飞机航班进行运输。

在我国，航空货物运输主要受《民法典》《民用航空法》的调整，交通运输部制定的《民用航空货物运输管理规定》等也适用于航空货物运输。

一、航空货物运输合同的订立与主要内容

根据《民法典》《民用航空法》等法律法规和业务实践，航空运输合同的订立，由托运人填写货物托运书，向承运人或其代理人办理托运手续，构成《民法典》第四百七十二条规定的要约；承运人根据运输能力，按货物的性质和急缓程度，有计划地收运货物。承运人收运的，构成《民法典》第四百七十九条规定的承诺，双方航空货物运输合同成立。

货物托运书的内容基本包括：①货物托运人和收货人的具体单位或者个人的全称及详细地址、电话、邮政编码；②货物品名；③货物件数、包装方式及标志；④货物实际价值；⑤货物声明价值；⑥普货运输或者急件运输；⑦货物特性、储运及其他说明。运输条件不同或者因货物性质不能在一起运输的货物，应当分别填写托运书。

根据《民用航空法》第一百一十八条的规定，航空货运单是航空货物运输合同订立和运输条件以及承运人接受货物的初步证据。货运单正本一式三份，第一份注明"交承运人"，由托运人签字或盖章；第二份注明"交收货人"，由托运人和承运人签

字或盖章；第三份由承运人接收货物后签字盖章，交托运人。三份具有同等效力。承运人可根据需要增加副本。货运单的承运人联应当自填开货运单次日起保存两年。

货运单应包括的内容由国务院民用航空主管部门规定，至少应当包括以下内容：①出发地点和目的地点；②出发地点和目的地点均在中华人民共和国境内，而在境外有一个或者数个约定的经停地点的，至少注明一个经停地点；③货物运输的最终目的地点、出发地点或者约定的经停地点之一不在中华人民共和国境内，依照所适用的国际航空运输公约的规定，应当在货运单上声明此项运输适用该公约的，货运单上应当载有该项声明。

根据《民用航空法》第一百一十三条的规定，托运人未能出示航空货运单、航空货运单不符合规定或者航空货运单遗失，不影响运输合同的存在或者有效。

二、航空货物运输合同当事人的主要义务

（一）托运人、收货人的义务

1.正确申报和提交文件的义务

根据《民用航空法》第一百一十四条、《民用航空货物运输管理规定》第七条的规定，托运人应当准确申报货物品名，提供真实、完整、有效的民用航空货物运输相关文件。货运单应当由托运人填写；承运人依据托运人请求填写货运单的，在没有相反证据的情况下，应当视为代托运人填写，托运人应当对货运单上所填关于货物的说明或声明的正确性负责。

托运人应当提供必需的资料和文件，以便在货物交付收货人前完成法律、行政法规规定的有关手续。国家规定限制通过民用航空运输的物品，托运人应当按照规定提供真实、完整、有效的证明文件。运输动物和动物产品、野生动物及其制品的，应当依照国家法律法规的规定办理，托运人应当按照规定提供相关证明文件。

2.支付运费和相关费用的义务

根据《民法典》第八百一十三条的规定，托运人或者收货人应当支付运输费用。在具体的航空运输合同中，是由托运人还是收货人支付运费，应当在合同中明确约定；未约定的，托运人为运费支付义务人。托运人应按国家规定的货币和付款方式交付货物运费，除承运人与托运人另有协议者外，运费一律现付。托运人或者收货人不支付运费、保管费或者其他费用的，根据《民法典》第八百三十六条的规定，承运人可对相应的货物行使留置权。

3.妥善包装和设置标志的义务

根据《民用航空货物运输管理规定》第七条的规定，托运人应当正确地对货物进行分类、识别、包装、加标记、贴标签。托运人应当根据货物性质及重量、运输环境条件和承运人的要求，采用适当的内、外包装材料和包装形式，妥善包装，保证货物在运输过程中不致损坏、散失、渗漏，不致损坏和污染飞机设备或者其他物品。精密、易碎、怕震、怕压、不可倒置的货物，必须有相适应的防止货物损坏的包装措施。严禁使用草袋包装或草绳捆扎。

货物外包装上应当有运输标志和指示标志。在每件货物外包装上的运输标志中，托运人应当标明出发站、到达站，以及托运人、收货人的单位、姓名及详细地址等，按规定粘贴或者拴挂承运人的货物运输标签。在指示标志中，托运人应当根据货物性质、按国家标准规定的式样标示。

（二）承运人的义务

根据《民法典》第八百一十一条和第八百一十二条的规定，航空承运人应当按照约定的或者通常的运输路线，在约定期限或者合理期限内将货物安全运输到约定地点。

为履行此义务，承运人应当遵守《民用航空法》《民用航空货物运输管理规定》等相关规定：

1.制定并公布货物运输总条件

承运人应当制定并公布货物运输总条件，细化相关货物运输服务内容。货物运输总条件不得与国家法律法规以及涉及民航管理的规章相关要求相抵触。

货物运输总条件至少应当包括下列内容：①货物运输须知；②运输凭证；③是否提供货物声明价值服务或者办理货物声明价值的相关要求；④无法交付货物的处理办法；⑤货物损坏、丢失、延误的赔偿标准或者所适用的国家有关规定、国际公约；⑥电子邮件、电话等投诉受理渠道。以上事项变化较频繁的，可以单独制定相关规定，但应当视为货物运输总条件的一部分，并与货物运输总条件在同一位置以显著方式予以公布。

承运人修改货物运输总条件的，应当标明生效日期。修改后的货物运输总条件，不得将限制托运人、收货人权利或者增加其义务的修改内容，适用于修改前承运人已收运的货物运输，但是国家另有规定或者运输合同另有约定的除外。

2.制定航空货物运输手册

承运人应当制定航空货物运输手册，并采取措施保持手册的适用性和有效性。航空货物运输手册内容应当包括普通货物和各类特种货物各作业环节的操作规定，承运人应当确保货物操作按照手册要求实施。

3.建立健全货物存放区域保管制度

承运人应当根据进出港货物特性和货物运输量的需要，设置普通货物和特种货物存放区域。承运人应当建立健全货物存放区域保管制度，严格交接手续。区域内货物应当合理码放、定期整理，做好安全防护工作，确保区域内货物准确完整。

4.建立并落实业务流程

承运人应当建立并落实场内转运、装卸作业的管理制度和业务流程，确保转运、装卸等环节的安全、高效和准确。

5.建立机长通知单制度

承运人应当根据特种货物运输需要，建立机长通知单制度，确保机长对在飞行途中需要额外关注的特种货物知情，并能够采取通风、供氧、应急处置等必要措施。

6.承运人应当及时向托运人或者收货人提供货物运输信息

由于承运人原因，货物运输受到影响的，承运人应当立即通知托运人。

三、货物的接收与交付

（一）货物的接收

根据《民用航空货物运输管理规定》的规定，承运人在接收货物时应当查验托运人的有效身份证件。托运国家规定限制通过民用航空运输的物品、动物和动物产品、野生动物及其制品的，承运人应当查验证明文件，对不符合规定的，不予接收。

托运人不得在货物或者货物包装内夹带禁止或者限制运输的物品、危险品等。承运人发现托运人隐瞒夹带禁止或者限制运输的物品、危险品或者提供虚假证明文件的，不得收运、承运，并应按照国家有关规定进行报告。

根据《民用航空法》第一百一十八条的规定，航空货运单是航空货物运输合同订立和运输条件以及承运人接受货物的初步证据。航空货运单上关于货物的重量、尺寸、包装和包装件数的说明具有初步证据的效力。除经过承运人和托运人当面查对并在航空货运单上注明经过查对或者书写关于货物的外表情况的说明外，航空货运单上关于货物的数量、体积和情况的说明不能构成不利于承运人的证据。

（二）货物的交付

根据《民用航空法》和《民用航空货物运输管理规定》的规定，货物运至到达站后，除另有约定外，承运人应当立即通知收货人。承运人交付货物应当要求收货人出示有效身份信息。

承运人与收货人按货运单列明的货物件数清点并交接。发现货物短缺、损坏且必要的，填写货物运输事故记录，并由双方签字或盖章。收货人提货时，对货物外包装状态或重量如有异议，应当场提出查验或者重新过秤核对。收货人收受货物未提出异议，为货物已经完好交付并与运输凭证相符的初步证据。

货物发生损坏或者丢失，收货人要求出具货物不正常运输记录的，承运人应当及时提供。货物不正常运输记录应当包括填开地点、填开日期、航空货运单号码、航班号、航段和货物不正常类别等内容。

对无法交付的货物，承运人在保管期间应当采取有效安全管理措施，防止发生生产安全事故；在处置时应当通知托运人或者收货人，并保存好通知记录。

四、合同的变更和解除

（一）托运人变更或者解除合同

根据《民用航空法》第一百一十九条的规定，托运人在履行航空货物运输合同规定的义务的条件下，有权在出发地机场或者目的地机场将货物提回，或者在途中经停时中止运输，或者在目的地点或者途中要求将货物交给非航空货运单上指定的收货人，或者要求将货物运回出发地机场；但是，托运人不得因行使此种权利而使承运人或者其他托运人遭受损失，并应当偿付由此产生的费用。

托运人对已办妥运输手续的货物要求变更时，应当提供原托运人出具的书面要求、个人有效证件和货运单托运人联。要求变更运输的货物，应是一张货运单填写的全部货物。

承运人应当及时处理托运人的变更要求，根据变更要求，更改或重开货运单，重新核收运费。不能按照要求办理时，应当迅速通知托运人。在运送货物前取消托运，承运人可以收取退运手续费。

当货物到达目的地点，收货人在缴付应付款项和履行航空货运单上所列运输条件后，有权要求承运人移交航空货运单并交付货物。此时，托运人上述权利终止。

（二）承运人变更或者解除合同

根据《民用航空货物运输管理规定》第二十四条的规定，由于承运人原因，货物运输受到影响的，承运人应当立即通知托运人。同时，双方应本着诚信原则，商定处理办法。

五、违约责任

（一）托运人的责任

根据《民用航空法》第一百一十七条的规定，因航空货运单上所填的说明和声明不符合规定、不正确或者不完全，给承运人或者承运人对之负责的其他人造成损失的，托运人应当承担赔偿责任。

根据《民用航空法》第一百二十三条的规定，因托运人没有提供必需的资料、文件，或者此种资料、文件不充足或者不符合规定造成的损失，除由于承运人或者其受雇人、代理人的过错造成的外，托运人应对承运人承担责任。

（二）承运人的责任

根据《民用航空法》的规定，承运人对货物运输的责任期间，包括在机场内、民用航空器上或者机场外降落的任何地点，货物处于承运人掌管之下的全部期间，不包括机场外的任何陆路运输、海上运输、内河运输过程。但是，如果此种陆路运输、海上运输、内河运输是为了履行航空运输合同而装载、交付或者转运，在没有相反证据的情况下，所发生的损失视为在航空运输期间发生的损失。

因发生在航空运输期间的事件，造成货物毁灭、遗失或者损坏的，承运人应承担责任；但是，承运人证明货物的毁灭、遗失或者损坏完全是由于下列原因之一造成的，不承担责任：①货物本身的自然属性、质量或者缺陷；②承运人或者其受雇人、代理人以外的人包装货物的，货物包装不良；③战争或者武装冲突；④政府有关部门实施的与货物入境、出境或者过境有关的行为。

货物在航空运输中因延误造成的损失，承运人应当承担责任；但是，承运人证明本人或者其受雇人、代理人为了避免损失的发生，已经采取一切必要措施或者不可能采取此种措施的，不承担责任。

如果承运人证明，损失是由索赔人或者代行权利人的过错造成或者促成的，应当根据造成或者促成此种损失的过错的程度，相应免除或者减轻承运人的责任。

承运人在赔偿货物损失时，货物没有办理声明价值的，承运人按照实际损失的价值进行赔偿，但赔偿最高限额为毛重每千克人民币100元；已向承运人办理货物声明价值的货物，按声明的价值赔偿；如承运人证明托运人的声明价值高于货物的实际价值，按实际损失赔偿。

承运人同意未经填具航空货运单而载运货物的，承运人无权援用有关赔偿责任限制的规定。

承运人按照托运人的指示处理货物，没有要求托运人出示其所收执的航空货运单，给该航空货运单的合法持有人造成损失的，承运人应当承担责任，但是不妨碍承运人向托运人追偿。

经证明，航空运输中的损失是由于承运人或者其受雇人、代理人的故意或者明知可能造成损失而轻率地作为或者不作为造成的，承运人无权援用有关赔偿责任限制的规定；证明承运人的受雇人、代理人有此种作为或者不作为的，还应当证明该受雇人、代理人是在受雇、代理范围内行事。

六、索赔的处理

根据《民用航空法》第一百三十四条的规定，货物发生损失的，收货人应当在发现损失后向承运人提出异议，至迟应当自收到货物之日起十四日内提出。货物发生延误的，至迟应当自货物交付收货人处置之日起二十一日内提出。任何异议均应当写在运输凭证上或者另以书面提出。除承运人有欺诈行为外，收货人未在前述期间内提出异议的，不能向承运人提出索赔诉讼。

▶▶ **拓展阅读3-3**

特种货物航空运输的特殊要求

特种货物运输除应当符合普通货物运输的规定外，还应当同时遵守相应的特殊要求：

（1）对人体、动植物有害的菌种、带菌培养基等微生物制品，非经中国民用航空局特殊批准不得承运，其仓储、运输应当远离食品。其中经人工制造、提炼、进行无菌处理的疫苗、菌苗、抗菌素、血清等生物制品，如托运人提供无菌、无毒证明可按普货承运。

（2）植物和植物产品运输须凭托运人所在地县级（含）以上的植物检疫部门出具的有效"植物检疫证书"。

（3）危险货物的运输必须遵守中国民用航空局有关危险货物航空安全运输的管理规定。

（4）动物运输必须符合国家有关规定，并出具当地县级（含）以上检疫部门的免疫注射证明和检疫证明书；托运属于国家保护的动物，还需出具有关部门准运证明；托运属于市场管理范围的动物要有市场管理部门的证明。

（5）托运鲜活易腐物品，应当提供最长允许运输时限和运输注意事项，订妥舱位，按约定时间送机场办理托运手续。政府规定需要进行检疫的鲜活易腐物品，应当出具有关部门的检疫证明。

（6）贵重物品应当用坚固、严密的包装箱包装，外加#形铁箍，接缝处必须有封志。

（7）托运人托运各类枪械、弹药必须出具出发地或运往县、市公安部门核发的准运证或国家主管部委出具的许可证明；进出境各类枪支、弹药的国内运输必须出具边防检查站核发的携运证；枪械、弹药包装应当是出厂原包装，非出厂原包装的应当保证坚固、严密、有封志。枪械和弹药要分开包装。枪械、弹药运输的全过程要严格交接手续。

任务五　认识多式联运合同

集装箱运输的发展、贸易结构的变化、科学技术的进步以及电子商务的推广，为多式联运这一新兴运输方式的产生和发展提供了客观条件，货主对运输服务的要求也越来越高，在这样的背景下，多式联运迅速发展起来。多式联运的运输组织方式可以缩短运输时间、保证货运质量、节省运输费用、实现真正的运输合理化。《海商法》《民法典》对多式联运的相关事项都作出了规定，此外交通运输部制定了《国内集装箱多式联运运单》（JT/T 1244—2019）和《国内集装箱多式联运电子运单》（JT/T 1245—2019）等行业标准。

一、多式联运合同的主要内容

多式联运合同是指多式联运经营人与托运人签订的，由多式联运经营人以两种或者两种以上不同的运输方式将货物由接管地运至交付地，并收取全程运费的合同。多式联运经营人是指本人或者通过其代表与发货人订立多式联运合同的任何人，多式联运经营人是多式联运合同的当事人，而不是发货人的代理人或者代表，或参加多式联运承运人的代理人或者代表，并且承担履行合同的责任。实践中，有的物流企业自己组织多式联运，在面对托运人时为多式联运经营人；在完成全程运输过程中可以托运人身份委托他人进行实际运输。有的物流企业选择与多式联运经营人签订多式联运合同，由后者组织货物的多式联运，此时其具有双重法律地位：面对托运人时为多式联运经营人；面对多式联运经营人时为托运人。

（一）多式联运合同的订立

订立多式联运合同的程序与订立单一运输方式的运输合同一样，要经过要约和承诺两个阶段。实践中，很多物流企业有专门的业务机构或代理机构为其办理揽货事务，并对其联运路线、运价表、联运单据等情况加以宣传。货主企业在向其业务机构或代理机构托运货物时，可以托运单或订舱单的形式提出运输申请，物流企业根据运输申请的内容决定是否承运，如果决定承运的话，多式联运合同即告成立。

如果是长期稳定的货物运输，货主企业可以与物流企业签订长期的多式联运协议，在每票货物发运时，货主企业以装运通知或托运单的形式通知物流企业，以便安排运输。

（二）多式联运单据

根据《民法典》第八百四十条的规定，多式联运经营人收到托运人交付的货物时，应当签发多式联运单据。按照托运人的要求，多式联运单据可以是可转让单据，也可以是不可转让单据。

多式联运单据通常载明下列事项：

（1）货物名称、种类、件数、重量、尺寸、外表状况、包装形式。

（2）多式联运经营人名称和主要营业地。

（3）托运人名称。

（4）收货人名称。

（5）接收货物的日期、地点。

（6）交付货物的地点和约定的日期。

（7）多式联运经营人或其授权人的签字及单据的签发日期、地点。

（8）运费的交付。

（9）预期运输经由路线、运输方式以及换装地点等。

（10）有关货物外表状况的声明。

（11）双方同意列入多式联运单据中的任何其他事项。

（三）多式联运运单

根据《国内集装箱多式联运运单》第4.1条的规定，国内集装箱多式联运运单（以下简称"运单"）是多式联运经营人与托运人、各区段的承运人开展集装箱多式联运的合同凭证或组成部分，应记载集装箱货物信息、多式联运参与方信息及各区段的承运人承运信息。

运单的主要内容包括：

（1）运单信息：多式联运经营人名称、多式联运经营人标识和网址、运单号。

（2）当事人信息：托运人、托运人记事、收货人。多式联运经营人、多式联运经营人记事。区段承运人记事。

（3）货物信息：集装箱箱型、集装箱箱号、集装箱施封号、货物名称、体积、包装、件数、货物重量、集装箱重量、总重量、合同号（运单号）、运输方式选项。

（4）流转信息：始发地、目的地、托运人施封选项、运到期限选项、接收地点和时间、交付地点和时间等。

（四）多式联运合同当事人的主要义务

1.托运人的义务

托运人在合同履行过程中应承担下列义务：

（1）按照合同约定的货物品类、数量、时间、地点提供货物，并交付多式联运经营人。

（2）认真填写多式联运单据的基本内容，并对其正确性负责。

（3）按照货物运输的要求妥善地包装货物。

（4）按照约定支付各种运输费用。

（5）有关危险货物的特别申明。

2.多式联运经营人的义务

（1）及时提供适合装载货物的运输工具。

（2）按照规定的运到时间，及时将货物运至目的地。

（3）在货物运输的责任期间内保证货物的运输安全。

（4）在托运人或收货人按约定缴付了各项费用后，向收货人交付货物。

3.多式联运经营人的责任期间

多式联运经营人的责任期间是指多式联运经营人对所运输保管的货物负责的期间。托运人可以要求多式联运经营人对在其责任期间发生的货物灭失、损坏和迟延交付负赔偿责任。《海商法》第一百零三条规定，多式联运经营人对多式联运货物的责任期间，自接收货物时起至交付货物时止。《民法典》第八百三十八条规定，多式联运经营人对全程运输享有承运人的权利，承担承运人的义务。

二、多式联运经营人的责任形式

物流企业一般不可能靠自己完成全程运输，在组织多式联运时，或者自己完成若干区段的运输，由其他承运人完成剩余区段的运输，或者将各个区段的运输分别交给其他承运人完成。在交由其他承运人完成区段运输的时候，需要与这些承运人分别签订运输合同或其他合同，此时，物流企业与这些承运人之间的权利义务与上几节中所述并无不同，此处不再赘述。但在面向货主企业时，还存在多式联运经营人的责任形式问题。

多式联运经营人的责任形式是指多式联运中如何确定多式联运经营人与各区段承运人的关系，如何划分多式联运经营人与各区段承运人的责任，它决定了多式联运经营人对哪些损失负责以及负什么样的责任。

（一）多式联运的责任形式类型

目前，多式联运责任形式有以下四种：

1.责任分担制

多式联运经营人和各区段承运人在合同中事先划分运输区段。多式联运经营人和各区段承运人都仅对自己完成的运输负责，并按各区段所适用的法律来确定各区段承运人的责任。这种责任制实际上是单一运输方式下承运人责任制度的简单叠加，并没有真正发挥多式联运的优越性，不能适应多式联运的要求，故目前很少被采用。

2.网状责任制

多式联运经营人就全程运输向货主企业负责，各区段承运人仅对自己完成的运输区段负责，无论货物损害发生在哪个运输区段，托运人或收货人既可以向多式联运经营人索赔，也可以向该区段的承运人索赔。各区段适用的归责原则和赔偿方法根据调整该区段的法律确定。多式联运经营人向货主企业作出赔偿后，有权就各区段发生的损失向区段承运人进行追偿。

网状责任制又称混合责任制。目前，国际上采用较多的是网状责任制。

修正的网状责任制是在纯网状责任制原有形态的基础上，引入"包含所有条款"（over all clause），即以法律规定或合同约定的形式，针对发生非定域性损害或出现责任间隙时，对纯网状责任制起修正作用的条款，以克服纯网状责任制的不足。

3.统一责任制

多式联运经营人对全程运输负责，各区段承运人仅对自己完成的运输区段负责，不论损害发生在哪一区段，均按照同一责任标准向货主企业赔偿，多式联运经营人和各区段承运人均承担相同的赔偿责任。这种责任制有利于货主企业，但多式联运经营人责任较重。目前这种责任制的应用并不广泛。

4.修正后的统一责任制

这种多式联运经营人责任形式也称"可变性的统一责任制"，是由《联合国国际货物多式联运公约》所确立的以统一责任制为基础、以责任限额为例外的一种责任制度。根据这一制度，不管是否能够确定货运事故发生的实际运输区段，都适用《联合国国际货物多式联运公约》的规定。但是，若货运事故发生的区段适用的国际公约或强制性国家法律规定的赔偿责任限额高于该公约规定的赔偿责任限额，则应该按照该国际公约或国内法律的规定限额进行赔偿。很明显，这种责任制度有利于货主企业而不利于多式联运经营人。

（二）我国采用的多式联运经营人责任形式

《海商法》和《民法典》在多式联运经营人的责任形式方面均采用网状责任制。《海商法》规定，多式联运经营人负责履行或者组织履行多式联运合同，并对全程运输负责。多式联运经营人与参加多式联运的各区段承运人，可以就多式联运合同的各运输区段，另以合同约定相互之间的责任。但此项合同不得影响多式联运经营人对全程运输所承担的责任。货物的灭失或者损坏发生于多式联运某一运输区段的，多式联运经营人的赔偿责任和责任限额，适用调整该区段运输方式的有关法律法规。货物的灭失或者损坏发生的运输区段不能确定的，如果全程运输包含国际海上运输，多式联运经营人应当依照《海商法》第四章关于承运人赔偿责任和责任限额的规定承担赔偿责任。如果全程运输不包含国际海上运输，应当适用《民法典》合同编第十九章的规定。

拓展阅读3-4

国际物流通道的发展阶段

国际物流通道的发展分为三个阶段：第一阶段是以国际海运规则为主导的传统海运通道，现在依然是国际贸易的主流模式。目前发展到第二阶段，即国际铁路干线形成的国际铁路联运和跨境公路运输通道，它可以满足亚欧之间内陆地区连接的需要。以中欧班列为例，运输价格是空运的60%，时间是海运的60%，这是"成本+效率"模式。未来的第三阶段，是海运网络与大陆桥干线结合的新型多式联运通道，并且能够带动新增贸易的发展。此时，国际物流通道由一个完整的物流产业带动贸易聚集的系统构成，通道网络成为"轴辐式"结构，大通道带动大枢纽，大枢纽带来大中转，大中转带来大集散，进而带动大量新增贸易，实现贸易平衡，故而称之为"贸易平衡模式"。这种模式是由"节点建成多式联运枢纽+商贸集散，线路建成物流干线+境内外网络，服务包含物流服务+国际金融，政策环境是内陆口岸+新型贸易区"构成的通道综合能力。

资料来源 李牧源. 浅论国际物流大通道建设与发展模式［EB/OL］.［2018-01-07］. http://www.lyccta.org/policy-view-103.aspx.

互动课堂3-3

多式联运有什么优势？

答：（1）有利于简化运输手续、降低运输成本。多式联运方式下所有运输事项均由多式联运经营人负责办理，而货主只需要订立一份运输合同，减少了分段签订合同的成本。

（2）有利于缩短运输时间。多式联运作为一个单独的运输过程而被安排和协调运作，能减少在运转地的时间损失和货物灭失、损坏、被盗的风险。多式联运经营人通过联络和协调，保证各种运输方式的交接可连续进行，使货物更快速地运输，从而弥补了与市场距离远和资金积压的缺陷。

（3）有利于提高运输管理水平，实现门到门运输，使合理运输成为现实。

任务六　熟悉国际货物运输的特别规定

国际货物运输是指发生在国（地区）与国（地区）之间的货物在空间和时间上的

转移活动。运输路线跨越了国境，这使得它与国内货物运输相比更具有复杂性与特殊性，因而法律规则也有独特之处。就我国而言，除有关法律法规对国际货物运输作了特别规定外，相关的国际公约对国际货物运输的某一方面也都作了特别规定。

一、国际陆路货物运输的特别规定

国际陆路货物运输包括国际公路货物运输和国际铁路货物运输。国际公路货物运输方面的主要国际公约是《国际公路货物运输合同公约》（简称《CMR公约》）。《CMR公约》旨在统一公路运输所使用的单证和承运人的责任。该公约对适用的地域范围、使用车辆、当事人权利义务、承运人赔偿责任及诉讼时效等都作出了详细的规定。该公约的参加国主要是欧洲各国，我国没有加入。目前，我国专门调整国际公路货物运输的法律法规仅有交通运输部颁布的《国际道路运输管理规定》。随着我国国际公路建设的快速推进，中俄公路、曼昆公路等国际公路的开通，相关法律法规将进一步完善。

国际铁路货物运输在国际货物运输中占有重要的地位。我国与俄罗斯、蒙古国、朝鲜、越南等邻国的通商货物，相当大一部分是通过铁路运输的。我国是《国际铁路货物联运协定》（简称《国际货协》）的缔约国，物流企业在办理国际铁路货物运输时要遵守该协定的规定。该协定与国内铁路货物运输相比，有较大差异。

（一）运单的性质和作用

《国际货协》对运单的法律性质作出了明确的规定，即铁路始发站签发的运单是缔结运输合同的凭证，不是合同本身。运单中记载的事项不正确或不准确，或者承运人丢失运单，均不影响运输合同的存在及效力。

根据《国际货协》，运单的作用在于：

（1）运单是国际铁路货物运输合同的证明。

（2）运单是铁路方收到货物和承运运单所列货物的内容的表面证据。

（3）运单是铁路方在终点到站向收货人检收运杂费和点交货物的依据。

（4）运单是货物出、入沿途各国海关的必备文件。

（5）运单是买卖合同支付货款的主要单证。

（二）合同双方的义务

1.托运人的义务

根据《国际货协》的规定，物流企业作为托运人，除了要遵守国内铁路运输中托运人须遵守的义务外，还有一项非常重要的义务：必须将货物运送全程为履行海关和其他规章所需要的添附文件附在运单上，必要时，还须附有证明书和明细。这些文件只限与运单中所记载的货物有关。如果物流企业不履行这项义务，承运人应拒绝承运。这项义务是由国际铁路货物运输需跨越国境的特点决定的。

2.承运人的义务

关于承运人的义务，《国际货协》与国内铁路运输的规定类似，在此不再赘述。

（三）合同的变更

《国际货协》明确将合同变更的权利赋予了托运人。托运人可对合同作下列变更：

（1）在发站将货物领回。

（2）变更到站，此时，在必要的情况下应注明货物应通过的国境站。

（3）变更收货人。

（4）将货物返还发站。

托运人在变更合同时，不得将一批货物分开办理，只能变更一次合同。

铁路承运人在下列情况下，有权拒绝变更合同或延缓执行这种变更：①应执行变更合同的铁路车站，接到申请书或发站或到站的电报通知后无法执行时；②违反铁路营运管理时；③与参加运送铁路所属国家现行法令和规章有抵触时；④在变更到站的情况下，货物的价值不能抵偿运到新到站的一切费用时，但能立即交付或能保证这项费用的款额时除外。

（四）承运人的责任

《国际货协》对承运人所承担的责任作了与国内运输基本一致的规定，承运人对货物的灭失、损坏和迟延交付负赔偿责任，但对赔偿的范围和金额的计算作了更详细的规定。

对于货物全部或部分灭失，铁路承运人的赔偿金额应按出口方在账单上所开列的价格计算；如托运人对货物的价格另有声明，铁路承运人应按声明的价格予以赔偿。如果货物遭受损毁，铁路承运人应赔付相当于货物减值损失的金额，不赔偿其他损失。声明价格的货物毁损时，铁路承运人应按照相当于货物由于毁损而减低价格的百分比，支付声明价格的部分赔款。如果货物逾期运到，铁路承运人应以所收运费为基础，按逾期的长短，向收货人支付规定的逾期罚款。如果货物在某一铁路区段逾期，而在其他铁路承运人都早于规定的期限运到，则确定逾期的同时，应将上述期限相互抵消。对货物全部灭失予以赔偿时，不得要求逾期罚款。如运到逾期的货物部分灭失时，只对货物的未灭失部分，支付逾期罚款。如逾期运到的货物毁损时，除货物损毁的赔款额外，还应加上运到逾期罚款。铁路承运人对货物赔偿损失的金额，在任何情况下，都不得超过货物全部灭失时的数额。

二、国际海上货物运输的特别规定

国际海上货物运输是国际货物运输最重要的方式，是物流企业向货主企业提供国际货物运输服务最常用的方式。国际海上货物运输中，无论是法律适用还是运输单证，以及承运人的责任等方面，与国内水路货物运输相比都具有显著的不同之处。

在我国，国际海上货物运输适用《海商法》第四章的规定，我国大陆与台港澳之间的海上货物运输，参照适用国际海上货物运输的规定。

（一）海上货物运输合同

海上货物运输合同是指承运人收取运费，负责将托运人托运的货物经海路由一港运至另一港的合同。海上货物运输合同的订立也分为要约和承诺两个阶段，但是对货物运输合同所采用的形式，《海商法》对航次租船合同有特殊的要求，即按照第四十三条的规定，航次租船合同应当书面订立。

在合同的条款方面，《海商法》规定了承运人的最低义务和责任，该规定是强制性的，不允许当事人通过约定予以排除。第四十四条明确规定，海上货物运输合同和作为合同凭证的提单或者其他运输单证中的条款，违反《海商法》第四章规定的，无效。这种条款的无效，不影响合同和提单或者其他运输单证中其他条款的效力。另外，将货物的保险利益转让给承运人的条款或者类似条款无效。但是，上述规定不影响在法律规定外增加承运人的责任和义务。

（二）运输单证

提单是国际海上货物运输中最常见的运输单证。根据《海商法》第七十一条的规定，提单是指用以证明海上货物运输合同和货物已经由承运人接收或者装船，以及承运人保证据以交付货物的单证。

1.提单的作用

提单具有海上货物运输合同证明和承运人接管货物或将货物装船的证明的作用，也是承运人保证据以交付货物的凭证。如果是记名提单，承运人应向提单上载明的收货人交付货物；如果是指示提单，承运人应按照指示人的指示交付货物；如果是不记名提单，则承运人应向提单的持有人交付货物。

2.提单的转让

《海商法》对提单的转让作了专门规定。除记名提单外，指示提单和不记名提单均可以转让，其中指示提单通过记名背书或者空白背书进行转让，不记名提单无须背书即可转让。

（三）国际海上货物运输合同的主要义务

1.托运人的义务

（1）支付运费的义务。根据《海商法》第六十九条、第八十七条的规定，托运人应当按照约定向承运人支付运费以及亏舱费、滞期费、共同海损分摊等。托运人与承运人可以约定运费由收货人支付；但是，此项约定应当在运输单证中载明。

（2）包装货物并申报货物资料的义务。《海商法》第六十六条规定，托运人托运货物，应当以正常的或习惯的方式妥善包装。托运人也应当如实申报货物资料。

（3）办理货物运输手续的义务。《海商法》第六十七条规定，托运人应当及时向港口、海关、检疫、检验和其他主管机关办理货物运输所需要的各项手续，并将已办理各项手续的单证送交承运人。

（4）托运危险品时的特殊义务。《海商法》第六十八条规定，托运人托运危险货物，应当依照有关危险货物运输的规定，妥善包装，制作危险品标志和标签，并将正式名称和性质以及应当采取的预防危害措施书面通知承运人。如果托运人没有通知导致造成损害，承运人不对任何灭失或损坏负责。托运人对危险货物的上述责任属于严格责任，不以其是否有过错为条件。即使托运人尽到了通知义务，承运人也同意装运危险品，但承运的危险货物对船舶、人员或者其他货物构成实际危险时，承运人仍然可以将危险货物卸下、销毁或者使之不能为害，并不负责赔偿，但危险货物的损失可以按共同海损分摊。

2.承运人的义务

（1）适航义务。根据《海商法》第四十七条的规定，承运人在船舶开航前和开航当时，应当谨慎处理，使船舶处于适航状态，妥善配备船员、装备船舶和配备供应品，并使货舱、冷藏舱、冷气舱和其他载货处所适于并能安全收受、载运和保管货物。适航义务要求承运人谨慎处理使船舶适航，使船舶能够抵御航行中能够预见的潜在风险，但这种风险不包括异常的、不能够预见的风险。

（2）管货义务。《海商法》第四十八条规定，承运人在接收货物后，应当妥善地、谨慎地装载、搬移、积载、运输、保管、照料和卸载所运货物。

（3）不进行不合理绕航。《海商法》第四十九条规定，承运人应当按照约定的或者习惯的或者地理上的航线将货物运往卸货港。但船舶在海上为救助或者企图救助人命或财产而发生的绕航，或者其他合理绕航，不属于违反承运人义务的行为。

（四）货物的接收与交付

1. 接收

根据《海商法》第七十五条、第七十六条的规定，承运人接收货物时应当核对提单记载的货物的品名、标志、包数或者件数、重量或者体积。如果知道或者有合理的根据怀疑提单记载与实际不符，或者没有适当的方法核对提单记载的，可以在提单上批注，说明不符之处、怀疑的根据或者说明无法核对。

承运人未在提单上批注货物表面状况的，视为货物的表面状况良好。

2. 交付

根据《海商法》第八十一条的规定，承运人向收货人交付货物时，收货人未将货物灭失或者损坏的情况书面通知承运人的，此项交付视为承运人已经按照运输单证的记载交付以及货物状况良好的初步证据。货物灭失或者损坏的情况非显而易见的，在货物交付的次日起连续七日内，集装箱货物交付的次日起连续十五日内，收货人未提交书面通知的，适用前款规定。货物交付时，收货人已经会同承运人对货物进行联合检查或者检验的，无须就所查明的灭失或者损坏的情况提交书面通知。

承运人自向收货人交付货物的次日起连续六十日内，未收到收货人就货物因迟延交付造成经济损失而提交的书面通知的，不负赔偿责任。

在卸货港无人提取货物或者收货人迟延、拒绝提取货物的，船长可以将货物卸在仓库或者其他适当场所，由此产生的费用和风险由收货人承担。

（五）合同的变更和解除

《海商法》对合同的变更和解除作了专门的规定。根据《海商法》第八十九条和第九十条的规定，船舶在装货港开航前，托运人可以要求解除合同。但是，除合同另有约定外，托运人应当向承运人支付约定运费的一半；货物已经装船的，应当负担装货、卸货和其他与此有关的费用。船舶在装货港开航前，因不可抗力或者其他不能归责于承运人和托运人的原因致使合同不能履行的，双方均可以解除合同，并互相不负赔偿责任。除合同另有约定外，运费已经支付的，承运人应当将运费退还给托运人；货物已经装船的，托运人应当承担装卸费用；已经签发提单的，托运人应当将提单退还承运人。

（六）违约责任

1. 托运人的责任

根据《海商法》的规定，如果托运人包装不良，或者货物资料不正确，办理各项手续的有关单证送交不及时、不完备或者不正确，托运危险货物，使承运人遭受损失的，托运人应当负赔偿责任。

2. 承运人的责任

《海商法》规定了承运人在责任期间内对货物发生的灭失、损坏和迟延交付负赔偿责任，但在以下两个方面的具体规定，与国内水路货物运输有较大区别：

（1）承运人的责任期间。承运人的责任期间是指承运人对货物应负责的期间。《海商法》第四十六条对承运人的责任期间作了非常明确的规定，并根据是否为集装箱货物而有所不同。承运人对集装箱货物的责任期间，为从装货港接收货物时起至卸货港交付货物时止，货物处于承运人掌管之下的全部期间，俗称"港到港"。承运人对非集装箱货物的责任期间，为从货物装上船时起至卸下船时止，货物处于承运人掌管之下的全部期间，俗称"钩到钩"。但是承运人可以与托运人就非集装箱装运的货物，在装船前和卸船后所承担的责任，达成协议。

承运人的赔偿责任主要包括：在承运人责任期间，货物发生灭失或损坏，除另有规定外，承运人应当负赔偿责任；货物未能在约定的时间、卸货港交付的为延迟交付，由于承运人的过失致使货物因延迟交付而灭失或者损坏的，承运人应负赔偿责任。

（2）承运人的免责事项。与国内水路货物运输相比，《海商法》第五十一条规定的国际海上货物运输中承运人的免责事项要宽泛得多，包括：船长、船员、引航员或者承运人的其他受雇人在驾驶船舶或者管理船舶中的过失；火灾，但是由于承运人本人的过失所造成的除外；天灾，海上或者其他可航水域的危险或者意外事故；战争或者武装冲突；政府或者主管部门的行为、检疫限制或者司法扣押；罢工、停工或者劳动受到限制；在海上救助或者企图救助人命或者财产；托运人、货物所有人或者他们的代理人的行为；货物的自然特性或者固有缺陷；货物包装不良或者标志欠缺、不清；经谨慎处理仍未发现的船舶潜在缺陷；非由于承运人或者承运人的受雇人、代理人的过失造成的其他原因。

承运人依照上述规定免除赔偿责任时，除第二项规定的火灾原因外，应当负举证责任。

由前两项来看，与国内水路货物运输实行的完全过错责任原则不同，对国际海上货物运输承运人实行不完全的过错责任原则，或称过错责任原则加列明的过失免责，即承运人对货物在其责任期间发生的灭失或损坏是否负责，应以其本人、代理人或受雇人员有无过错而定，有过错负赔偿责任，没有过错可不负责。但如果货物的灭失或损坏是由于船长、船员或其他受雇人员在驾驶船舶或管理船舶方面的过失所造成的，承运人可以免责，称为航海过失免责。并且，如果货物灭失或损坏是由于承运人本人、代理人或受雇人员的过失所造成的火灾所导致的，承运人也可以免责，称为火灾免责。

3.承运人的责任限制

国内水路货物运输中承运人不享有责任限制，《海商法》第五十六条规定了国际海上货物运输的承运人享有的责任限制权利，具体规定如下：

（1）承运人对货物的灭失或者损坏的赔偿限额，按照货物件数或者其他货运单位数计算，每件或者每个其他货运单位为666.67计算单位，或者按照货物毛重计算，每千克为2计算单位，以两者中赔偿限额较高的为准。但是，托运人在货物装运前已经申报其性质和价值，并在提单中载明的，或者承运人与托运人已经另行约定高于该赔偿限额的除外。

计算单位是指国际货币基金组织规定的特别提款权；其人民币数额为法院判决之

日、仲裁机构裁决之日或者当事人协议之日，按照国家外汇主管机关公布的国际货币基金组织的特别提款权对人民币的换算办法计算得出的人民币数额。

（2）承运人对货物因迟延交付造成经济损失的赔偿限额，为所迟延交付的货物的运费数额。货物的灭失或者损坏和迟延交付同时发生的，承运人赔偿责任限额适用货物灭失或损坏的限额。

就海上货物运输合同所涉及的货物灭失、损坏或者迟延交付对承运人提起的任何诉讼，不论海事请求人是否是合同的一方，也不论是根据合同还是根据侵权行为提起的，均适用关于承运人的抗辩理由和限制赔偿责任的规定。如果该诉讼是对承运人的受雇人或者代理人提起的，经承运人的受雇人或者代理人证明，其行为是在受雇或者受委托的范围之内的，也适用上述规定。

4.承运人丧失责任限制的情形

根据《海商法》第五十九条的规定，经证明，货物的灭失、损坏或者迟延交付是由于承运人的故意或者明知可能造成损失而轻率地作为或者不作为造成的，承运人丧失限制赔偿责任的权利。经证明，货物的灭失、损坏或者迟延交付是由于承运人的受雇人或者代理人的故意或者明知可能造成损失而轻率地作为或者不作为造成的，承运人的受雇人或者代理人丧失限制赔偿责任的权利。

（七）国际海上货物运输公约

在国际海上货物运输领域，最重要的公约主要有三个：1924年的《统一提单的若干法律规则的国际公约》（简称《海牙规则》）、经1968年《修改统一提单的若干法律规则的国际公约的议定书》修订后的《海牙规则》（简称《海牙-维斯比规则》），以及1978年的《联合国海上货物运输公约》（简称《汉堡规则》）。这三个公约处于并存的状态。我国虽然没有参加上述三个公约中的任何一个，但在制定《海商法》时参照并吸收了上述公约的合理内容。值得注意的是，目前《联合国全程或部分海上国际货物运输合同公约》（又称《鹿特丹规则》）已经通过但尚未生效，各国对其持不同的态度，但可以预料的是它将对物流法律关系产生重大影响。

1.《海牙规则》

《海牙规则》的主要内容包括：

（1）承运人的最低限度义务：承运人负有使船舶适航和谨慎妥善地管理货物两项最低限度的义务。提单中如果有相反的规定，该规定无效。

（2）承运人的免责事项：《海牙规则》所规定的承运人的17项免责事项与我国《海商法》的规定基本一致。两者都包括了航海过失免责和火灾免责两项过失免责。

（3）承运人的责任期间：从货物装上船舶之时起至卸离船舶之时止。至于"装前卸后"这段时间内的货物责任，托运人和承运人可自行约定，不受《海牙规则》各项规定的约束。

（4）承运人的责任限制：承运人对每件货物或每一计费单位的货物的责任限额为100英镑，但对于托运人已经声明价值的货物，则按声明价值赔偿。

（5）托运人的基本义务：提供托运的货物，并保证所提供的货物情况的正确性，不得擅自装运危险品。

（6）诉讼时效为1年，自货物交付之日起计算，如果货物灭失，则自货物应交付之日起计算。

2.《海牙－维斯比规则》

《海牙－维斯比规则》对《海牙规则》主要作出了以下三个方面的修改：

（1）明确提单的最终效力，当提单转让给善意的第三人时，相反的证据不予采用。

（2）提高承运人的责任限额，为每件或每单位10 000金法郎或货物毛重每千克30金法郎，以两者中较高的为准。1979年议定书将计算单位由金法郎改为特别提款权。此外，还作出特别规定，如经证实，货物损失是由于承运人的故意或明知可能造成损失而轻率地作为或不作为造成的，承运人就丧失享受责任限制的权利。

（3）扩大责任限制的适用对象，适用于就运输合同所涉及的有关货物的灭失或损坏对承运人所提出的任何诉讼，不论该项诉讼是以合同为根据还是以侵权为根据，并且承运人的受雇人或代理人有权援引《海牙规则》中承运人的各项抗辩和责任限制的规定。

3.《汉堡规则》

《汉堡规则》主要在以下几个方面作出了重大变革：

（1）承运人责任原则的变更。其抛弃了《海牙规则》的不完全过错责任原则，取消了承运人免责事项中的航海过失免责和火灾免责两项过失免责，实行完全的过错责任原则。

（2）延长承运人的责任期间。从承运人接收货物时起至承运人交付货物时止，货物在承运人掌管下的期间。

（3）明确规定承运人迟延交货的责任。

（4）提高承运人的责任限额，为每件或每单位835特别提款权或毛重每千克2.5特别提款权，以两者中较高者为准。并且，规定承运人迟延交付的责任限额为迟延交付货物应付运费的2.5倍，但不得超过合同中规定应付运费的总额。

（5）延长诉讼时效。规定诉讼时效为2年。

4.《鹿特丹规则》

《鹿特丹规则》主要在以下几个方面作出了重大变革：

（1）建立履约方和海运履约方制度，将其纳入承运人制度框架内，规定其权利、义务与责任。该条款是在实际承运人基础上的大胆改革，并且参照了1999年美国《海上货物运输法（草案）》的有关内容，该条款使"喜马拉雅条款"成为不必要。

（2）建立单证托运人制度，将其纳入托运人制度框架内，规定其权利和义务，有利于保护FOB术语条件下卖方托运人的交易安全。

（3）建立货物控制权制度，赋予控制权人在运输途中向承运人发出有关货物指示的权利。

（4）针对批量合同，允许当事人在一定条件下约定增加或减少本公约规定的权利、义务和赔偿责任。

（5）承运人责任原则。公约规定了15项免责事由，包括避免或试图避免对环境造成危害的合理措施造成货物损害的免责，取消了航海过失免责和火灾免责，其实际上采用的是完全过错责任原则，并且重新分配了举证责任。

（6）规定承运人迟延交货的责任。

（7）提高承运人的责任限额，为每件或每单位875计算单位或毛重每千克3计算单位，以两者中较高者为准。

（8）承运人的责任期间，自承运人或者履约方为运输而接收货物时开始，至货物交付时终止。在责任期间内，承运人须遵循有关单独的调整非海上运输区段的国际公约，基本义务为："妥善而谨慎地接收、装载、操作、积载、运输、保管、照料、卸载并交付货物。"此规定将《海牙规则》中管理货物的7个环节扩展至9个环节，与该公约"海运+其他运输方式"的适用范围相适应，延伸了承运人的管货义务，体现了对货方利益的保护。

需要指出的是，《海牙规则》和《海牙-维斯比规则》都只适用于提单所证明的海上货物运输合同，包括航次租船合同项下签发的提单，而不适用于航次租船合同本身。《汉堡规则》适用于海上货物运输合同，但不适用于租船合同。《鹿特丹规则》适用于门到门运输，但不适用于租船合同和使用船舶或者其中任何舱位的其他合同。

三、国际航空货物运输的特别规定

国际航空货物运输方面的国际公约主要有1929年《统一国际航空运输某些规则的公约》（简称《华沙公约》）、《修订1929年10月12日在华沙签订的〈统一国际航空运输某些规则的公约〉的议定书》（简称《海牙议定书》），以及1961年《统一非订约承运人所办国际航空运输某些规则以补充华沙公约的公约》（简称《瓜达拉哈拉公约》），上述公约构成了国际航空运输的华沙体系。1999年通过了与1929年《华沙公约》同名的《统一国际航空运输某些规则的公约》（简称《蒙特利尔公约》），我国于2005年加入该公约。

《民用航空法》中对国际航空货物运输的部分事项作出了特别规定。交通运输部颁布实施的《定期国际航空运输管理规定》《国际航空运输价格管理规定》等对国际航空货物运输的市场准入、经营管理、运价管理、市场退出等事项做了规定，详见项目三的相关内容，此处不再赘述。关于国际航空货物运输合同的规范，《民用航空货物运输管理规定》的生效实施，《中国民用航空货物国际运输规则》《中国民用航空货物国内运输规则》的废止，意味着对国内航空货物运输合同与国际航空货物运输合同的管理的趋同。综合《民用航空法》《民用航空货物运输管理规定》的内容，国际航空货物运输合同与国内航空货物运输合同规则的区别，主要表现在承运人的责任限额方面。

根据《民用航空法》第一百二十九条的规定，国际航空货物运输承运人的赔偿责任限额，每千克为17计算单位（特别提款权）。托运人在交运货物时，特别声明在目的地点交付时的利益，并在必要时支付附加费的，除承运人证明托运人声明的金额高于货物在目的地点交付时的实际利益外，承运人应当在声明金额范围内承担责任。该法还规定，在国际航空运输中，承运人同意未经填写航空货运单而载运货物的，或者航空货运单上未依照所适用的国际航空运输公约的规定而在首要条款中作出此项运输适用该公约的声明的，则承运人无权享受赔偿责任限制。

《蒙特利尔公约》中关于承运人责任限额的规定与此类似。

四、国际货物多式联运的特别规定

物流企业在自己组织国际货物多式联运时，要遵守各种国际货物运输方式的特别规定，而在作为托运人与多式联运经营人签订国际货物多式联运合同时，则应对合同中有可能选择适用的国际公约的特殊规定有所了解。

在国际货物多式联运领域内，较有影响的国际公约和国际惯例主要有三个：1980年《联合国国际货物多式联运公约》（简称《多式联运公约》），国际商会1975年制定的《联运单证统一规则》，以及《1991年联合国贸易和发展会议/国际商会多式联运单证规则》（简称《多式联运单证规则》）。其中《多式联运公约》至今未生效，后两个为民间规则，不具有强制性，仅供当事人选择适用。这三个文件与我国的规定相比较，主要的不同点在于联运经营人的责任制度。

（一）多式联运经营人的责任制度

我国采用了网状责任制，以下三个法律文件则分别采取了不同的责任形式。

1.《多式联运公约》规定的责任形式

该公约实行修正后的统一责任制，即多式联运经营人对全程运输负责，不管是否能够确定货运事故发生的实际运输区段，都适用该公约的规定。但是，若货运事故发生的区段适用的国际公约或强制性国家法律规定的赔偿责任限额高于公约的规定，则应该按照该国际公约或国内法律规定的限额进行赔偿。该公约对多式联运经营人实行推定过失责任制。

2.《联运单证统一规则》规定的责任形式

该规则实行网状责任制，即多式联运经营人对全程运输负责，如果能够确定灭失、损坏发生的运输区段，多式联运经营人的责任按适用于该运输区段的强制性国内法或国际公约的规定确定。如不能确定灭失、损坏发生的区段，则按该规则的规定确定。该规则对多式联运经营人实行推定过失责任制。

3.《多式联运单证规则》规定的责任形式

该规则实行一种介于网状责任制和统一责任制之间的责任形式。总体上采用推定过失责任原则，但是对于多式联运中的海上或内河运输区段，多式联运经营人对船长、船员、引航员或受雇人在驾驶船舶和管理船舶中的过失造成的货物灭失、损坏或迟延交付，不负责任；对非承运人的实际过失或私谋造成的火灾所引起的损失，多式联运经营人也不负责。

（二）多式联运经营人的赔偿责任限额

1.《多式联运公约》规定的赔偿责任限额

该公约规定，多式联运全程包括水运的，每件或其他货运单位的最高赔偿数额为920特别提款权，或者毛重每千克2.75特别提款权，以较高者为准；如果全程运输不包括水运，为毛重每千克8.33特别提款权。如果货物的灭失或损坏发生于多式联运的某一特定段，而对该段适用的一项国际公约或强制性国家法律规定的赔偿限额高于公约规定的，则多式联运经营人对这种灭失或损坏的赔偿限额，应按照该国际公约或强制性国家法律予以确定。迟延交付的限额为所迟延交付的货物应付运费的总额。

如经证明，货物的灭失、损坏或迟延交付系多式联运经营人的故意或者明知可能造成损失而轻率地作为或不作为所造成的，多式联运经营人丧失责任限制的权利。

2.《联运单证统一规则》规定的赔偿责任限额

该规则规定，如果能够确定货物损失发生的运输区段，多式联运经营人的责任限额依据该区段适用的国际公约或强制性国内法律的规定确定。如果不能确定损失发生的区段，责任限额为毛重每千克30金法郎。托运人已就货物申报较高的价值，不在此限。但是，在任何情况下，赔偿额都不应超过有权提出索赔的人的实际损失。

3.《多式联运单证规则》规定的赔偿责任限额

该规则规定，如果能够确定货物损失发生的运输区段，则应适用该区段的国际公约或强制性国内法律确定的责任限额。不能确定损失发生的区段的，如果全程运输中包含水运，其责任限额为每件或每单位666.67特别提款权，或者毛重每千克2特别提款权，以较高者为准；如果不包含水运，责任限额则为毛重每千克8.33特别提款权。如果托运人已对货物价值作出声明，则应以声明价值为限。

《鹿特丹规则》由于将责任期间扩大至接收货物时起至交付货物时止，使其调整的区域不再仅限于海上运输，为此其第二十六条也对装前和卸后期间承运人赔偿责任的适用进行了规定，使其也可适用于国际多式联运。根据《鹿特丹规则》的规定，单式运输公约中关于承运人责任、责任限制以及索赔时效的规定，以及那些不能通过当事人约定排除的规定，优先于《鹿特丹规则》适用，而单式运输公约中的其他规定不能优先于《鹿特丹规则》适用。

互动课堂3-4

《鹿特丹规则》的特点是什么？

答：（1）该公约体系庞大，内容丰富，覆盖面广。其将调整范围扩展到"海运+其他"的门到门运输，横跨运输和贸易两大领域。

（2）该公约重新平衡了船货双方的利益。取消航海过失免责和火灾免责，并重新分配双方的举证责任。

（3）该公约试图解决一些长期困扰航运实践的难题。例如，全新设计了单证托运人制度、海运履约方制度等。

（4）该公约继承了现有三大公约的合理成分，保持了法律的连续性与稳定性。

资料来源　司玉琢，蒋跃川. 国际货物运输的世纪条约——再评《鹿特丹规则》[J]. 法学杂志，2012（6）：28.

任务七　了解国际货运代理与物流

一、国际货运代理概述

（一）了解国际货运代理

根据《国际货代业管理规定》，国际货运代理业是指接受进出口货物收货人、发货人的委托，以委托人的名义或者以自己的名义，为委托人办理国际货物运输及相关业务并收取服务报酬的行业。

国际货运代理企业可以为客户提供专业咨询，为客户策划最佳的货物运输路线和选择最佳的运输方式，特别是在多式联运中，可以作为多式联运经营人来组合和调整整个运输链，还可以通过网络和先进的通信技术对整个货运过程加以监控，从而在货物运输中发挥重要作用。其性质主要是接受委托人的委托，办理有关货物运输、转运、仓储、装卸等事宜。

为了规范国际货运代理行为，保障进出口货物收货人、发货人和国际货运代理企业的合法权益，1995年国务院批准并由对外贸易经济合作部（现商务部）颁布了《国际货代业管理规定》，对国际货运代理的部分问题作出了规定。在此基础上，1998年进一步制定了《国际货代业管理规定实施细则》，该细则于2004年1月1日进行了修订。

（二）国际货运代理企业的业务范围

根据《国际货代业管理规定》和《国际货代业管理规定实施细则》的规定，国际货运代理企业的业务范围包括：

（1）揽货、订舱（含租船、包机、包舱）、托运、仓储、包装。

（2）货物的监装、监卸，集装箱装拆箱、分拨、中转及相关的短途运输服务。

（3）报关、报检、报验、保险。

（4）缮制签发有关单证、交付运费、结算及交付杂费。

（5）国际展品、私人物品及过境货物运输代理。

（6）国际多式联运、集运（含集装箱拼箱）。

（7）咨询及其他国际货运代理业务。

（8）国际快递（不含私人信函）。

这些并不是每个国际货运代理企业都涉及的经营范围，各个国际货运代理企业实际经营的国际货运代理业务范围，应当以主管部门以及其他相关部门批准、登记、注册的经营范围为准。

（三）国际货运代理企业的法律地位

根据《国际货代业管理规定实施细则》第三十二条的规定，国际货运代理企业可以作为进出口货物收货人、发货人的代理人，也可以作为独立经营人，从事国际货运代理业务。

国际货运代理企业作为代理人从事国际货运代理业务，是指国际货运代理企业接受进出口货物收货人、发货人或其代理人的委托，以委托人名义或者以自己的名义办理有关业务，收取代理费或佣金的行为。此时，其是受托人的身份，应当与委托人签订书面委托协议，当双方发生纠纷时，以所签订的书面协议作为解决争议的依据。

国际货运代理企业作为独立经营人从事国际货运代理业务，是指国际货运代理企业接受进出口货物收货人、发货人或其代理人的委托，签发运输单证、履行运输合同并收取运费以及服务费的行为。此时国际货运代理企业具备承运人的身份，当与货主发生纠纷时，应当以所签运输单证作为解决争议的依据；与实际承运人发生业务纠纷时，应当以其与实际承运人所签运输合同作为解决争议的依据。值得注意的是，在海运方式下，由于国务院通过的《国际海运条例》规定，只有符合无船承运人条件的货运代理人，才可以作为承运人签发自己的提单，因此在海运方式下，货运代理人如果要以承运人的身份签发提单，必须按照《国际海运条例》规定的从事无船承运业务的条件，缴纳保证金和进行提单登记，取得无船承运业务经营者资格。

二、国际货运代理与物流服务之间的关系

（一）传统国际货运代理与物流服务之间的区别

传统国际货运代理与物流服务之间有着一定的差别，主要表现为：

（1）前者注重的是货运安排与设备选用；后者注重的则是货物流动过程及其协调与管理。

（2）前者以客户的指示为工作依据和出发点，是被动性的服务；后者则以不断满足客户需要为目标，以物资流动整体最优为运作的基本方案，是主动性的服务。

（3）前者的业务虽然属于物流功能的一部分，但仅仅是具体的货运及相关工作，是单项性活动；后者把货运代理的具体工作视为物流链的环节，并着重于各相关环节运作的控制、管理，以及整个物流链的有效运转。

（4）对于前者来说，单证是货物流转的基本凭据，也是货运代理企业工作的主要内容；对于后者来说，信息管理系统、互联网和信息技术贯穿于物流管理的整个过程，并作为物流运作的重要平台。

（5）前者在开展业务中，面对同一个货主企业，既可能是货主企业的代理人，也可能扮演着承运人的角色；后者一般不作为货主企业的代理人。

由此可见，货运代理与物流服务企业存在着"质"的区别：货运代理企业与货主企业之间是短期关系，产生的是一次性的交易行为；物流服务企业则要与货主建立长期关系，提供比货运代理企业更为广泛的服务。我国很多实力较强的货运代理企业，正在通过延伸服务链，提升服务内涵，向物流企业转型，进入现代国际货运代理领域。

（二）现代货运代理与物流服务之间的联系

物流是现代货运代理业的发展方向。现代物流的飞速发展，对各个领域都产生了深远的影响。对于货运代理业来说，一种建立在现代经济结构、国际贸易与区域贸易，以及现代科学与技术应用基础之上的一体化、网络化和综合性的物流体系，正扩展到货运代理行业领域。在这样的背景下，货运代理业有必要进入物流领域，参与物流经营，而物流也正是货运代理业的未来发展方向。

货运代理业参与物流经营有其优势：市场相近，提供的都是物资流通服务，货运代理企业进入物流市场和业务调整比较方便；货运代理企业往往都有自己的业务网络和人际关系网，熟悉货物流通的基本环节和业务操作程序，有利于物流管理的有效实施；货运代理企业掌握货运市场的需求和供给情况，对市场行情和环境变化具有较强的敏感性；在信息管理和电子数据交换技术的开发与应用方面，货运模块与物流模块的交融性也较强；在观念上，货运代理业更容易接受物流概念与内涵，使其向综合物流业务的延伸和经营转变更加方便。

虽然具有上述优势，货运代理业要参与综合物流服务，还必须进行观念转变，树立现代物流的意识和综合物流的观念，制定合适的市场战略、明确市场定位；在资源上注重信息技术与网络技术的开发和应用，以现代物流的高标准来规划、设计所参与的物流服务项目，遵循综合物流的规律与要求，实施具体的经营、服务组织与管理，这样才能做好各项工作。

⏩ **拓展阅读3-5**

国际货运代理行业新业态背景下人才供给改革

在市场经济的推动下，行业之间的划分越来越精细，社会分工也趋于合理化，国际货运代理的作用更加凸显。一个综合项目的运行需要有代理人为其办理一系列商务手续，从而实现各自的目的，这样的工作效率更高，执行方案也更加专业化。现代社会的发展就是要各司其职，充分发挥不同领域的优势。

一个企业的发展最为重要的因素就是"人"，人是一个企业的灵魂，掌管着企业的管理、组织、运行，要想提升企业的整体业务能力和水准，就必须先从"人"的角度去研究。我们倡导国际货运代理企业对内部员工进行定期、定时的业务培训，对企业的业务流程、商品的储运、单据的核对、航线的选择、包装加固、客户维护等各个方面都要进行有针对性的训练和考核，让业务人员了解和熟悉业务流程。国际货运代理企业还要将所有流程和细节进行分类，将每一项工作都作为业务的考核指标去完成，并对其中可能存在的风险重点关注，要有防范措施，遇到风险要有谨慎的分析能力，不能因为经常性业务就产生怠慢的情绪。企业的监管层面也要加强管理，对员工要有明确的奖惩措施，尽量减少疏忽大意所造成的损失，在思想上不断提醒员工加强防范，以先进的管理手段促进企业工作能效的提升。

资料来源　高琪. 国际货运代理行业新业态背景下人才供给侧改革的探究［J］. 商场现代化，2019（20）：82-83.

👆 **互动课堂3-5**

国际货运代理人与国际货物多式联运经营人的区别是什么？

答：（1）国际货物多式联运经营人是指签订一项国际多式运输合同并以承运人身份承担完成此项合同责任的任何人。多式联运经营人是一个独立的法律主体，是与货主（托运人）相对的合同当事人，其既可以由参与某一运输区段的实际承运人担任，也可由不参加实际运输的经营人来充当。

（2）货运代理人传统上通常充当代理人的角色。其按照客户的指示开展业务活动，并按代理项目收取费用。货运代理人在代理权限内实施的法律行为，其后果直接由被代理人承担，其只对自己的错误和疏忽负责。当货运代理人不公开委托人的身份，以自己的名义与他人订立合同，但在合同中声明自己是代理人时，应当肯定其仍然是代理人，并承担代理人的相应责任。如果此类代理人在代为签订合同时，没有披露委托人，也没有在合同中表明其代理身份，此时其被视为国际多式联运经营人。

●●基本训练

1.单项选择题

（1）下列不属于对物流中运输的描述的是（　　　）。

A.生产过程在流通领域的继续　　　　　B.运送距离短、批量小

C.实现了产品从生产者到消费者的流转　D.属于流通领域内的一个环节

（2）下列不属于调整公路货物运输的法律法规的是（　　　）。

A.《民法典》　　　　　　　　　　　　B.《公路法》

C.《公路安全保护条例》　　　　　　　D.《机动车驾驶员培训管理规定》

（3）国际海上货物运输中，规定了承运人赔偿责任限额最高的是（　　　　）。

A.《海商法》　　　　　　　　　　　　B.《海牙-维斯比规则》

C.《汉堡规则》　　　　　　　　　　　D.《海牙规则》

2.多项选择题

（1）物流中常见的运输方式包括（　　　）。

A.陆路货物运输　　　　　　　　　　　B.水路货物运输

C.航空货物运输　　　　　　　　　　　D.多式联运

（2）目前，已经生效的国际海上货物运输公约包括（　　　）。

A.《海牙规则》

B.《海牙-维斯比规则》

C.《汉堡规则》

D.《联合国全程或者部分海上国际货物运输合同公约》

（3）下列有关国际货运代理人的表述正确的有（　　　　）。

A.国际货运代理人是委托合同的当事人

B.国际货运代理人是进出口货物收、发货人的代理人

C.国际货运代理人是进出口货物收、发货人的委托人

D.国际货运代理人是进出口货物收、发货人的受托人

3.判断题

（1）《海商法》是我国调整沿海货物运输的基本法律。　　　　　　　（　　　）

（2）《海牙规则》规定承运人免责中包括航海过失免责和火灾免责。　（　　　）

4.简答题

（1）简述水路货物运输合同中承运人的责任。

（2）简述多式联运经营人承担的责任。

●●综合应用

1.案例分析

某托运人将一集装箱服装交由某船务公司A公司承运。A公司加铅封后，签发了一式三份正本全程联运提单。该记名提单载明：收货地厦门，装货港香港，卸货港布达佩斯，记名收货人为B公司。货物由A公司所属某轮运抵香港后，A公司将其转至C公司所属另一船承运。收货人凭正本提单提货后，打开箱子发现是空的，集装箱铅封及门锁已被替换，后获知布达佩斯集装箱终点站货物被盗之事。收货人因此向海事法院起诉。

请问：此案中，货物灭失责任应如何承担？为什么？

2.思考题

物流企业在安排水路货物运输时应注意哪些事项？

3.实训题

请收集最近5年我国国内货物运输中的重大安全事故案例，归纳主要的违章细节，并谈谈对你今后的学习、工作有何启发。

项目四
货物仓储法律法规

学习目标

知识目标：

通过本项目的学习，了解仓储合同的概念和特征；掌握仓储合同与保管合同之间的联系与区别、仓单的概念及法律制度；熟悉仓储合同的签订流程；掌握物流企业在仓储合同中的权利和义务，以及保税仓库的相关法律制度。

能力目标：

掌握保税货物仓储的监管规则，能够正确填写仓单，草拟符合法律规范的仓储合同。

素养目标：

培养严谨细致的职业态度和规范做事的职业习惯；培养成本节约意识；培养数字化思维。

情境案例

江苏苏美达国际技术贸易有限公司与张家港泰富石油仓储有限公司仓储合同纠纷上诉案

2005年3月23日，原告江苏苏美达国际技术贸易有限公司（以下简称"苏美达公司"）与案外人润华公司订立产品购销合同。合同约定，原告向润华公司购买进口的苯乙烯1 000吨，总价款1 200万元。质量由供方负责，以供方提供的进口商检证书为准；交货地点为被告张家港泰富石油仓储有限公司（以下简称"泰富公司"）；付款时间为3月26日前，货物所有权在泰富公司交接，润华公司在收到货款时，将该货物的提单正本以及增值税发票全部交给苏美达公司。3月24日，泰富公司在润华公司出具的销货给苏美达公司的（调拨）通知单上进行了批注，同意将通知单作为苏美达公司购买的1 000吨苯乙烯的入库单。当日苏美达公司与泰富公司、润华公司订立了仓储协议，协议确认苏美达公司购买的上述货物储存在泰富公司仓库，泰富公司凭苏美达公司的正本提货凭证发运货物，润华公司按月向泰富公司支付仓储费，并对各方的权利义务进行了约定。3月25日，苏美达公司向润华公司一次性支付了货款1 200万元，并取得了润华公司开具的增值税发票和上述经被告批注的通知单。后苏美达公司、泰富公司双方经过多次核对，泰富公司均书面确认苏美达公司的1 000吨货物存放在其仓库内。同年6月7日，苏美达公司派人到泰富公司处提货，泰富公司以上述货物被江苏省无锡市中级人民法院查封为由拒绝发货。故苏美达公司诉请法院，要求泰富公司赔偿因不能提货造成的全部经济损失。

法院经审理认为，本案系仓储合同纠纷，苏美达公司、润华公司和泰富公司订立的仓储合同是三方当事人的真实意思表示，合法有效。存储在泰富公司仓库的涉案货物，系由"青木瓜"轮运输的、编号为×××报关单项下的进口货物。该批货物因案外人主张权利，向其他法院申请财产保全，已被其他法院裁定查封，使得泰富公司在法律上存在向原告交付货物的障碍；泰富公司在货物被其他法院查封后，履行了向泰富公司告知的义务，货物不能交付，并非泰富公司的自身原因所致，因此，苏美达公司要求泰富公司立即交付货物或赔偿因不能交货而造成损失的主张不能成立，原审不予支持。

湖北省高级人民法院经审理认为，原判决查明事实清楚，适用法律正确，但部分认定不妥，应予纠正。本案仓储货物因被其他法院裁定查封，泰富公司确实在法律上存在向苏美达公司交付全部货物的障碍，但法院并未查封仓储合同项下的全部货物，扣除其他法院查封并执行的货物，泰富公司应向苏美达公司交付未被查封扣押的货物，或赔偿相应损失。

资料来源　湖北省高级人民法院民事判决书（2006）鄂民四终字第41号。

从本案中可以看出，承担法律规定的责任是仓储企业经营的基础，也是每一个物流从业人员所必须具备的品质。

社会责任是一个人对他人、对社会所承担的职责、义务和使命。社会责任感是一种道德情感，主要表现在具有独立人格的社会个体应该对他人、家庭、集体、社会、国家所承担的义务、职责、使命持什么样的态度。

社会责任感应当成为当代大学生发展的一种内在需求和衡量其素养的重要指标。加强当代大学生社会责任感的培养对加快社会发展，促进全面建成小康社会具有重要意义。

任务一　了解货物仓储及相关法律法规

一、仓储的概念和类型

（一）仓储的概念

仓储的概念有狭义和广义之分。

狭义的仓储是指商品离开生产领域后进入消费领域之前，处于流通领域时所形成的"停滞"。

广义的仓储不仅存在于从生产进入消费的过程中，也存在于生产过程中和消费流通过程中，是从接受储存物品开始，经过储存保管作业，直到把货物完好地发放出去的全部活动过程，其中包括存货管理和仓库中货物的装卸、搬运、保养等各项作业活动。

《物流术语》（GB/T 18354—2021）把仓储定义为：利用仓库及相关设施设备进行物品的入库、储存、出库的活动。这一定义不区分其所发生的流通过程，采用的是广义的仓储概念。

1.仓储是一项商业活动

它不仅包括物品在一般的围蔽空间（仓库）中的储存与保管，也包括物品在其他一系列设施和场地中的储存。例如，露天场地对矿石的储存，运输过程中运输工具对货物的储存。本书将上述一系列储存物品设施和场地统称为仓库。

2.物流中的仓储区别于传统仓储，是一项物流活动

传统仓储一般起着长期储存原材料及产成品的作用，生产商生产出来的产品都成为存货，然后再将储存在仓库中的存货销售出去。为此，多数企业都有很高的存货水平。

20世纪80年代以来，随着准时制生产方式（JIT）、供应链理论的出现，仓储的战略目标转变为以较短的周转时间、较合理的存货率、较低的成本和较好的顾客服务为内容的物流战略目标。在现代物流环境下，产品在仓库中只储存几天甚至几小时。

3.物流中的仓储功能是多样化的

随着物流活动向侧重供应链管理的方向发展，企业越来越多地强调仓储作为供应链中的一个资源提供者的独特角色，仓储成为物流与供应链中的库存控制中心、调度中心和增值服务中心，体现出仓储功能的多样化发展趋势。仓库也不仅仅是存储货物的库房，还提供与制造业的延迟策略①相关的后期组装、包装、打码、刷唛、客户服务等服务。

（二）仓储的类型

流通领域的物资仓库，根据流通仓库在流通领域中的不同作用可分为：

1.成品仓库

成品仓库是产成品的储存之地，负责产成品的收发、储存。成品仓库是生产领域转向销售领域的物流供应链的连接处。

2.物资储运仓库

物资储运仓库是为物流全程提供货物的储存、保管服务的仓库。

在生产环节中作为生产企业的产成品配送基地，物资储运仓库为生产企业提供将产前、产中、产后的原材料及产成品配送到生产线及全国市场的配送服务。

在销售环节中，在生产企业产品出厂到销往全国市场的途中，物资储运仓库充当其地区配送中心的角色。

3.储备仓库

储备仓库是指专门长期存放各种储备物资，以保证完成各项储备任务的仓库。储备仓库在社会生产、商品流通和经济建设过程中，需要建立必要的物资或商品储备，包括生产储备、流通储备、国家储备。

储备仓库是用于储存应对自然灾害、国防急需或市场供应特殊需要的某些重要商品或物资的仓库。

思政小课堂 4-1 ✅

《政策性粮食承储企业仓储管理规范化指南》对物流业发展的意义

国家粮食和物资储备局办公室于2024年6月3日发布了《政策性粮食承储企业仓储管理规范化指南》（以下简称"指南"），旨在进一步规范政策性粮食仓储管理，加强业务指导。

---

① 延迟策略是为适应大规模顾客定制生产要求而采取的策略。具体做法是将产品的最后制造和配送延迟至收到客户订单后再进行，以降低预测风险。延迟策略作为供应链管理背景下的一种企业经营策略，已广泛应用于生产要素统计与运作中。

指南依据《中华人民共和国粮食安全保障法》《粮食流通管理条例》《粮油仓储管理办法》《政府储备粮食仓储管理办法》等有关规定制定，为政策性粮食承储企业的仓储管理提供了详细的指导和规范。

政策性粮食承储企业的仓储管理直接关系到国家粮食安全，指南的实施能够确保粮食在储存过程中的安全和质量，减少粮食损耗和浪费，为国家粮食安全提供有力保障。作为我国第一个有关仓储管理的技术性规范，指南可为广大经营仓储业务的物流企业提高仓储管理水平提供借鉴，从而促进我国物流业的进一步发展。一方面，指南制定的一系列标准、流程和规范，有助于优化仓储作业流程，减少无效劳动和浪费，从而提高仓储作业的效率，也意味着仓储企业能够更快地响应市场需求，降低物流成本，提升整体运营效率。另一方面，指南提出的采用新技术、新设备和新方法，为科技企业、其他仓储企业的技术创新、管理创新指出了方向，必将提高物流业整体的仓储管理智能化和自动化水平，提升整个行业的竞争力和服务水平。

二、与仓储相关的法律关系

仓储法律关系是发生在存货人和保管人之间的法律关系。仓储作为物流系统运行的一个中间环节，其法律关系的形成与物流企业参与仓储活动的方式有着密切的关系。因参与仓储活动的方式不尽相同，由此引发的法律关系也不同。

（一）仅为货主企业提供仓储服务

这类物流企业通常拥有专门用于营业性服务的公共仓库，接受货主企业委托，专门为其提供货物的储存和保管服务，除所附带的一些搬运、装卸活动外，一般不提供其他物流服务。此时，物流企业与货主企业签订的是仓储合同，双方是仓储合同法律关系，物流企业为保管人，货主企业为存货人，双方的权利义务按有关仓储合同的法律规定确定。

（二）为货主企业提供含有仓储服务的综合物流服务

提供此类服务的物流企业一般为综合性物流企业，或者具有两项（包括仓储）以上的物流服务功能。除为货主企业提供货物的储存和保管服务外，此类物流企业还会根据货主企业的要求，为其提供运输或者配送等物流服务。此时，物流企业与货主企业签订的是物流服务合同，而不是单纯的仓储合同，物流企业是物流服务提供方，货主企业是物流服务需求方，双方的权利义务关系按物流服务合同内容确定。

此类法律关系，不因仓储服务在物流企业所提供的全部物流服务中的比重或重要性不同而有所区别。如在以经营仓储为主的物流企业所签订的物流服务合同中，仓储服务位于主要地位，比重较大，其他诸如运输、配送等只是其业务的扩展；在以经营配送业务为主的物流企业所签订的物流服务合同中，仓储可能作为配送的附带服务；在一些综合性物流企业签订的物流服务合同中，仓储、运输、配送等可能具有同等的重要地位。但无论是哪种情况，均不影响物流企业与货主企业之间的法律关系。

（三）以存货人的身份出现

这类物流企业一般是没有自营仓储设备的综合性物流企业，或者是虽有自营仓储设备但库存空间不足的物流企业。其（以下称物流企业 A）与货主企业签订仓储合同（包括含有仓储服务的物流服务合同）后，由于自身仓储能力的欠缺，将全部或者部分仓储服务交由其他具有仓储能力的物流企业（以下称物流企业 B）实际履行。物流企业 B 通常为专门提供仓储服务的企业，如公共仓库经营人。此时，物流企业 A 与物流企业 B 之间通常会签订仓储合同，A 为存货人，B 为保管人，双方之间的权利义务依据仓储合同法律关系确定。

三、仓储环节相关法律法规

（一）仓储环节相关民商事法律规范

我国有关仓储环节的民商事法律规范主要针对仓储合同进行调整，法律层次上的规范是《民法典》和《电子商务法》。《民法典》合同编第二十二章仓储合同对仓储合同的定义、成立、仓储物为危险品和易变质物品的特殊要求和保管条件要求、保管人和存货人的权利义务、违约责任以及仓单等相关内容作出了规定。

在法律适用上，当事人之间的权利义务和责任，《民法典》仓储合同一章有特殊规定的，应优先适用；仓储合同一章未规定的，适用保管合同的有关规定；保管合同没有规定的，适用《民法典》合同编通则和《民法典》总则编的一般规定。《电子商务法》中则规定了电子商务平台经营活动中的仓储行为。

（二）仓储环节相关行政法律规范

我国涉及仓储环节的行政法律规范主要针对仓储业务的经营许可条件和经营管理等。

《港口法》第二十二条规定，从事港口经营，应当向港口行政管理部门书面申请取得港口经营许可，并依法办理工商登记。其中，港口经营业务包括仓储经营业务。

《港口法》第二十五条规定，港口理货业务经营人不得兼营仓储经营业务。

根据《港口法》第四十九条，未依法取得港口经营许可证从事港口经营，或者港口理货业务经营人兼营货物装卸经营业务、仓储经营业务的，由港口行政管理部门责令停止违法经营，没收违法所得；违法所得十万元以上的，并处违法所得二倍以上五倍以下罚款；违法所得不足十万元的，处五万元以上二十万元以下罚款。

《国际海运条例》第二十三条规定，外商可以依照有关法律、行政法规以及国家其他有关规定，投资经营国际船舶运输、国际船舶代理、国际船舶管理、国际海运货物装卸、国际海运货物仓储、国际海运集装箱站和堆场业务。

《中华人民共和国海关法》（以下简称《海关法》）主要针对保税仓库、海关对货物监管以及自贸区仓储业务管理作出了规定。其第三十八条规定，经营海关监管货物仓储业务的企业，应当经海关注册，并按照海关规定，办理收存、交付手续。在海关监管区外存放海关监管货物，应当经海关同意，并接受海关监管。违反前两款规定或者在保管海关监管货物期间造成海关监管货物损毁或者灭失的，除不可抗力外，对海关监管货物负有保管义务的人应当承担相应的纳税义务和法律责任。

《海关对保税仓库及所存货物的管理规定》对保税仓的监管等问题作出了规定。

《中华人民共和国农业法》针对农产品在国计民生保障中的特殊地位，规定国家对粮食实行中央和地方分级储备调节制度，建设仓储运输体系。承担国家粮食储备任务的企业应当按照国家规定保证储备粮的数量和质量。

（三）仓储环节相关标准

随着我国物流业由快速发展进入高质量发展转型期，物流业标准体系也在加速构建中。仓储是物流业的重要环节，近年来商务部、应急管理部等部门，以及全国物流标准化技术委员会等机构制定（修订）了一批仓储相关的标准，如《跨境电子商务海外仓运营管理要求》（GB/T 43291-2023）、《绿色仓储与配送要求及评估》（GB/T 41243-2022）、《仓储服务质量要求》（GB/T 21071-2021）、《仓储绩效指标体系》（GB/T 30331-2021）、《电子商务第三方仓储服务管理规范》（GB/T 39439-2020）等。

拓展阅读4-1

智能化转型下仓储物流发展策略研究

随着我国经济的快速发展，仓储物流日趋繁荣。为适应智能化转型下仓储物流的发展，需要从以下几个方面对仓储物流进行改进：

1.以智能化处理闲置物品，扩大仓储利用空间。

零仓储是现代物流发展所追求的目标，对于那些长时间占用仓储空间、影响仓储效率的闲置物品要通过智能化手段视情况进行彻底的清理和处置，扩大仓储利用空间、提高仓储利用效率。

2.加强仓储物流基础设施建设，提高仓储转运能力。

仓储物流以短、快、准的服务模式为有需要的客户提供优质服务，为此，需要在物流基础设施建设上下功夫，通过运用智能化技术和设备提高物流装运自动化能力，缩短货物在仓储地的装运时间，保证商品速递时间达到客户的要求。

3.运用智能化技术制定仓储物流客户可接受的价格，增强竞争优势。

运用智能化大数据、云计算，降低仓储物流运输成本，全方位考量客户的基本利益，在自己经济实力允许的范围内实现与客户的经济共享，尽可能地把仓储物流价格调整到双方都能接受的位置，在价格上发挥竞争优势。

4.以智能化提供优质服务，实现可持续性发展。

射频识别技术和传感技术的集成，真正实现了仓储环境智能化。应运用智能化手段拒绝野蛮装运，保障客户商品安全，赢得客户的口碑，实现仓储物流可持续发展。

资料来源 朱元海. 智能化转型下仓储物流发展策略研究［J］. 商讯，2019（26）：183.

互动课堂4-1

仓储在现代物流体系中占据什么地位？

答：仓储在现代物流体系中的地位如下：

（1）仓储是现代物流不可或缺的重要环节。

仓储调节了现代物流供应链中的"供需矛盾"。从供应链的角度，物流过程可以看作由一系列的"供给"和"需求"组成，当供给和需求节奏不一致时，也就是两个过程不能够很好地衔接时，会出现生产的产品不能及时消费或者存在需求却没有产品来满足的情况，这就需要建立产品的储备，将不能及时消费的产品储存起来以满足后来的需求。

（2）仓储能对货物进入下一个环节前的质量起保证作用。

在货物仓储环节对产品质量进行检验能够有效地防止伪劣产品流入市场，保护消费者的权益，也在一定程度上维护了生产厂家的信誉。通过仓储来保证产品质量主要通过两个环节：一是在货物入库时进行质量检验，严禁不合格产品混入仓库；二是在货物的储存期间内，要尽量使产品不发生物理及化学变化，尽量减少库存货物的损失。

（3）仓储是保证社会再生产过程顺利进行的必要条件。

货物的仓储过程不仅是商品流通过程顺利进行的必要保证，也是社会再生产过程得以进行的保证。

仓储活动作为物流供应链的中间环节，不仅是连接生产者与消费者的纽带和桥梁，还具有衔接商品生产与消费时间上的不一致，以及协调生产者和消费者地理位置上的分离的功能。

（4）仓储是加快商品流通和节约流通费用的重要手段。

虽然货物在仓库中进行储存时处于静止的状态，会带来时间成本和财务成本的增加，但从整体上而言，它能够加快流通速度，并且节约运营成本。

（5）仓储能够为货物进入市场做好准备。

仓储能够在货物进入市场前完成整理、包装、质检、分拣等程序，这样就可以缩短后续环节的工作时间，加快货物的流通速度。

资料来源　陈贵然. 浅谈仓储管理在物流管理中的作用和地位［J］. 经济与社会发展研究，2015（3）：204.

任务二　认识仓储合同

仓储合同是物流仓储业务中不可忽视的环节，是物流企业与货主企业之间权利、义务和责任划分的依据。

一、仓储合同的法律界定

根据《民法典》第九百零四条的规定，仓储合同是保管人储存存货人交付的仓储物，存货人支付仓储费的合同。

根据《民法典》第九百零四条的规定，仓储合同的主体为存货人和保管人，存货人是仓储服务的需求方，保管人是仓储服务的提供者。仓储合同的标的是仓储保管行为，是仓储合同关系中存货人与保管人的民事权利义务共同指向的对象，包括仓储空间、仓储时间和保管要求等。仓储物是存货人交由保管人进行储存的物品，仓储费是保管人向存货人提供仓储服务取得的对价。

与其他合同相比，仓储合同属于提供劳务类的合同，在大多情况下是诺成、双务和有偿合同。

在实务中，它往往是格式合同。经营公共仓库的保管人为了与多数相对人订立仓储合同，通常事先拟定并印刷了大部分条款，如存货单、入库单、仓单等，在实际订立仓储合同时，再由双方填写经过协商议定的内容从而形成仓储合同，而不另行签订独立的仓储合同。

二、仓储合同与保管合同的关系

（一）仓储合同与保管合同的联系

仓储合同原本与保管合同为一体，被称为仓储保管合同，《民法典》把仓储合同与保管合同区分开来，分别作出了规定。

保管合同规定在《民法典》合同编第二十一章。根据《民法典》第八百八十八条的规定，保管合同是保管人保管寄存人交付的保管物，并返还该物的合同。

仓储合同则规定在《民法典》合同编第二十二章，但在性质上，仓储合同仍属于保管合同，根据《民法典》第九百一十八条的规定，仓储合同一章对仓储合同没有规定的，适用保管合同的规定。

（二）仓储合同与保管合同的区别

仓储合同作为一种特殊的保管合同已从一般保管合同中分离出来。与一般的保管合同相比，仓储合同的特殊性表现在以下几方面：

1.对当事人的要求

在仓储合同中，保管人不论是法人，还是非法人组织，都必须依法成立。

根据《民法典》第七十八条，依法设立的营利法人，由登记机关发给营利法人营业执照。

根据《民法典》第一百零三条，非法人组织应当依照法律的规定登记。设立非法人组织，法律、行政法规规定须经有关机关批准的，依照其规定。而按照物流仓储业的一般要求，物流企业必须具有可以用于储存和保管仓储物的设备，主要指仓库。

此外，依《民法典》第九百零六条第三款的规定，保管人储存易燃、易爆、有毒、有腐蚀性、有放射性等危险物品的，应当具备相应的保管条件。

仓储合同中的存货人一般都是法人或非法人组织，自然人一般不会成为仓储合同中的存货人。

而在一般保管合同中，因涉及的标的物价值比较小，当事人一般不是大型的企业，而更多的是自然人，或者是个体工商户、农村承包经营户、小微企业等，法律没有对保管人的资格和条件作出特殊的规定。

2.仓储物的价值

仓储物是仓储合同的标的物，一般都是数量多、体积大、质量高的大宗货物，如粮食、工业制品、水产品等，价值通常较高。而一般保管合同中的保管物，多是生活中的小型用品，通常价值较低。

3.仓储物的类别

并非所有的物品均可作为仓储物，仓储合同的性质决定了仓储物只能是动产，因为其必须能够运入和运出仓库等储存处所，无法移动并置放于仓库中加以保管的财产（即不动产）不可能是仓储物。

金钱、有价证券及其他权利凭证，除非在极特殊的情况下，一般也不会作为仓储物进行保管。

而一般保管合同中的保管物，既可以是动产，也可以是不动产，而只要双方当事人协商一致，金钱、有价证券及其他权利凭证，均可以作为保管物。

4.是否需要支付对价

由于提供仓储服务的一方为专业的物流企业，仓储合同都是有偿合同，保管人为存货人提供仓储服务，存货人必须支付仓储费。而一般保管合同既可以是有偿的，也可以是无偿的。

只有在当事人明确约定了保管费的情况下，保管合同才是有偿的；而如果当事人对保管费没有约定或约定不明确，又没有达成补充协议或根据有关合同条款和交易习惯确定保管费，保管合同就应视为无偿的。

5.诺成合同还是实践合同

《民法典》第九百零五条"仓储合同自保管人和存货人意思表示一致时成立"的规定，表明仓储合同是诺成合同，经双方意思表示一致，仓储合同即可成立、生效，并不需要仓储物的实际交付。

而对一般保管合同，根据《民法典》第八百九十条的规定，除当事人另有约定外，保管合同自保管物交付时成立。因而，它通常为实践合同。

6.对仓储物的交付与归还的凭证

仓单是提取仓储物的凭证。根据《民法典》第九百零八条的规定，存货人交付仓储物的，保管人应当出具仓单、入库单等凭证。可见，在仓储合同中，仓储物的交付与归还均须以仓单作为凭证。

而在一般保管合同中，法律没有对保管物交付与归还的凭证作出规定，在实践中则由当事人自行约定。

7.对保管物的验收和赔偿责任

交付的保管物有瑕疵或者按照保管物的性质需要采取特殊保管措施的，保管合同的寄存人应当将有关情况告知保管人。如果寄存人没有履行告知义务，致使保管物受损的，保管人不承担赔偿责任。而仓储合同中保管人应当按照约定对入库仓储物进行验收，保管人在验收时发现仓储物与约定不符的，应当及时通知存货人。如果因保管人未认真验收，致使入库仓储物的品种、数量、质量不符合约定的，保管人应当承担赔偿责任。

8.对保管物的毁损、灭失的责任

保管期间，保管合同的保管人因保管不善造成保管物毁损、灭失的赔偿责任，根据是有偿保管还是无偿保管而有所不同。有偿保管的，保管人应当承担赔偿责任；无偿保管的，保管人能证明自己没有重大过失的，就可以不承担损害赔偿责任。而仓储合同，造成仓储货物毁损、灭失的，除了仓储物的性质、包装不符合约定或者超过有效存储期而造成仓储物变质、损坏之外，保管人均应对保管不善承担赔偿责任。

三、仓储合同的形式与内容

（一）仓储合同的形式

《民法典》合同编第二十二章对仓储合同的形式并没有特别规定，按照《民法典》第四百六十九条，当事人订立合同，可以采用书面形式、口头形式或者其他形式。按此规定，仓储合同采用哪种形式订立，由双方当事人选择。

在实践中，仓储合同一般采用书面形式。无论当事人采取何种形式订立仓储合同，当事人填写的入库单、仓单、出库单等，均可以作为仓储合同的证明，构成书面合同的组成部分。

仓储合同的不同形式对其成立有一定的影响。仓储合同自保管人和存货人意思表示一致时成立。如果当事人采用合同书形式订立仓储合同，通常情况下，在保管人和存货人签字或者盖章时，双方当事人意思表示一致，合同才告成立。如果存货人在此之前就将仓储物交付至保管人，而保管人又接受该仓储物入库储存的，仓储合同自仓储物入库时成立。

（二）仓储合同的主要条款

仓储合同的条款是双方当事人权利义务的依据，当事人可以自由协商，确定条款的具体内容。从《民法典》合同编第二十二章对仓储合同的规定来看，仓储合同应当包含以下主要条款：

1.保管人、存货人的名称或者姓名和住所

2.仓储物的品名、品种、规格

对于易燃、易爆、有毒、有腐蚀性、有放射性等危险物品或者易变质物品，还应当说明该物品的性质。

3.仓储物的数量、质量、包装、件数和标记。

在仓储合同中，应明确记载仓储物的计量单位、数量和仓储物质量，以保证顺利履行合同。同时，双方还要对货物的包装、件数以及包装上的货物标记进行记录。

4.仓储物交接条款

仓储物的交接涉及仓储物入库和出库两个环节。仓储物的入库，即意味着保管人保管义务的开始，而仓储物的出库，意味着保管人保管义务的终止。因此，仓储物进出库的时间、地点对划清双方责任非常重要。而且，仓储物的进出库有多种不同的方式，相应需要办理的手续和采用的运输方式各不相同，并且都会影响到双方的权利、义务关系，也会影响到双方的责任划分。通常情况下，双方当事人都会在合同中对仓储物的交接作出约定。

5.仓储物验收条款

仓储物验收条款是指双方当事人按照约定对入库/出库仓储物进行的检验，以确定仓储物入库/出库时状态的条款，是确定双方责任的关键。因此，仓储物验收的具体项目、标准、方法和期限等，当事人可以根据具体情况在仓储合同中事先作出约定。保管人为顺利验收，需要存货人提供仓储物的相关资料的，仓储合同还应就资料的种类、份数等作出约定。

6.仓储物保管条款

保管条款即双方当事人约定的仓储物储存期间、保管要求、保管条件的条款。储存期间届满，存货人或者仓单持有人应当及时提取仓储物。保管要求和保管条件是针对仓储物的特性，为保持其完好所要求的具体条件、因素和标准。

7.仓储物的损耗标准和损耗处理

仓储物在储存、装卸、搬运等过程中，由于自然的原因（如干燥、风化、挥发、黏结等）、仓储物本身的性质、计量工具的误差等，不可避免地要产生一定数量的减少、破损或者计量误差。对此，当事人应当约定一个损耗标准，并约定损耗发生时的处理方法。当事人对损耗标准没有约定的，应当参照国家有关主管部门规定的相应标准。

8.计费项目、标准和结算方式

9.违约责任条款

违约责任的承担方式包括继续履行、支付违约金、赔偿损失等。

除此之外，双方当事人还可就变更和解除合同的条件、期限，以及争议的解决方式等作出约定。

互动课堂 4-2

仓储合同的基本特征有哪些？

答：仓储合同是保管人储存存货人交付的仓储物、存货人支付仓储费的合同。仓储业是专为他人储藏、保管货物的商业经营活动，是现代化大生产和国际、国内货物流转中一个不可或缺的环节。仓储合同主要具有如下特征：

（1）仓储合同为诺成合同。

为约束仓储合同双方的行为，更好地维护双方利益，法律规定仓储合同自双方达成合意时就成立，而不需以存储货物的实际交付为准。

（2）保管人必须是拥有仓储设备并从事仓储保管业务的人。

按照相关法律规定，保管人必须是经市场监督管理机关核准，依法从事仓储保管业务的法人。

（3）仓储合同为双务有偿合同。

由于仓储业是一种商业经营活动，因此，仓储合同的双方当事人互负给付义务，保管人提供仓储服务，存货人给付报酬和其他费用。

拓展阅读 4-2

仓储服务质量要求

《仓储服务质量要求》（GB/T 21071—2021）规定了仓储服务的基本要求、服务质量指标及要求，以及客户满意度调查的要求。

仓储服务应贯彻以客户为中心的服务原则；企业应有健全的服务质量管理体系；企业应公开仓储服务质量关键指标及要求达到的数值。《仓储服务质量要求》从仓储作业、仓储管理、信息化水平三个方面进行考核。

仓储作业服务质量的关键考核指标包括入库及时率、出库订单按时完成率、出库差错率等，低温仓储服务质量还应考核温度达标率。入库及时率应不低于99%，出库订单按时完成率应不低于98%，出库差错率应不高于0.05%，温度达标率应达到100%。

仓储管理的关键考核指标包括责任货损率、账货相符率、投诉率，低温仓储服务还应考核温度监控频次。责任货损率应不高于0.03%，账货相符率应不低于99.8%，投诉率应不高于0.3%，考核期内温度监控装置记录上传的时间间隔应不大于30分钟。

信息化水平的关键考核指标包括信息系统管理比率、数据（单据）信息传输准确率、数据（单据）信息传输准时率。信息系统管理比率应不低于85%，数据（单据）信息传输准确率应不低于99.8%，数据（单据）信息传输准时率应不低于99.5%。

仓储企业应建立客户满意度调查制度，依据调查结果改进和提高服务质量。

任务三　熟悉仓单法律制度

一、仓单的概念

仓单是指由保管人在收到仓储物时向存货人签发的，表明已收到仓单所记载的仓储物的法律文书，仓单记载的事项是仓储合同的证明。

（一）仓单由保管人签发

根据《民法典》第九百零九条的规定，保管人应当在仓单上签名或者盖章。因此，仓单只能由保管人签发。

所谓由保管人签发，既包括保管人亲自签发，也包括保管人的代理人或其雇员签发。

保管人的代理人或其雇员签发的仓单视为由保管人签发，在法律上与保管人亲自签发的仓单具有同样的效力，后果由保管人承担。

（二）仓单由保管人向存货人签发

签发仓单是保管人履行仓储合同的行为，而有权接受其履行的权利人，只能是仓储合同的另一方当事人即存货人。

需要注意的是，存货人不一定是仓储物的所有人，当存货人与仓储物的所有人不一致时，保管人也只能向存货人签发仓单，而不应向仓储物的所有人签发。

（三）仓单表明保管人已收到仓储物

根据《民法典》第九百零八条的规定，存货人交付仓储物的，保管人应当出具仓单、入库单等凭证。保管人签发仓单是以其收到仓储物为前提条件的，因而仓单的签发表明保管人已收到仓储物。

（四）仓单是提取仓储物的凭证

根据《民法典》第九百一十条的规定，仓单是提取仓储物的凭证。存货人或者仓单持有人在仓单上背书并经保管人签字或者盖章的，可以转让提取仓储物的权利。因而，存货人或仓单持有人需凭仓单提取仓储物，或者在仓单上背书转让提取仓储物的权利。

二、仓单的法律特征

（一）仓单为有价证券

有价证券是指设定并证明持券人能取得一定财产权利的书面凭证，其权利的行使或处分必须借助证券的占有或移转。仓单是提取仓储物的凭证，这表明存货人或仓单持有人对仓储物享有交付请求权。

（二）仓单为流通证券

存货人或者仓单持有人可以通过在仓单上背书，并经保管人签署后，转让其对仓储物的交付请求权。受让人接受仓单后，即成为仓单持有人，可以以同样的背书方式转让仓单。

（三）仓单为指示证券

存货人或仓单持有人可通过背书的形式向保管人发出指示，即要求保管人向其背书指示的人承担给付仓储物的义务，而保管人有义务遵从这一指示。

（四）仓单为文义证券

仓单是仓储合同成立及其内容的证明，而在善意仓单持有人与保管人之间就是仓储合同本身，此时仓单上所记载的事项，直接决定了当事人的权利和义务，当事人必须而且只能依仓单上的记载主张权利并承担义务，即使仓单上记载的事项与实际情况不符，保管人也有义务严格依照仓单上所记载的内容履行义务。

（五）仓单为无因证券

仓单一旦转让即独立于仓储合同而存在。仓单上的记载事项决定了仓单持有人与保管人的权利义务关系，仓单持有人只需凭仓单的记载即可主张相应的权利，而无论持有人是否为存货人。

（六）仓单为要式证券

仓单须经保管人签字或盖章，并必须具备所规定的法定记载事项，否则无效。

（七）仓单为提示证券

仓单持有人在向保管人主张仓单上所记载的权利时，即请求保管人交付仓储物时，必须向保管人提示仓单。

《民法典》第九百一十五条规定，储存期限届满，存货人或者仓单持有人应当凭仓单、入库单等提取仓储物。

（八）仓单为换取证券

仓单持有人在请求保管人交付仓储物时，必须以仓单进行交换。如果仓单持有人拒绝缴还仓单，保管人可拒绝交付仓储物。

三、仓单的法定记载内容

根据《民法典》第九百零九条的规定，仓单上记载的内容包括下列事项：

1.存货人的名称或者姓名和住所

存货人为法人或者其他社会组织、团体的，应当写明其名称，名称应写全称。存货人为自然人的，则应写明姓名和身份证号。

2.仓储物的品种、数量、质量、包装、件数和标记

这些内容是经过保管人验收确定后再填写在仓单上的。需要注意的是，保管人和存货人订立仓储合同时，对仓储物的上述内容的约定，不能作为填写仓单的依据。

3.仓储物的损耗标准

一般来说，仓储合同约定有仓储物的损耗标准，仓单上所记载的损耗标准通常与该约定相同。当然，当事人也可以在仓单上对仓储合同中约定的标准进行变更。当仓储合同约定的标准与仓单上所记载的标准不一致时，一般以仓单的记载为准。

4.储存场所

储存场所就是仓储物所储存的具体地点。

5.储存期限

一般情况下，存货人与保管人在仓储合同中商定储存期限，仓单上的储存期限与仓储合同中的储存期限通常是一致的。

6.仓储费

仓储费就是存货人向保管人支付的报酬。

7.仓储物保险

仓储物已经办理保险的，填写保险金额、期间及保险人的名称。

8.填发人、填发地和填发日期

填发人也就是仓储合同的保管人，填发地一般是仓储物入库地。

互动课堂4-3

仓单的作用有哪些？

答：（1）仓单是保管人向存货人出具的货物收据。

当存货人交付的仓储物经保管人验收后，保管人就向存货人填发仓单。仓单是保管人已经按照仓单所载状况收到货物的证据。

（2）仓单是仓储合同存在的证明。

仓单是存货人与保管人双方订立的仓储合同存在的一种证明，只要签发仓单，就证明了合同的存在。

（3）仓单是货物权利的凭证。

谁占有仓单就等于占有仓单上所列货物，仓单持有人有权要求保管人返还货物，有权处理仓单所列的货物。仓单的转移，也就是仓储物相关权利的转移。也正是由于仓单代表着其项下货物的权利，所以，仓单作为一种有价证券也可以按照《民法典》的规定设定权利质押担保。

（4）仓单是提取仓储物的凭证。

仓单持有人向保管人提取仓储物时，应当出示仓单。

保管人一经填发仓单，则持单人受领仓储物时不仅应出示仓单，还应缴回仓单。

仓单持有人为第三人，而该第三人不出示仓单的，除能证明其提货身份外，保管人应当拒绝返还仓储物。

拓展阅读4-3

《仓单要素与格式规范》解读

我国《民法典》物权编与合同编中均出现了"仓单"这一概念，而仓储业务中实际使用的单证称为"入库单""出库单"。随着我国国民经济与物流产业的快速发展，仓单在期货交易与动产质押融资这两个领域得以普遍使用。由于法律上的仓单概念与实际单据脱节，且没有仓单标准，因此影响到仓储服务与仓单质押监管业务的规范发展，实践的困境催生了《仓单要素与格式规范》这一国家标准的出台。

2013年12月31日，原国家质量监督检验检疫总局和国家标准化管理委员会联合发布了《仓单要素与格式规范》（GB/T 30332—2013），自2014年7月1日起生效。该标准规定了仓单类型、要素、印制与填写要求，适用于仓储活动中使用的普通仓单，质押融资业务、期货交易中的可流转仓单等。

仓单要素是指仓单在形式和内容上所包含的反映仓储物品和活动的单元信息。《仓单要素与格式规范》第五条规定了普通仓单的14项必备要素，可流转仓单的28项必备要素。其中，普通仓单上主要包括："仓单"字样，编号，填发日期，存货人名称，存货人住所，保管人名称，仓储物的名称、规格、包装、计量单位、数量、仓储场所以及交货人，收货人等。可流转仓单在此基础上还需具有仓储物标记、耗损标准、仓储费率、仓储物价格、凭证权利提示、仓库发货日期、被背书人签章、背书人签章、保管人背书签章、背书日期、仓单持有人提取货物盖章、发货人、提货人、提货人有效证件等内容。同时，《仓单要素与格式规范》第五条第二款还规定了普通仓单和可流转仓单的12项可选要素。

《仓单要素与格式规范》第六条规定了仓单的印制与填写要求，其中包括仓单正本提货联应印制底纹；仓单联数应不少于三联，并标明每联用途；仓单上必备要素应记载齐全、填写工整；仓储物金额合计应以汉字大写和阿拉伯数字同时记载，二者应一致；仓单上的记载事项应真实，不得伪造、变造，可流转仓单所记载的要素不得有修改痕迹，不得修改后盖章；仓单应具有唯一性。

《仓单要素与格式规范》附录中提供了普通仓单的正面示例、可流转仓单的正面及背面示例。

《仓单要素与格式规范》的制定对于促进我国现代仓储业及商品交易、金融和资本交易等市场的健康发展，保障相关各方的合法权益，维护社会经济秩序，具有重要意义。

资料来源　编者根据《仓单要素与格式规范》（GB/T 30332—2013）撰写。

任务四　了解物流企业在仓储合同中的权利和义务

仓储合同是双务有偿合同，双方当事人的权利和义务是相对的，存货人的义务相对于保管人就是权利。物流企业在仓储合同关系中，根据其是否仅提供仓储服务，以及是否以自营仓库提供仓储服务，其权利义务内容有所不同。

一、物流企业在仓储合同中的权利

（一）仅提供仓储服务的物流企业的权利

仅为货主企业提供仓储服务的物流企业的权利主要有：

1.要求存货人按照合同约定交付仓储物

依照《民法典》第九百零六条的规定，如果存货人交付的仓储物为易燃、易爆、有毒、有腐蚀性、有放射性等危险物品或者易变质物品的，物流企业应当要求存货人就所交付的危险物或易变质仓储物的性质进行说明并提供相关资料。存货人未作出说明或者未提供相关材料的，物流企业可以拒收仓储物，也可以采取相应措施以避免损失的发生，因此产生的费用由存货人负担。

2.对入库仓储物进行验收

根据《民法典》第九百零七条的规定，物流企业验收时，有权要求存货人配合并提供验收资料，发现入库仓储物与约定不符合的，应当及时通知存货人。

3.仓储期间对仓储物的处理

根据《民法典》第九百一十二条的规定，物流企业发现仓储物有变质或者其他损坏时，有权及时通知存货人或者仓单持有人。

根据《民法典》第九百一十三条的规定，物流企业发现入库仓储物有变质或者其他损坏，危及其他仓储物的安全和正常保管的，应当催告存货人或者仓单持有人作出必要的处置。在情况紧急时，物流企业可以作出必要的处置；但是，事后应当将该情况及时通知存货人或者仓单持有人。

4.要求存货人按约定支付仓储费和其他费用

仓储合同是有偿合同，物流企业要求存货人支付仓储费和相关费用是其基本的权利。

5.要求存货人或仓单持有人按时提取仓储物

根据《民法典》第九百一十五条的规定，存货人或仓单持有人逾期提取仓储物的，物流企业有权加收仓储费。

6.对仓储物进行提存的权利

根据《民法典》第九百一十六条的规定，储存期限届满，存货人或者仓单持有人不提取仓储物的，物流企业可以催告其在合理期限内提取；逾期不提取的，物流企业可以提存仓储物。

（二）提供综合物流服务的物流企业的权利

当为货主企业提供的是含仓储的综合物流服务时，物流企业的权利通常也由当事人在合同中约定，但就仓储服务向客户收取相应报酬仍是物流企业最基本的权利。在实践中，物流企业与货主企业一般不会就各个物流环节分别约定报酬，而是约定一个总的物流服务报酬。

（三）作为存货人的物流企业的权利

如果物流企业 A 与存货人签订仓储合同或者物流服务合同后，又将仓储服务交由其他物流企业 B（保管人）实际履行，而与其签订仓储合同，此时，物流企业 A 就在该仓储合同中处于存货人的地位，享有存货人的权利，并承担存货人的义务。作为存货人的物流企业的权利主要包括：

1.要求保管人（物流企业 B）给付仓单

根据《民法典》第九百零八条的规定，物流企业 A 交付仓储物的，有权要求保管人出具仓单、入库单等凭证。

2.要求保管人对入库物品进行验收

依据《民法典》第九百零七条的规定，保管人验收时发现入库仓储物与约定不符的，应就不符情况予以通知。保管人未及时通知的，有权认为入库物品符合约定，保管人对此后发生的仓储物品种、数量、质量不符合约定的，应当承担赔偿责任。

3.对入库物品进行检查并提取样品

根据《民法典》第九百一十一条的规定，物流企业A有权要求保管人同意其检查仓储物或者提取样品。

4.请求保管人赔偿的权利

根据《民法典》第九百一十七条的规定，储存期内，保管人未尽妥善储存、保管仓储物的义务造成的损失，物流企业A有权要求保管人赔偿。但因仓储物本身的自然性质、包装不符合约定或者超过有效储存期造成仓储物变质、损坏的除外。

5.有权凭仓单提取仓储物

根据《民法典》第九百一十五条的规定，储存期限届满，物流企业A有权凭仓单、入库单等提取仓储物。

按照《民法典》第九百一十四条的规定，未约定储存期限或者储存期限不明确的，物流企业A可以随时提取仓储物，但应当给予保管人必要的准备时间。

二、物流企业在仓储合同中的义务

（一）仅提供仓储服务的物流企业的义务

如果物流企业仅为货主企业提供单一的仓储服务，作为保管人，物流企业应承担下列义务：

1.给付仓单的义务

物流企业签发仓单，既是其接收存货人所交付仓储物的必要手段，也是其履行仓储合同义务的一项重要内容。

依据《民法典》第九百零八条的规定，存货人交付仓储物时，物流企业有义务签发仓单、入库单等凭证。

按照《民法典》第九百零九条的规定，物流企业在向存货人给付仓单时，应当在仓单上签字或者盖章，保证仓单的真实性。

2.对存货人入库物品的验收义务和通知义务

根据《民法典》第九百零七条的规定，物流企业应当按照约定对入库仓储物进行验收。在验收时发现入库仓储物与约定不符合的，应当及时通知存货人。

根据《民法典》第九百一十三条的规定，物流企业发现入库仓储物有变质或者其他损坏，危及其他仓储物的安全和正常保管的，应当催告存货人或者仓单持有人作出必要的处置。因情况紧急，物流企业可以作出必要的处置；但是，事后应当将该情况及时通知存货人或者仓单持有人。

3.妥善储存、保管仓储物的义务

保证被储存物的质量，是完成储存功能的根本要求，物流企业应当按照合同约定的保管条件和保管要求，妥善储存和保管仓储物，尽到善良管理人的注意义务。如果在储存期间，物流企业因保管不善造成货物毁损、灭失的，应根据《民法典》第九百零七条的规定承担损害赔偿责任。

4.允许存货人或者仓单持有人检查仓储物或者提取样品的义务

根据《民法典》第九百一十一条"保管人根据存货人或者仓单持有人的要求，应当同意其检查仓储物或者提取样品"的规定，物流企业具有允许存货人或者仓单持有人检查仓储物或者提取样品的义务，以便于其及时了解、知悉物品的有关情况及储存、保管情况，发现问题后及时采取措施。

5.对仓储物异状的通知义务

根据《民法典》第九百一十二条的规定，物流企业发现入库物品有变质或者其他损坏的，应当及时通知存货人或者仓单持有人，便于后者及时处理或者采取相应的措施以避免损失的进一步扩大。

6.催告义务

为了保证存货人或仓单持有人对变质或损坏的仓储物的利益不致继续受损，保护其他仓储物的安全和正常的保管，根据《民法典》第九百一十三条的规定，物流企业发现入库物品有变质或者其他损坏，危及其他仓储物的安全和正常保管的，应当催告存货人或者仓单持有人作出必要的处置。如果物流企业怠于催告，则应对其他仓储物的损失（如腐蚀、污染等损害）负责，对自己遭受的损失则自负责任。

7.返还仓储物的义务

仓储合同中，物流企业对仓储物不具有所有权和处分权，储存期间届满，当存货人或者仓单持有人凭仓单提货时，物流企业应当返还仓储物。当事人对储存期间没有约定或者约定不明确的，根据《民法典》第九百一十四条的规定，存货人或者仓单持有人可以随时提取仓储物，物流企业也可以随时要求存货人或者仓单持有人提取仓储物，但应当给予对方必要的准备时间。物流企业返还仓储物的方式和地点，由当事人约定，可由存货人或仓单持有人到仓库自行提取，也可由物流企业将仓储物送至指定地点。

（二）提供综合物流服务的物流企业的义务

一般来说，向货主企业提供的是含仓储的综合物流服务时，由于每一货主企业所需要的实际服务范围和标准千差万别，因此物流企业应承担的义务也各不相同，主要应依据当事人在物流服务合同中的约定完成。

就仓储服务环节来说，物流服务合同没有约定的，可参照《民法典》合同编第二十一章"保管合同"和第二十二章"仓储合同"中关于保管人义务的规定。但无论如何，对仓储物进行妥善地储存和保管都是物流企业在仓储服务中最基本的义务。

（三）作为存货人的物流企业的义务

物流企业作为存货人的主要义务包括：

1.按照合同约定交付仓储物的义务

作为存货人的物流企业有义务将仓储物交付给保管人，其交付保管人的仓储物在品种、数量、质量、包装等方面必须符合仓储合同的约定。

2.说明危险物品或易变质物品的性质并提供相关资料的义务

按照《民法典》第九百零六条的规定，储存易燃、易爆、有毒、有腐蚀性、有放射性等危险物品或者易变质物品的，存货人应当说明该物品的性质，提供有关资料。存货人违反前款规定的，保管人可以拒收仓储物，也可以采取相应措施以避免损失的发生，因此产生的费用由存货人负担。这一规定也适用于作为存货人的物流企业。

3.配合保管人对仓储物进行验收并提供验收资料的义务

按照《民法典》第九百零七条的规定，在保管人对仓储物进行验收时，物流企业应当对保管人的验收行为给予配合。物流企业提供的验收资料应当完备和及时，提供的资料不全面或迟延造成验收差错及其他损失的，应承担责任。

4.对变质或者有其他损坏的仓储物进行处置的义务

为了确保其他仓储物的安全和正常的保管活动，根据《民法典》第九百一十三条的规定，当入库物品发生变质或者其他损坏，危及其他仓储物的安全和正常保管，保管人催告后，作为存货人的物流企业或仓单持有人有作出必要处置的义务。对于这种处置义务，应当注意以下几点：

①以能够保证其他仓储物的安全和正常保管为限；

②如果保管人对存货人或者仓单持有人的处置要求过高，存货人或者仓单持有人可以拒绝；

③如果存货人或者仓单持有人对货物的处置已逾越必要的范围，由此而给保管人造成不便或带来损害的，保管人有权要求赔偿；

④如果存货人或者仓单持有人怠于处置，则应对这些损失承担赔偿责任。

5.容忍保管人对变质或者有其他损坏的仓储物采取紧急处置措施的义务

在仓储物发生变质或其他损坏，危及其他仓储物的安全和正常保管，情况紧急时，根据《民法典》第九百一十三条的规定，保管人可以作出必要的处置，但事后应当将该情况及时通知存货人或者仓单持有人。

在这种情况下，作为存货人的物流企业和仓单持有人事后不得对保管人的紧急处置提出异议，但保管人采取的紧急处置措施必须符合下列条件：

①必须是情况紧急，即保管人无法通知存货人、仓单持有人，或保管人虽然可以通知，但可能会延误时机；

②处置措施是必要的，即仓储物已经发生变质或者其他损坏，并危及其他仓储物的安全和正常保管；

③所采取的措施以必要的范围为限，即以能够保证其他仓储物的安全和正常保管为限。

6.按时提取仓储物的义务

双方当事人对储存期限有明确约定的，储存期限届满，作为存货人的物流企业或者仓单持有人应当凭仓单提取仓储物，逾期提取的，应当加付仓储费。

在储存期限届满之前，存货人或者仓单持有人也有权随时提取，但提前提取的，不得请求减收仓储费。

根据《民法典》第九百一十六条的规定，储存期限届满，存货人或者仓单持有人不提取仓储物的，保管人可以催告其在合理期限内提取，逾期仍不提取的，保管人可以提存仓储物。

7.支付仓储费和其他费用的义务

（1）仓储费，即保管人因其所提供的仓储服务而应取得的报酬，根据《民法典》第九百零四条的规定，应由作为存货人的物流企业支付。存货人支付仓储费的时间、金额和方式依据仓储合同的约定。仓储费与一般保管费有所不同，当事人通常约定由存货人在交付仓储物时提前支付，而非等到提取仓储物时才支付。

（2）其他费用，即为了保护存货人的利益或者避免其损失而发生的费用。例如，存货人所储存的物品发生变质或者其他损坏，危及其他仓储物的安全和正常保管的，在紧急情况下，保管人可以作出必要的处置，因此而发生的费用，就应当由存货人承担。

互动课堂4-4

仓储合同订立过程中对相关主体有哪些要求？

答：仓储合同是保管人和存货人订立的由保管人提供仓储保管服务，存货人支付报酬的合同。仓储合同的主体包括保管人和存货人。

（1）保管人。

并不是任何个人或单位都能够开展仓储业务的，必须是经市场监督管理机关核准登记的专营或兼营仓储业务的法人组织或其他经济组织等，才具有从事仓储的资格，成为仓储合同的保管人，否则，不能提供仓储保管服务。

当保管人委托代理人签订仓储合同时，该代理人应出具授权委托书。授权委托书应当载明代理人的姓名或名称、代理事项、授权权限、期间，并由委托人或法定代表人或主要负责人签名、盖章。同时，代理人应当在授权范围内以保管人的名义签订仓储合同。超越代理权限而订立仓储合同的，将因无权代理而导致合同无效。

（2）存货人。

存货人应当是提供合法仓储合同标的物的主体。存货人在订立仓储合同时，需要明确所存放的物品，且不得利用仓储企业存放违法物品，存货人存放违法标的物将导致仓储合同无效。存货人提供的是法律禁止流通的物品以及未经正式批准的限制流通物时，其应当承担相应的不利后果，这同时要求保管人加强对入库仓储物品的验收工作。

任务五　熟悉海关监管仓库管理法律制度

一、海关监管仓库的法律界定和类型

海关监管仓库是指存放海关监管货物的仓库，根据其所存放货物的目的不同，可分为保税仓库和出口监管仓库。

（一）保税仓库的法律界定和类型

1.保税仓库的法律界定

按照《中华人民共和国海关对保税仓库及所存货物的管理规定》（以下简称《海关对保税仓库及所存货物的管理规定》）第二条的规定，保税仓库是经海关核准设立的专门存放保税货物及其他未办结海关手续货物的专用仓库。

保税货物是指经过海关批准未办理纳税手续进境，在境内储存、加工、装配后复运出境的货物。除对所存货物免交关税外，保税仓库还可能提供其他的优惠政策（如免领进口许可证或其他进口批件）和便利的仓储、运输、配送条件，以吸引外商来此储存货物。

保税仓库的功能主要是货物的保税储存，一般不进行加工制造和其他贸易服务。

除另有规定外，货物存入保税仓库，在法律上意味着在储存期间暂缓执行该货物投入国内市场时应遵循的法律规定，即这些货物仍被视为处于境外。

如果货物从保税仓库提出进入国内市场，而不复运出境，则将按一般贸易进口货物适用法律规定。

保税仓库内的货物在海关规定的存储期内未复运出境的，也须办理正式的进口手续。

2.保税仓库的类型

根据《海关对保税仓库及所存货物的管理规定》第三条，保税仓库按照使用对象不同分为公用型保税仓库、自用型保税仓库。

（1）公用型保税仓库。

这类仓库由主营仓储业务的中国境内独立企业法人经营，专门向社会提供保税仓储服务。它本身不从事进出口贸易活动，而是为社会提供保税货物的物流储运服务。

（2）自用型保税仓库。

这类仓库由特定的中国境内独立企业法人经营，仅存储供本企业自用的保税货物。

由于储存地就是存货人的所在地，这类保税仓库可以享受较宽松的监管方式，海关手续也可按简化的方式和就地结关程序办理，能够为进出口企业提供国内外物流供应链连接服务。

（二）出口监管仓库的法律界定和类型

1.出口监管仓库的法律界定

根据《中华人民共和国海关对出口监管仓库及所存货物的管理办法》（以下简称《海关对出口监管仓库及所存货物的管理办法》）第二条的规定，出口监管仓库是指经海关批准设立，对已办结海关出口手续的货物进行存储、保税物流配送、提供流通性增值服务的仓库。

2.出口监管仓库的类型

根据《海关对出口监管仓库及所存货物的管理办法》的规定，出口监管仓库按照货物目的不同分为出口配送型仓库和国内结转型仓库。前者是指存储以实际离境为目的的出口货物的仓库，后者是指存储用于国内结转的出口货物的仓库。

二、我国海关监管仓库管理的法律法规

我国早在1880年就开始陆续设立各种类型的保税仓库，但因当时我国没有深入参与全球贸易活动，保税仓库未能得到应有的发展。

中华人民共和国成立后，直到改革开放，我国的对外贸易突破了进口买断和出口卖断的简单模式，"三来一补"和"以进养出"业务率先得到发展，海关总署在建立保税仓库和保税工厂方面进行了大量有益的尝试。

随着中央关于沿海经济发展战略的贯彻执行，保税仓库在全国各地得到了迅速发展。

为了配合外向型经济发展战略，促进对外贸易的发展，海关总署报请国务院批准，于1988年4月发布了《中华人民共和国海关对保税仓库及所存货物的管理办法》

（现已失效），全国陆续建立了一批保税仓库。

1988年，我国加入了《关于简化和协调海关业务制度的国际公约》（简称《京都公约》）的《关于保税仓库的附约》。

2003年，海关总署制定了《海关对保税仓库及所存货物的管理规定》，自2004年2月1日起施行，并于2010年、2015年、2017年、2018年、2023年对其进行了修订。该规定总结了改革开放以来我国保税仓库不断发展的情况，并结合《京都公约》有关"海关仓库"的规定，对保税仓库管理办法作了较全面的修订，在实体规定上吸收了我国海关长期以来对保税仓库监管实践中的有益经验，同时赋予保税仓库若干新功能，极大地拓展了保税仓库的发展空间。

2005年，海关总署又制定了《中华人民共和国海关对出口监管仓库及所存货物的管理办法》，自2006年1月1日起实施，并于2015年、2017年、2018年、2023年进行了修订。

2021年最新修订的《海关法》对经营海关监管货物仓储业务企业的设立、监管事项和法律责任作出了规定。

上述一系列规章制度为海关监管仓库的发展奠定了法律基础。

三、我国海关对保税仓库及所存货物的管理

《海关对保税仓库及所存货物的管理规定》对我国保税仓设立、管理、货物存放的监管作出了具体规定。

（一）设立保税仓库的条件

根据《海关对保税仓库及所存货物的管理规定》第七条的规定，保税仓库应当设立在设有海关机构、便于海关监管的区域。

依照《海关对保税仓库及所存货物的管理规定》第八条的规定，经营保税仓库的企业，应当具备下列条件：

（1）取得经营主体资格；

（2）具有专门存储保税货物的营业场所。

依照《海关对保税仓库及所存货物的管理规定》第九条的规定，保税仓库应当具备下列条件：

（1）符合海关对保税仓库布局的要求；

（2）具备符合海关监管要求的隔离设施、监管设施和办理业务必需的其他设施；

（3）具备符合海关监管要求的保税仓库计算机管理系统并与海关联网；

（4）具备符合海关监管要求的保税仓库管理制度；

（5）公用保税仓库面积最低为2 000平方米；

（6）液体保税仓库容积最低为5 000立方米；

（7）寄售维修保税仓库面积最低为2 000平方米。

（二）保税仓库的管理

根据《海关对保税仓库及所存货物的管理规定》第十三条的规定，保税仓库不得转租、转借给他人经营，不得下设分库。

根据《海关对保税仓库及所存货物的管理规定》第十四条的规定，海关对保税仓库实施计算机联网管理，海关认为必要时，可以会同保税仓库经营企业双方共同对保

税仓库加锁或者直接派员驻库监管，保税仓库经营企业应当为海关提供办公场所和必要的办公条件。

根据《海关对保税仓库及所存货物的管理规定》第十七条的规定，保税仓库经营企业名称、主体类型以及保税仓库名称等事项发生变化的，应当自上述事项发生变化之日起30日内向主管办理变更手续。保税仓库变更地址、仓储面积（容积）等事项的，应当提前向主管海关提出变更申请，并办理变更手续。保税仓库变更仓库类型的，应按保税仓库设立的有关规定办理；海关应当注销变更前的注册登记，收回原《保税仓库注册登记证书》。

保税仓库终止保税仓储业务的，由保税仓库经营企业提出书面申请，经主管海关受理报直属海关审批后，交回《保税仓库注册登记证书》，并办理注销手续。

（三）保税仓库所存货物的种类

根据《海关对保税仓库及所存货物的管理规定》第五条的规定，下列保税货物及其他未办结海关手续的货物，可以存入保税仓库：

（1）加工贸易进口货物；

（2）转口货物；

（3）供应国际航行船舶和航空器的油料、物料和维修用零部件；

（4）供维修外国产品所进口寄售的零配件；

（5）外商暂存货物；

（6）未办结海关手续的一般贸易货物；

（7）经海关批准的其他未办结海关手续的货物。

（四）保税货物的入库监管

根据《海关对保税仓库及所存货物的管理规定》第十九条的规定，保税仓储货物入库时，收发货人或其代理人凭有关单证向海关办理货物报关入库手续，海关对报关入库货物的品种、数量、金额进行审核，并对入库货物进行核注登记。

（五）保税货物的储存监管

1.储存期限

根据《海关对保税仓库及所存货物的管理规定》第二十二条的规定，保税仓储货物存储期限为1年。确有正当理由的，经海关同意可予以延期；除特殊情况外，延期不得超过1年。

根据《海关对保税仓库及所存货物的管理规定》第二十七条的规定，保税仓储货物在保税仓库内存储期满，未及时向海关申请延期或者延长期限届满后既不复运出境也不转为进口的，海关应当按照《中华人民共和国海关关于超期未报关进口货物、误卸或者溢卸的进境货物和放弃进口货物的处理办法》第五条的规定处理。

2.货物的存放

根据《海关对保税仓库及所存货物的管理规定》第六条的规定，保税仓库不得存放国家禁止进境货物，不得存放未经批准的影响公共安全、公共卫生或健康、公共道德或秩序的国家限制进境货物以及其他不得存入保税仓库的货物。

3.货物的查验

根据《海关对保税仓库及所存货物的管理规定》第十四条，海关可以随时派员进入保税仓库检查货物的收、付、存情况及有关账册。

4.货物的加工

根据《海关对保税仓库及所存货物的管理规定》第二十条第一款,保税仓储货物可以进行包装、分级分类、加刷唛码、分拆、拼装等简单加工,不得进行实质性加工。

5.货物的处置限制

根据《海关对保税仓库及所存货物的管理规定》第二十条第二款,保税仓储货物,未经海关批准,不得擅自出售、转让、抵押、质押、留置、移作他用或者进行其他处置。

6.货物的灭失、短少

根据《海关对保税仓库及所存货物的管理规定》第二十六条,保税仓储货物在存储期间发生损毁或者灭失的,除不可抗力外,保税仓库应当依法向海关缴纳损毁、灭失货物的税款,并承担相应的法律责任。

(六) 保税货物的出库监管

1.关于货物验放的条件

根据《海关对保税仓库及所存货物的管理规定》第二十三条,下列情形的保税仓储货物,经海关批准可以办理相关海关手续:

(1) 运往境外的;

(2) 运往境内海关特殊监管区域或者保税监管场所继续实施保税监管的;

(3) 转为加工贸易进口的;

(4) 转入国内市场销售的;

(5) 海关规定的其他情形。

2.关于货物出库运往境内的手续

根据《海关对保税仓库及所存货物的管理规定》第二十四条,保税仓储货物出库运往境内其他地方的,收发货人或其代理人应当填写进口报关单,并随附出库单据等相关单证向海关申报,保税仓库向海关办理出库手续并凭海关签印放行的报关单发运货物。

出库保税仓储货物批量少、批次频繁的,经海关批准可以办理集中报关手续。

3.关于货物复运境外

根据《海关对保税仓库及所存货物的管理规定》第二十五条,保税仓储货物出库复运往境外的,发货人或其代理人应当填写出口报关单,并随附出库单据等相关单证向海关申报,保税仓库向海关办理出库手续并凭海关签印放行的报关单发运货物。

四、我国海关对出口监管仓库及所存货物的管理

《海关对出口监管仓库及所存货物的管理办法》对我国出口监管仓库设立、管理、货物存放的监管作出了具体规定。

(一) 设立出口监管仓库的条件

根据《海关对出口监管仓库及所存货物的管理办法》第五条的规定,出口监管仓库的设立应当符合海关对出口监管仓库布局的要求。

根据《海关对出口监管仓库及所存货物的管理办法》第六条的规定，出口监管仓库的设立，由出口监管仓库所在地主管海关受理，报直属海关审批。

根据《海关对出口监管仓库及所存货物的管理办法》第九条的规定，申请设立出口监管仓库的经营企业，应当具备下列条件：

（1）取得经营主体资格，经营范围包括仓储经营；

（2）具有专门存储货物的场所，其中出口配送型仓库的面积不得低于2 000平方米，国内结转型仓库的面积不得低于1 000平方米。

根据《海关对出口监管仓库及所存货物的管理办法》第十二条、第十三条的规定，申请设立出口监管仓库的企业应当自海关出具批准文件之日起1年内向海关申请验收出口监管仓库。

申请验收除应当符合上述关于场所面积的条件外，还应当具有符合海关监管要求的隔离设施、监管设施和办理业务必需的其他设施；具有符合海关监管要求的计算机管理系统，并与海关联网；建立了出口监管仓库的章程、机构设置、仓储设施及账册管理等仓库管理制度。

企业无正当理由逾期未申请验收或者验收不合格的，该出口监管仓库的批准文件自动失效。出口监管仓库验收合格后，经海关注册登记并核发出口监管仓库注册登记证书，方可以开展有关业务；出口监管仓库注册登记证书有效期为3年。

（二）出口监管仓库的管理

根据《海关对出口监管仓库及所存货物的管理办法》的规定，出口监管仓库必须专库专用，不得转租、转借给他人经营，不得下设分库；海关对出口监管仓库实施计算机联网管理；海关可以随时派员进入出口监管仓库检查货物的进、出、转、存情况及有关账册、记录；海关可以会同出口监管仓库经营企业共同对出口监管仓库加锁或者直接派员驻库监管。

出口监管仓库经营企业名称、主体类型以及出口监管仓库名称等事项发生变化的，应当自上述事项发生变化之日起30日内向主管办理变更手续。

出口监管仓库变更地址、仓储面积等事项的，应当提前向主管海关提出变更申请，并办理变更手续。出口监管仓库变更仓库类型的，应按出口监管仓库设立的有关规定办理；海关应当注销变更前的注册登记，收回出口监管仓库注册登记证书。

出口监管仓库无正当理由逾期未申请延期审查或者延期审查不合格，或者仓库经营企业书面申请终止出口监管仓库仓储业务，或者丧失设立条件的，海关注销其注册登记，并收回出口监管仓库注册登记证书。

（三）出口监管仓库所存货物的种类

根据《海关对出口监管仓库及所存货物的管理办法》第七条的规定，已办结海关出口手续的下列货物，可以存入出口监管仓库：

（1）一般贸易出口货物；

（2）加工贸易出口货物；

（3）从其他海关特殊监管区域、保税监管场所转入的出口货物；

（4）出口配送型仓库可以存放为拼装出口货物而进口的货物，以及为改换出口监管仓库货物包装而进口的包装物料；

（5）其他已办结海关出口手续的货物。

（四）出口监管货物的入库监管

根据《海关对出口监管仓库及所存货物的管理办法》第二十六条的规定，出口货物存入出口监管仓库时，发货人或者其代理人应当按照规定办理海关手续；海关对报关入仓货物的品种、数量、金额等进行审核、核注和登记。经海关批准，对批量少、批次频繁的入仓货物，可以办理集中报关手续。

（五）出口监管货物的储存监管

1.储存期限

根据《海关对出口监管仓库及所存货物的管理办法》第二十一条的规定，出口监管货物存储期限为6个月。经主管海关同意可以延期，但延期不得超过6个月。货物存储期满前，仓库经营企业应当通知发货人或者其代理人办理货物的出境或者进口手续。

2.货物的存放

根据《海关对出口监管仓库及所存货物的管理办法》第八条的规定，出口监管仓库不得存放国家禁止进出境货物，不得存放未经批准的国家限制进出境货物，以及海关规定不得存放的其他货物。

3.货物的加工

根据《海关对出口监管仓库及所存货物的管理办法》第二十二条的规定，存入出口监管仓库的货物不得进行实质性加工。经主管海关同意，可以在仓库内进行品质检验、分级分类、分拣分装、加刷唛码、刷贴标志、打膜、改换包装等流通性增值服务。

4.货物的更换

根据《海关对出口监管仓库及所存货物的管理办法》第二十九条的规定，已存入出口监管仓库因质量等原因要求更换的货物，经仓库所在地主管海关批准，可以更换货物。被更换货物出仓前，更换货物应当先行入仓，并应当与原货物的商品编码、品名、规格型号、数量和价值相同。

5.货物的灭失、短少

根据《海关法》第三十八条的规定，出口监管货物在存储期间发生损毁或者灭失的，除不可抗力外，出口监管仓库应当承担相应的纳税义务和法律责任。

（六）出口监管货物的出库监管

根据《海关对出口监管仓库及所存货物的管理办法》第二十七条、第二十八条的规定，出仓货物出口时，仓库经营企业或者其代理人应当按照规定办理海关手续。出口监管货物转进口的，应当经海关批准，按照进口货物有关规定办理相关手续；出口监管仓库货物已经办结转进口手续的，应当在海关规定时限内提离出口监管仓库，特殊情况下，经海关同意可以延期提离。

互动课堂4-5

保税仓库的管理与一般仓库的管理有哪些不同？

答：保税仓库的管理不同于一般仓库的管理，主要体现在以下几个方面：

（1）保税仓库货物入库时，收发货人或其代理人凭有关单证向海关办理货物报关入库手续，海关对报关入库货物的品种、数量、金额进行审核，并对入库货物进行核注登记。一般仓库对货物的管理大多没有统一要求。

（2）保税仓库可以进行包装、分级分类、加刷唛码、分拆、拼装等简单加工，但不得进行实质性加工。一般仓库中，通常情况下可以对货物进行再加工。

（3）将货物存放于保税仓库或再行转运等均需要办理特定的手续，这与一般仓库所需办理的手续不同。

（4）保税仓库所存货物储存期限一般为1年，如因特殊情况可向海关申请延期，但延长期最长不得超过1年。一般仓库存储货物的期限，由当事人协商确定。

（5）保税仓库所存货物在储存期间发生短少，除不可抗力的原因外，其短少部分应当由对海关监管货物负有保管义务的人承担相应的纳税义务和法律责任，并由海关按有关规定处理。一般仓库通常根据双方当事人的合同约定进行处理。

思政小课堂4-2 ✓

推进高标准粮仓建设和旧仓升级改造 助力粮食保质保鲜

做好粮食仓储管理工作，确保库存粮食数量真实、质量良好、储存安全，是夯实宏观调控物质基础、保障国家粮食安全的重要基石。

近年来相关部门和粮储主体努力提升管理水平，增加粮食储藏稳定性，确保储好粮、管好粮。

法治层面上，不断健全完善粮食仓储管理制度体系。2024年6月1日，《粮食安全保障法》正式实施，在粮食仓储方面，明确了政府和承储主体在保障政府粮食储备安全方面的责任要求。重点强调政府对粮食储备能力建设、政府粮食储备情况报告、建立企业社会责任储备等义务性要求。承储企业或者其他组织要确保承储的政府粮食储备数量真实、质量良好、储存安全。国家相继出台多项粮食仓储管理的配套制度、操作规程、技术要点等，建立起涵盖粮油仓储管理领域的制度标准体系，为确保储好粮、管好粮提供了制度支撑。

执行层面上，加强仓储管理。一方面发挥考核激励作用，将仓储物流设施保护和绿色储粮技术应用纳入省级党委政府落实耕地保护和粮食安全责任制考核。另一方面印发《政策性粮食承储企业仓储管理规范化指南》，指导各地和涉粮央企加强仓储规范化管理。

技术层面上，采用绿色储粮技术，增加粮食储藏稳定性。在粮情测控、机械通风、环流熏蒸、谷物冷却四大传统储粮技术的基础上，大力开展粮食绿色仓储提升行动，推进高标准粮仓建设和旧仓升级改造，重点提升仓房隔热、气密等关键性能，发展智能粮情测控技术，因地制宜推广应用控温、气调等绿色储粮技术。同时，稳步开展绿色储粮标准化试点，不断推动粮食仓储实现控温储藏保质保鲜、药剂使用减量增效、仓储作业环境友好。

资料来源 欧阳洁.预计夏粮旺季收购量7 000万吨左右 储备粮如何保质保鲜［EB/OL］.［2024-08-14］. https://www.gov.cn/zhengce/202407/content_6960537.htm.

●●基本训练

1.单项选择题

（1）仓储合同在合同成立时就生效，因而属于（　　）。

A.诺成合同　　　　　　　　　　　B.不要式合同

C.格式合同　　　　　　　　　　　D.实践合同

（2）仓储合同的当事人双方分别为（　　）。

A.货主和保管人　　　　　　　　　B.存货人和仓库

C.存货人和保管人　　　　　　　　D.货主企业法人和保管企业法人

（3）下列不属于保税仓库的是（　　）。

A.专用保税仓库　　　　　　　　　B.港口货物仓库

C.公共保税仓库　　　　　　　　　D.海关监管仓库

2.多项选择题

（1）流通领域的物资仓库按照作用可以分为（　　）。

A.成品仓库　　　　　　　　　　　B.物资储运仓库

C.储备仓库　　　　　　　　　　　D.战略仓库

（2）下列各项中对仓单描述正确的有（　　）。

A.仓单为有价证券　　　　　　　　B.仓单为流通证券

C.仓单为有因证券　　　　　　　　D.仓单为指示证券

（3）下列属于仓储保管人义务的有（　　）。

A.按约定交纳仓储费用的义务

B.允许存货人或者仓单持有人检查仓储物或者提取样品的义务

C.妥善储存、保管仓储物的义务

D.返还仓储物的义务

3.判断题

（1）仓单是存货人与仓储保管人之间的合同。　　　　　　　　　（　　）

（2）目前，我国《民法典》是调整仓储合同行为的主要法律规范。　（　　）

4.简答题

（1）仓储有哪些类型？

（2）作为存货人的物流企业应承担哪些义务？

●●综合应用

1.案例分析

某储运公司与某食品加工厂签订了食品原料仓储合同，约定由储运公司储存食品加工厂的生产原料。在合同履行期间，食品加工厂发现从仓库提取的原料有变质现象，致使食品加工厂生产原料供应不上，影响生产。经查，由于仓库的通风设备发生故障，不能按时通风，导致了食品原料变质。

请思考：（1）储运公司提供的仓储属于哪种类型的仓储？

（2）该事故造成的损失由谁承担？为什么？

2.思考题

在拟定仓储合同时应注意哪些细节？

3.实训题

请整理近5年我国海关监管仓库制度的发展变化，分析发生这些变化的国内外背景，并谈谈你对"道路自信"的理解。

项目五
货物配送法律法规

学习目标

知识目标：

通过本项目的学习，熟悉配送所涉及的法律法规；了解物流企业在配送中的法律地位和配送合同的性质；掌握配送合同中物流企业的权利和义务。

能力目标：

熟悉配送流程；能够草拟配送合同；能够预防和解决物流企业配送活动中法律纠纷。

素养目标：

城配供应链建设对推进"一带一路"倡议、加强国际合作有着重要的意义。通过本项目学习，培养吃苦耐劳的职业精神和规范做事的职业习惯；培养客户第一的服务意识。

情境案例

从"汗水流淌"到"智慧流动"——智慧物流加速拓宽发展"快车道"

所谓智慧物流，是指利用一系列智能化技术，使物流系统能模仿人的智能，具有思维、感知、学习和推理判断能力，并能自行解决物流中的某些问题。据统计，2020年中国智慧物流整体市场规模达356.7亿元，到2022年10月增长至1 280.5亿元，年均复合增长率超过70%。

随着物流的数字化，现代"仓储"已不仅仅是物流过程中的一个"中转站"，而是一个能够提供更精细化服务的关键节点。大数据、物联网、人工智能等技术的应用，推动越来越多的智能仓走向市场。在快递分拣环节，如今以智能分拣装备为核心的多类型技术装备广泛应用，大大提高了分拣效率，大量快递滞留在中转站的"爆仓"难题得到有效解决。同时，货品运输环节也在整合资源、不断完善。近日，交通运输部会同国家标准化管理委员会联合印发了《交通运输智慧物流标准体系建设指南》，明确了智慧物流运载设备的标准明细，涉及保温集装箱远程状态监控、集装箱二维码通用技术规范和冷链运输保温箱技术规范等标准。在物流末端的配送环节，多类型自动化智能设备也在逐步普及，无接触服务逐渐成为送货"标配"。

专家指出，整体来看，中国智慧物流市场呈高速增长态势，但新一代信息技术在物流业务场景应用方面仍然不充分，大量的物流作业仍停留在原始阶段。此外，智慧物流技术装备在技术的原创性上还有待加强和提高。到2025年，智慧物流会进入全新时代，全域数据生态等人工智能技术将助力实现物流全链路的高效自动化发展。未来，我们要持续进行高效的技术赋能，不断提升整体配送效率与服务质量，保障物流全环节的安全。

资料来源 刘乐艺. 从"汗水流淌"到"智慧流动"——智慧物流加速拓宽发展"快车道"[EB/OL]. [2022-12-13]. https://www.tuanjiewang.cn/2022-12/13/content_8945745.htm.

任务一 了解货物配送及相关法律法规

一、配送及类型

（一）配送的法律界定

配送是物流中一种特殊的、综合的活动形式，是物流的一个缩影或在某一范围内物流全部活动的体现。

根据国家标准《物流术语》（GB/T 18354—2021），配送是指根据客户要求，对物品进行分类、拣选、集货、包装、组配等作业，并按时送达指定地点的物流活动。拣选是指按订单或出库单的要求，从储存场所选出物品，并放置在指定地点的作业。组配是指在配送前，根据物品的流量、流向及运输工具的载重量和容积，组织安排物品装载的作业。

相较于一般意义上的"送货"，配送具有以下特点：

1.服务性

在配送中，配送人必须树立"客户第一"的观念，满足不同客户的个性化要求，根据客户的指示，将货物按指定的时间送至指定的地点交给指定的收货人。

2.专业合作性

配送人利用专门的技术设备和专业化的组织管理，为客户提供多品种、小批量、高频率、准时的拣选、加工、组配、运送等作业，简化客户的供应事务，提高供应保障程度，降低生产成本。因此，配送人与客户之间通常会建立长期稳定的合同关系。而在一般送货中，客户并不稳定，且通常只是一次性的送货服务关系。

3."配"与"送"相结合

配送是"配"与"送"的有机结合，配送人首先必须根据客户的要求对物品进行拣选、组配等活动，然后才是运输送货。而一般送货是将物品直接送达收货人，没有拣选和组配等环节。

4.责任区间涉及配送全程

既然配送是"配"与"送"的结合，配送人所承担的义务也就不限于运输一个环节，还可能涉及仓储、包装、加工等各个方面。在配送的每一个环节，配送人都可能产生相关的法律责任，因而配送人在配送活动中可能要承担多方面的责任。而一般送货只涉及运输，故只需要承担运输责任。

（二）配送的类型

按照经营形式的不同，可以把配送分为以下四种形式：

1.供应配送

它是客户为了自己的供应需要所采取的配送形式。一般由客户组建配送据点，集中组织大批量进货（以便取得批量折扣），然后在本企业内部组织配送。大型企业或企业集团或联合公司，如商业中广泛采用的连锁商店，常常采用这种配送形式组织对本企业的供应。

在这种配送形式中，客户拥有自己的配送中心，该配送中心是为企业内部提供配送服务的，不存在外部配送法律关系。

2.销售配送

它是销售企业为了扩大销售，获得更多销售收益，将配送作为销售战略的一个环节进行的促销型配送。

配送的对象一般是不固定的，配送对象和客户取决于市场的占有情况，因此配送的随机性较强，大部分商店配送就属于这一类。这种配送，实际上就是销售合同与送货上门的综合体。

3.销售-供应一体化配送

对于基本固定的客户和基本确定的配送产品，销售企业可以在自己销售的同时，承担客户有计划配送者的职能。

这种配送方式对客户来说，能获得稳定的供应，可以大大节约组织供应所耗用的人力、物力、财力，甚至可以精简自己的供应机构，销售企业则能获得稳定的客户和销售渠道。

在这种配送形式中，销售企业与客户有着长期的配送服务关系，同时处于卖方和配送人的地位，而客户则处于买方的地位。销售企业与客户双方可能分别签订销售合同和配送服务合同，也可能只签订一个统一的合同，即销售配送合同。

4.第三方配送

它是配送人从工厂、转运站接收客户（卖方或买方）的货物后，为客户储存、保管货物，按客户要求分拣、配货，并运送至客户指定地点的一种配送方式。与上述三种形式不同的是，这种配送形式的配送人既不是第一方——销售方（卖方），也不是第二方——买方，而是一个独立的物流企业。第三方配送通过由第一方（卖方）或第二方（买方）与第三方物流企业签订配送合同来实现，客户与第三方物流企业之间的权利义务关系受配送合同调整。

二、与配送相关的法律关系

配送是一个兼具买卖、仓储、运输、承揽等性质的合同，配送行为的性质不同，法律关系亦有所不同。具体而言，配送中的法律关系主要分为以下四种情形：

（一）物流企业与客户签订单纯的配送服务合同

这类物流企业仅仅为客户提供短距离的货物配送服务，包括拣选、配货、包装、加工、组配等全部或部分配送环节，不提供其他物流服务，如长距离的运输服务等。此时，物流企业与客户是单纯的配送服务合同法律关系，物流企业为配送人，双方的权利义务关系由配送服务合同约定，并可参照适用《民法典》的合同编或者其他法律中最相类似的合同的规定。如流通加工环节参照关于承揽加工合同的约定，储存环节参照关于仓储合同和保管合同的规定等。

（二）物流企业与客户签订销售配送合同

这类物流企业除要按客户要求负责集货、配货、送货外，还要负责订货、购货。此时，物流企业与客户之间是销售配送合同关系。在这种配送中，客户就是商品购买者，物流企业也是销售企业，其为客户提供的配送服务是履行销售合同的一部分，不存在独立的配送合同，双方的权利义务主要根据销售合同约定，或由双方将配送作为销售合同的附属合同进行约定。这种配送形式实际上就是销售合同加送货上门。物流企业为销售方和配送人，客户是购销方，双方的权利义务关系由销售配送合同约定，并可参照适用《民法典》的合同编或者其他法律中最相类似的合同的规定。

（三）物流企业为客户提供含配送的综合物流服务

这类物流企业一般为综合性物流企业，或者具有两项（包括配送）以上的物流服务功能，它们除为客户提供短距离的货物配送服务外，还会根据客户要求为其提供长距离干线运输或者专门的仓储服务。此时，物流企业与客户签订的是物流服务合同，而不是单纯的配送服务合同。

在物流服务合同法律关系中，物流企业是物流服务提供者，客户是物流服务需求者，双方根据物流服务合同确定权利义务关系，适用《民法典》合同编中关于委托合同、运输合同、仓储合同等的规定，并可参照适用其他法律中最相类似的合同的规定。

（四）物流企业以客户的身份出现

此类物流企业一般是指没有配送中心和配送设备的综合性物流企业，或者虽有配送中心和配送设备，但数量或能力不足的物流企业。该物流企业（以下称物流企业A）与客户签订含有配送服务的物流服务合同后，由于自身配送能力不足，只能将全部或者部分配送服务交由其他拥有配送中心及配送设备的物流企业（以下称物流企业B）实际履行。

物流企业B通常为专门提供配送服务的专业配送中心。此时，物流企业A与物流企业B之间通常会签订配送服务合同，物流企业A为客户，物流企业B为配送人，双方之间的权利义务关系依据配送服务合同确定，并可参照适用《民法典》合同编或者其他法律中最相类似的合同的规定。

三、配送相关法律法规

（一）调整物流配送活动的民事法律规范

物流配送活动的民事法律规范主要参照《民法典》合同编部分的规定。配送可能会涉及备货、理货、送货等多个环节，而在不同环节中，物流企业也提供不同的配送服务。

物流企业根据不同配送方式的实际需要与客户签订合同，包括配送服务合同、物流服务合同、运输合同、仓储合同、销售配送合同等，物流企业与客户双方之间的权利义务关系及责任的划分主要依据配送合同及相关合同来确定。

此外，《商品代理配送制行业管理若干规定》中对物流配送合同的订立也作出了规定。

（二）调整物流配送活动的行政法律规范

《商品代理配送制行业管理若干规定》中对物流配送行业管理等事项作出了规定，规范了商品流通代理、配送中流通代理、配送的经营资格，订立代理合同、配送合同，行业自律管理等内容；规范了商品代理配送中委托代理双方的代理方式，代理商品的价格，佣金及代理费用，双方各自的职责和义务，协商与仲裁等内容。

四、配送与物流其他环节的关系

（一）配送在物流中的地位

在配送过程中，也包含着其他的物流功能，如运输、装卸、储存、包装、加工等，配送是多种物流功能的组合。

通过配送将货物交给最终客户，构成物流环节的最后一个节点，可以说配送是物流的一个缩影或在某一小范围内物流全部活动的体现。

（二）配送与物流其他系统的关系

1.配送与运输的关系

配送中包含着运输活动，但配送与运输有着较大的区别：

（1）责任范围不同。

配送不是单纯的运输或输送，还包含分拣、配货等活动。配送是运输与其他物流活动共同构成的有机体，因此配送人的责任不限于运输责任，还包括仓储、搬运、包装、配货等各方面的责任。

（2）运输距离不同。

运输可以是短距离的、国内的运输，也可以是长距离的、跨国运输，既包括干线运输，也包括支线运输，而配送中的运送则是短距离的、在一定区域范围内的运输，通常是支线运输。

（3）运输方式不同。

一般运输有公路运输、铁路运输、航空运输、水路运输、海运等多种运输方式，而配送通常为公路运输。

（4）运输的货物性质不同。

配送所运送的是多品种、小批量货物，而运输的大多是小品种、大批量货物。

（5）目标和宗旨不同。

配送始终以服务优先，满足客户个性化需求，而运输则更注重效率，以效率优先。

2.配送与仓储的关系

在配送活动中，仓储业务是必不可少的，但配送不是以储存为目标，仓储只是一个中间环节，是为了进行拣选、加工等作业而存在的。配送中的仓储通常是暂时的，配送中心的储存功能只是它的一个辅助功能，而仓储活动的主要目标是储存和保管货物。

五、配送中心

根据《物流术语》（GB/T 18354—2021），配送中心是具有完善的配送基础设施和信息网络，可便捷地连接对外交通运输网络，并向末端客户提供短距离、小批量、多批次配送服务的专业化配送场所。

其应基本符合下列要求：

（1）主要为特定客户或末端客户提供服务；

（2）配送功能健全；

（3）辐射范围小；

（4）多品种、小批量、多批次、短周期。

归纳起来，配送中心具有两层含义：

（1）从事货物集货、拣选、加工、包装、分割、组配等，是组织对客户送货的现代物流企业；

（2）物流企业按客户要求进行货物集货、拣选、加工、包装、分割、组配等的现代流通场所，是物流节点的重要形式。

配送中心和仓库都是物流节点的重要形式，两者具有很多共同点。但总体上，配送中心是以配送为主，储存为辅；而仓库则以储存为主，配送等其他物流服务为辅。配送中心在现代装备和工艺方面远强于传统的仓库，具有集商流、物流、信息流于一体的全功能。随着综合性的第三方物流的广泛发展，许多传统的仓库都在逐渐向配送中心转型。

▶ 拓展阅读5-1

智慧物流加速发展有力支撑现代物流体系建设

数字化、智慧化有利于推动物流各环节流程再造，提高物流服务时效性、多样性、可靠性；有利于提高物流市场供需匹配效率，提高物流集约化发展水平；有利于强化各类物流基础设施信息互联和业务对接，推动构建协同联动、高效运作的物流基础设施网络，对构建现代物流体系、推动现代物流高质量发展具有十分重要的意义。近年来，我国智慧物流加速发展，为建设现代物流体系提供了有力支撑。

其集中表现在以下三个方面：

一是物流基础设施数字化、智慧化改造提速。

新一代信息技术在物流领域加速应用，无人化技术、数字终端、自动分拣等技术日益普及，传统物流园区、仓储配送中心等基础设施智慧化改造步伐加快。比如，青岛港等港口企业运用无人化技术实现全自动化作业，实现了从传统码头向智慧码头的转变。

二是物流运行体系数字化、智慧化升级趋势明显。

道路货运、即时配送等领域平台企业发展迅速，有效整合分散的存量社会物流资源，物流运行效率显著提升。新一代信息技术加速创新应用，促进物流枢纽、物流园区数字化转型和互联互通，有效提升了物流基础设施组织化、网络化运行水平。

三是智慧物流生态体系初步形成。

以网络货运平台为代表的智慧物流生态体系逐步扩围。一批领先的物流企业利用新一代信息技术，整合广大中小企业资源，吸引产业链上下游企业集群发展，并逐步向产业链上游的制造业领域延伸。中小物流企业借助开放型互联网平台降低智慧化发展成本，向"小而专、小而精、小而美"发展。

资料来源 唐仁敏. 推动"十四五"时期现代物流高质量发展 [J]. 中国经贸导刊，2023（1）：20-28.

互动课堂 5-1

生鲜配送中心选址关键因素有哪些？

答：对于生鲜配送中心而言，针对选址的决策至关重要。

配送中心的选址需要综合考虑多个因素以确保能够有效支持业务需求并实现高效运营。

需要综合考虑的因素包括：

（1）土地条件。

生鲜配送中心选址首先需要确认土地的使用性质是否符合生鲜配送中心的用途，以及土地使用年限是否足够支持长期运营，在租赁之前先确认土地使用证，以避免日后不必要的纠纷。

对于土地的利用必须符合相关的法规及城市规划的限制，尽可能选在物流园区或经济开发区。如果属于计划改建区域，则要放弃该选址，开发区或城乡接合区域为最佳选址。

同时还需要考虑建设用地的形状，长、宽、面积与未来扩充的需要程度，确保配送中心具有一定的灵活性和可扩展性。

配送中心多选用平面为方形或长方形的单层建筑，不宜选用平面为不规则形状的多层建筑。此外，内部过多的柱子也会影响场地实际作业效果、设备的发挥。

（2）城市区位和交通条件。

众所周知，生鲜对于时效的要求非常严格，时效除了影响消费体验，还严重影响货损。

由于 B 端企业有多品种、大批量、频率高的需求特点，所以应尽量选择在交通便利的高速公路、国道及快速道路附近，便于随时补货、降低采购运输成本等。在城市群密集分布的区域，还需要考虑辐射周边城市群的需求、运输时间与运输成本、租金电价等因素，从而选择最优节点。

一个标准的配送中心配送半径要求达到 30~50 千米（大的城市可扩展到 50~100 千米），这也是投建配送中心的一项硬指标。

如果货品多由市场外的供应商送货到配送中心，还需考虑供应商的地理分布情况。

为更好管控食品安全，选址时尽量选择在工业区的上游地带。因涉及农产品粗加工作业，对水源有一定要求，宜位于污水处理厂排出口的上游地带。

（3）政策环境。

政策环境条件也是配送中心选址评估的重点之一。

我们需要深入了解地方政府的支持程度（税费优惠）、城市区域规划、改建区域、有污染加剧趋势地区、税收制度以及是否需要注册落税。

还需要了解该区域的农产品生产情况以及政策扶持力度（补贴），充分利用扶持政策将大大增强配送中心的市场竞争力。

（4）自然条件。

在配送中心用地选择过程中，自然条件也是必须考虑的一个因素，需要了解本地的自然条件有助于降低投资风险。

例如，有的地方靠近山脉，湿度较高，有的地方湿度较低，有的地方靠近海岸，盐分较高。这些都会影响生鲜商品的储存品质，因为生鲜商品对盐分、温度和湿度都十分敏感。

资料来源　Ben.仓库篇 生鲜配送中心选址4大关键点［EB/OL］.［2024-01-26］. https：//mp.weixin. qq.com/s/qGolvXFxnqHFefvwaH4fGA.

任务二　认识配送合同

一、配送合同的概念

配送合同是配送人根据客户需要为客户配送商品，客户支付配送费所依据的合同。客户是配送活动的需求者，配送人是配送活动的提供者。

作为配送活动需求者的客户，既可能是销售合同中的卖方，也可能是销售合同中的买方，甚至可能是与卖方或买方签订了综合物流服务合同的物流企业。这类综合性物流企业与卖方或买方签订综合物流服务合同后，由于自身不拥有配送中心，需要将配送业务外包给其他拥有配送中心的物流企业，因而成为配送的需求者。

作为配送活动提供者的配送人，既可能是销售合同中的卖方，也可能是独立于买卖双方的第三方物流企业。

自身不拥有配送中心的综合性物流企业，虽然相对于与之签订配送合同为其提供配送服务的其他拥有配送中心的物流企业而言，是配送服务的需求者，但相对于与之签订综合物流服务合同的买方或卖方而言，则是配送服务的提供者。

配送费是配送人向客户配送商品而取得的对价。根据配送的具体方式不同，配送费包括商品价款和配送服务费两部分。

如果配送人为客户提供的是综合性物流服务，配送服务费也可能包含在客户支付的物流服务费中。

二、配送合同的种类

（一）配送服务合同

配送服务合同是指配送人接收客户的货物，予以保管，并按客户的要求对货物进行拣选、加工、包装、分割、组配等作业后，在指定时间送至客户指定地点，由客户支付配送服务费的合同。

这是一种单纯的提供配送服务的合同，双方当事人仅就货物的交接、配货、运送等事项规定各自的权利、义务，不涉及货物所有权。在配送服务实施过程中，货物所有权不发生转移，自始至终均属于客户，只发生货物物理位置的转移和物理形态的变化。配送人不能获得商品销售的收入，仅因提供了存储、加工、运送等业务而获得服务费收益。

（二）销售配送合同

销售配送合同指配送人在将物品所有权转移给客户的同时为客户提供配送服务，由客户支付配送费（包括标的物价款和配送服务费）的合同。

1.销售企业与买受人签订的销售配送合同

在销售配送及销售–供应一体化配送中，销售企业与买受人签订的合同就是销售配送合同。销售企业出于促销目的，在向客户出售商品的同时又向买受人承诺提供配送服务。

在这种配送中，客户就是商品购买者，销售企业为客户提供配送服务的承诺已构成销售合同的一部分，不存在独立的配送合同。

双方的权利义务主要根据销售合同约定，销售配送经营形式中通常采用这种方式；或由双方将之作为销售合同的附属合同进行约定，销售–供应一体化配送经营形式中通常采用这种方式。

在这种配送合同中，销售企业向客户收费时，可能只收取商品的价款，而不另收配送服务费，如为促销而进行的一次性配送服务；也可能在商品价款之外，再收取一定数额的配送服务费，如销售–供应一体化配送形式。

2.物流企业与客户签订的销售配送合同

这是一种商流与物流合一的配送服务形式。在物流企业与客户签订的配送合同中，除约定物流企业的配货、送货等流通服务义务外，还约定物流企业应负责订货、购货。

具体来说，就是由客户将自己需要的产品型号、种类、各部件的要求、规格、颜色、数量等信息提供给物流企业，由物流企业负责按此订货、购货（包括原材料、零部件等）、配货及送货。

在这种方式中，物流企业与客户签订的配送合同，除约定配送人向客户提供配送服务外，还会就特定货物的交易条件达成一致，其实质是买卖合同与配送服务合同紧密结合、商流与物流紧密结合的有机体。在订货、购货阶段，货物的所有权一直属于物流企业。货物的所有权何时转移至客户，由物流企业与客户在配送合同中约定。

物流企业向客户收取的配送费中，既包括因提供配送服务而应获得的配送服务费，还包括因出售商品而应收取的商品价款。

三、配送合同的主要内容

配送合同并不是我国《民法典》合同编规定的典型合同，属于一般由双方当事人约定确定合同内容的非典型合同。

按照《民法典》第四百六十七条的规定，"本法或者其他法律没有明文规定的合同，适用本编通则的规定，并可以参照适用本编或者其他法律最相类似合同的规定"。因此，双方当事人可以参照《民法典》合同编的一般规定，协商配送合同的具体内容，而合同的约定成为明确配送人和客户双方权利、义务关系的最主要根据。双方当事人除依法就合同的一般条款进行约定外，还应根据配送合同的特征，就配送合同中的特别事务进行明确约定，以避免不必要的纠纷。

（一）配送服务合同的主要内容

配送服务合同是商流与物流分离的合同，是单纯提供配送服务的合同。

《商品代理配送制行业管理若干规定》是规范在我国境内从事商品的采购代理、销售代理、物流与配送活动的部门规章。

《商品代理配送制行业管理若干规定》第十五条规定了配送合同所包含的内容：

（1）供货企业与用户企业的名称和通信地址；

（2）商品名称、商标、型号、规格，以及质量标准；

（3）加工标准，包装要求，有关配货的数量和批次、送货时间和地点等配送计划；

（4）结算方式；

（5）售后技术服务；

（6）权益、职责和义务；

（7）违约责任；

（8）合同变更和终止的条件；

（9）调解、仲裁程序。

上述配送合同条款，当事人在签订合同时可以作为参考，并根据实际情况约定配送服务合同的具体内容。

一般来说，配送服务合同主要有以下条款：

1.配送人与客户的名称或者姓名和住所

记载配送人与客户的基本信息。

2.服务目标条款

约定配送服务应实现的客户特定的经营、管理和财务目标。

3.服务区域条款

约定配送人向客户提供配送服务的地理范围，配送人据此安排其运力。

4.配送服务项目条款

该条款主要就配送人的服务项目进行明确具体的约定，包括客户需要配送人提供配送的商品品种、规格、数量等；客户需要配送人提供的具体的配送作业，如是否需要加工、包装等。

5.服务资格管理条款

约定配送人为实现配送服务目标应具备的设施、设备，以及相关设施、设备的管理、操作标准等条款。

6.交货条款

交货包括客户将货物交付给配送人的环节，也包括配送人将货物配送交付给客户或其指定的其他人这一环节。双方应就交货的方式、时间、地点等进行约定。

7.检验条款

货物检验发生在两个环节：一是客户将货物交付给配送人时的验收；二是配送人向客户或客户指定人交付货物时的验收。

检验条款应规定验收时间、检验标准，以及验收时发现货物残损的处理方式。

8.配送费及支付条款

约定配送人服务报酬的计算依据、计算标准，以及配送费支付时间、支付方式。

9.合同期限条款

约定合同起止时间。

10.合同变更与终止条款

约定当事人在合同存续期间得以变更、终止合同的条件，以及变更或终止合同的处理。

11.违约责任条款

约定违约责任处理方式。

12.争议解决条款

约定发生争议时的解决方式。

（二）销售配送合同的主要内容

销售配送合同是商流与物流合一的合同，其中关于配送服务部分的条款与配送服务合同基本相同，而关于转移标的物所有权部分的条款与买卖合同相似。

一般情况下，销售配送合同主要包括下列条款：

1.当事人名称或姓名、地址

记载双方当事人的基本信息。

2.商品名称、品质条款

记载商品的基本信息。

3.加工条款

双方关于配送人对商品进行拣选、组配、包装等方面的约定。

4.送货条款

约定配送人送货的数量和批次、送货时间和地点等内容。

5.检验条款

规定验收时间、检验标准，以及验收时发现货物残损的处理方式。

6.价格与报酬条款

约定配送人向客户出售商品的价格和配送服务报酬的计算方式。双方当事人可以将配送费计入商品价格统一计算，也可以分别约定。

7.结算条款

约定费用的计算方式和结算方式。

8.合同变更与终止条款

约定当事人在合同存续期间得以变更、终止合同的条件，以及变更或终止合同的处理。

9.违约责任条款

约定违约责任处理方式。

10.争议解决条款

约定发生争议时的解决方式。

▶▶ **拓展阅读5-2**

消费者对生鲜农产品无接触配送的态度影响因素

消费者购买生鲜农产品时，对无接触配送的态度有好有坏，这与具体营销和物流过程中的多种因素有紧密联系：

（1）绩效期望与努力期望。

消费者对无接触配送有用程度的认知，决定了消费者参与生鲜农产品无接触配送的自主意愿，进而影响消费者对于启用无接触配送来进行生鲜农产品运输的态度。

同时，当无接触配送形式在生鲜农产品营销、物流中的应用能达到消费者预期，且具有操作简单、轻松的优势，消费者会对无接触配送形成积极态度进而更愿意主动参与其中。

（2）社会影响与享乐动机。

一来，在无接触配送社会影响力不断增大情形下，消费者会认为该配送方式在一定程度上得到了大众认可，正面评价信息颇多，此种积极社会影响下，消费者将会对无接触配送产生良好使用态度。

二来，消费者购买生鲜农产品的享乐动机越明显，其对无接触配送的接受度与使用感就越高，进而对该配送方式的态度就越积极。

（3）感知风险、收益与便利条件。

首先，消费者对无接触配送应用于生鲜农产品中可能会发生风险的预见程度，会降低其对无接触配送的信任感与安全感，而消费者通过无接触配送所获物质与精神效益的总和，可对其现实态度产生侧面影响。

其次，当消费者所在地区拥有能支撑无接触配送顺畅运行的充足基建与知识资源时，代表该地区已具备较强便利条件，消费者在此情景下会更愿意应用无接触配送来完成生鲜农产品的运输、配送工作。

资料来源　姚钟华，冯冬焕，赵业成. 消费者对生鲜农产品无接触配送的态度影响因素分析——评《生鲜农产品营销与物流》[J]. 中国农业气象，2023（9）.

↑ **互动课堂5-2**

如何理解配送合同的性质？

答：配送合同是一种非典型合同。配送合同不是单纯的仓储合同或运输合同。从事配送业务的企业都会为客户提供仓储保管服务，并将货物送至客户指定的地点，但是不能据此将配送合同定性为仓储合同或运输合同。因为配送是一系列活动，运输和仓储保管仅是这一系列活动中的一个环节，不足以涵盖配送的全部过程。

配送合同接近于委托合同，但不是委托合同。委托合同是双方当事人约定，一方为他人处理事务，他方允诺处理事务的合同。委托合同的目的是处理或管理委托人的事务，配送合同的目的是为客户处理货物配送事务，具有委托合同的一些特性，但不是完全意义上的委托合同。

根据《民法典》第九百三十条的规定，受托人处理委托事务时，因不可归责于自己的事由受到损失时，可以向委托人请求赔偿损失。但配送合同中客户对配送中心的损失是不承担责任的，除非其有过错。

配送合同不是承揽合同。承揽合同是承揽人按照定作人的要求完成工作，交付工作成果，定作人给付报酬的合同。承揽包括加工、定作、修理、复制、测试、检验等工作。配送中心虽然也会向客户提供部分加工服务，但其加工是非实质性的。

思政小课堂5-1 ☑

完善物流配送体系，支撑农村电商发展

随着我国金融市场的逐步开放及互联网技术的不断进步，大数据对人们日常生活的影响无处不在，给农产品的销售提供了一个新思路——不仅可以线下面对面地销售农产品，还可以利用互联网平台依托大数据技术进行线上销售增加农产品的销量，从而更好地帮助农民朋友销售农产品，同时，也更好地满足消费者的需求。

针对农村地区物流配送体系不完善、投入建设资金量大等实际问题，可通过改造县级物流配送中心，科学设置分区，打造一批集中化、高效化、自动分拣的物流配送体系，以县级配送中心带动并完善农村电商配送体系，建立统仓配送模式。

末端电商配送可通过整合农村闲置运力，实现农产品和日用消费品、农资双向配送，完善农村电商配送体系，打造高效的农村电商配送网络。

在新经济时代的背景下，线上网络大数据平台解决了农民产品滞销和消费者购买困难的问题，做到了资源的有效利用，实现了农民和消费者的双向奔赴。

此外，"三农"与电商的结合还将旅游观光与绿色农业联系起来，既满足了用户向往自然的需求，又提高了农民收益。"三农"与电商结合发展利大于弊、相辅相成，能够真正带动农村发展，实现农村振兴，提高农民幸福指数。

资料来源　李怡璇，任叶笛，蒋文雪. 新经济时代三农与电商结合的发展前景研究［J］. 商展经济，2022（11）.

任务三　熟悉物流企业在配送活动中的权利和义务

配送活动中当事人的权利和义务，是通过双方协商签订合同而确定的。

按照《民法典》第五百零二条的规定，依法成立的合同，自成立时生效。为此，配送合同中的相关权利义务是约束双方当事人的行为以及承担责任的依据。

基于配送合同的双务性，下面从物流企业的角度，阐释不同配送合同中当事人的权利和义务。

一、物流企业在配送服务合同中的权利和义务

（一）物流企业在配送服务合同中的权利

1.要求客户支付配送费的权利

物流企业通过提供配送服务，获得收入，要求客户支付配送费。这一权利是物流企业的主要权利，是物流企业订立配送服务合同的目的所在。

2.要求客户按约定提供配送商品的权利

配送服务合同是商流与物流分离的合同，要求物流企业配送的货物（如零部件等）都是由客户提供的，因此物流企业有权要求客户按约定提供配送货物，否则，物流企业不能完成配送任务的，无须承担责任。

3.要求客户及时接收货物的权利

物流企业将货物送到客户指定地点时，有权要求客户指定相应人员及时接收货物，并与物流企业办理货物交接。客户迟延接收货物造成物流企业损失的，应赔偿其损失。

4.要求客户协助履行的权利

物流企业如约履行其义务，在很大程度上依赖于客户的协助。客户应向物流企业提供有关配送业务的单据文件，主要包括：

（1）品名、型号、数量等有关货物资料。

如果涉及危险品，客户还应将有关危险品的正式名称和性质，以及应当采取的预防措施、发生意外时的应急措施书面通知物流企业。

（2）送货时间、送货地址、联系电话、联系人等与货物交接有关的资料。

客户还应指派专人负责与物流企业联系，并协调配送过程中有关事宜，以便双方更好地进行合作。

（二）物流企业在配送服务合同中的义务

1.安全并及时供应的义务

配送的一个重要作用就是提高客户的供应保障能力，用最小的成本降低供应不及时的风险，减少由此造成的生产损失或对下家承担的违约责任。因此，安全性和准时性是物流企业的首要义务。

物流企业应做到：

（1）有良好的货物分拣、管理系统，以便在客户下达指令后，在最短时间内备货。

（2）有合理的运送系统，包括车辆、运输人员、装车作业、运送路线等各方面。

在多客户配送中，物流企业应对每一个客户负责，即物流企业不得以其向其他客户配送为由，来免除其对某一客户的违约责任。

2.按约定理货的义务

配货是配送业务的一个特殊环节，物流企业必须严格按照客户的要求对货物进行加工，将货物最终以客户希望的形态送至指定地点。

在消费品领域，个性化的商品具有更高的商业价值，能更好地实现销售者的销售目标，物流企业的理货活动对商品的增值功能在此得到充分体现。因此，经过物流企业组配的货物，应具有客户所要求的色彩、大小、形状、包装组合等外部要求。

3.妥善保管的义务

虽然在配送业务中，储存并不是配送服务的目标，但具有相应的存储、保管能力是物流企业必不可少的条件。

物流企业从接收货物时起至交付货物时止的全过程，应当以一个合理谨慎的态度，妥善地照看、保护、管理货物，保障货物的数量和质量。除合同另有约定外，物流企业应对其占有货物期间所发生的货损、货差承担责任。

4.告知义务

物流企业在履行配送合同的过程中，应将履行的情况、可能影响客户利益的事件等，及时、如实地告知客户，以便后者采取合理的措施防止或减少损失的发生，否则物流企业应承担相应的责任。例如，物流企业在接收货物时，应仔细核对货物与清单记载是否一致，检查货物是否完好。如发现货物包装破损、短量、变质等情况，应及时告知客户。物流企业在合理时间内未通知客户的，视为物流企业接收的货物完好，与合同约定一致。

物流企业在理货、送货时，无论出于何种原因，无法按客户要求及时完成义务时，应立即通知客户，并按客户合理指示妥善处理；否则，物流企业不仅要承担其违反配送义务的违约责任，对由于未及时通知而造成客户的其他损失，也应承担赔偿责任。

二、物流企业在销售配送合同中的权利和义务

（一）物流企业在销售配送合同中的权利

物流企业在销售配送合同中的权利主要包括：

1.要求客户支付配送费的权利

物流企业在销售配送合同法律关系中有权向客户收取配送费（包括货物的价款和配送服务费两部分）。

2.要求客户及时受领货物的权利

客户应积极配合物流企业的配送工作，及时完成货物受领。

3.要求客户协助的权利

在必要的情况下，物流企业有权利要求客户对配送工作进行协助。

（二）物流企业在销售配送合同中的义务

1.及时提供符合合同约定货物的义务

物流企业不仅要按客户要求组配货物，使其物理形态满足客户需要，更应当保证货物的内在质量符合约定。

与一般销售合同不同的是，销售配送合同对交付货物时间性要求较高。因此，物流企业除了在配送环节应安排好相关事务外，在组织货源环节也应充分考虑其时间性。

物流企业如果违反此项义务，应向客户承担更换货物、退货、降价、赔偿损失等买卖合同上的责任。

2.转移货物所有权的义务

这是销售配送合同区别于配送服务合同之处。物流企业除了向客户提供配送服务，还要将货物的所有权由己方转移给客户，实现货物所有权的转移。为实现货物所有权的转移，物流企业应向客户提交有关单证，如发票、检验证书等。

3.告知义务

物流企业在履行销售配送合同的过程中，应将履行的情况、可能影响客户利益的事件等信息及时、如实地告知对方当事人，以便后者能够采取合理的措施防止或减少损失的发生。

三、物流企业作为客户在配送服务合同中的权利和义务

为客户提供含货物配送的综合物流服务的综合性物流企业A，如果自身配送能力欠缺，就会将全部或者部分配送业务外包给其他具有配送能力的物流企业 B。此时，该综合性物流企业 A 就作为客户与物流企业 B 签订配送服务合同，从而在配送服务合同中享有客户的权利，承担客户的义务。

由于配送服务合同是双务有偿合同，物流企业作为配送服务合同客户的权利实际上就是配送服务合同中配送人的义务；而物流企业作为配送服务合同客户的义务实际上就是配送服务合同中配送人的权利。

互动课堂 5-3

基于大数据的电商快递 企业末端配送概念

末端配送，是整体物流配送流程中的最后一个环节，也是唯一会有用户出现接触的环节，其也被称为"最后一公里配送"，该环节主要是将物品从物流主体手中转交给用户主体，且直接与用户进行对接、联系，最终目的是满足终端用户的需求。

末端配送的服务质量以及工作效率直接决定了用户体验，同时也会对企业形象造成一定的影响。此外，末端配送的管理效果也体现了该物流企业的实际经营能力以及管理水平，决定了企业的竞争优势和竞争力。

对于企业来讲，末端配送直接决定了快递企业的物流服务质量，这也是企业最大的竞争优势和竞争力所在，并且决定了企业是否可以在竞争激烈的市场环境中稳定发展，因此企业一定要意识到末端配送质量的重要性，并提高管理末端配送的服务质量以及工作效率。

近些年来，受到大环境以及大数据时代的影响，快递市场竞争越来越激烈，为了保证可持续性发展，企业需要制定满足时代需求的末端配送模式，并完善健全末端配送管理，这也是当前企业发展的必然途径。

资料来源　林晓凤. 基于大数据的电商快递企业末端配送模式决策优化分析［J］. 中国物流与采购，2023（9）.

互动课堂 5-4

在货物流通过程中，物流的功能有哪些？

答：物流中的"物"，是指一切可以进行物理位置移动的物质资料和物流服务。物质资料包括物资、物料和货物，物流服务包括货物代理和物流网络服务。

物流中的"流"是指物品的实体位移和时间的流转。实体位移包括短距离的搬运、长距离的运输，时间的流转主要是指通过储存来调节物品的使用时间。

一般认为，物流的功能包括运输、仓储、装卸与搬运、包装、流通加工、物流信息传递以及配送等内容。

（1）运输。

物流企业通过运输解决物资在生产地点和需要地点之间的空间距离问题，从而创造商品的空间效益，实现其使用价值，满足社会需要。运输是物流的中心环节之一，是物流最重要的一个功能。

陆地、海洋和天空都可以作为运输活动的空间，运输的方式有铁路运输、汽车运输、船舶运输、航空运输和管道运输。

（2）仓储。

仓储在物流系统中起着缓冲、调节和平衡的作用，是物流的另一个中心环节。仓储的目的是克服产品生产和消费在时间上的差异，使物资产生时间上的效果。

仓库应具备以下的功能：

①储存和保管功能；

②调节供需的功能；

③调节货物运输能力的功能；

④配送和流通加工的功能。

（3）装卸与搬运。

装卸与搬运是指在同一地域范围内进行的、以改变物的存放状态和空间位置为主要内容和目的的活动，具体来说，包括装上、卸下、移送、拣选、分类、堆垛、入库、出库等活动。

（4）包装。

包装被称为生产物流的终点，同时也是社会物流的起点。

（5）流通加工。

在流通过程中辅助性的加工活动称为流通加工。流通加工的内容包括：

①一般加工。

一般加工包括袋装、定量化小包装、拴牌子、贴标签、配货、拣选、分类、混装和刷标记等。

②生产的外延流通加工。

生产的外延流通加工包括剪断、打孔、折弯、组装、改装、配套以及混凝土搅拌等。

（6）物流信息传递。

物流活动中必要的信息为物流信息。物流信息系统包括三个层次：管理层、控制层、作业层。物流信息系统贯穿供应物流、生产物流、销售物流中的运输、仓储、搬运与装卸、包装、流通加工、物流信息传递和配送等各个环节。

（7）配送。

配送是按客户的订货要求，在物流据点进行分货、配货，并将配好的货物送交收货人的物流活动。

配送活动以配送中心为始点，而配送中心本身具备储存功能。配送的最终实现离不开运输，这也是人们把面向城市内和区域范围内的运输称为"配送"的原因。

基本训练

1.单项选择题

（1）下列不属于配送流程的是（　　　）。

A.生产　　　　　　　B.备货　　　　　　　C.理货　　　　　　　D.送货

（2）下列对配送合同性质描述正确的是（　　　）。

A.配送合同就是仓储合同   B.配送合同就是委托合同

C.配送合同是非典型合同   D.配送合同就是承揽合同

2.多项选择题

（1）根据经营形式的不同，可以把配送分为（   ）。

A.销售配送   B.供应配送

C.销售–供应一体化配送   D.第三方配送

（2）下列对配送中心描述正确的有（   ）。

A.主要为特定的客户服务   B.拥有完善的信息网络

C.辐射范围广   D.多品种、小批量

3.判断题

（1）配送中心以储存为主，以配送为辅。   （ ）

（2）配送费是配送人向客户配送商品而取得的对价。   （ ）

4.简答题

（1）简述配送与物流的联系。

（2）配送与运输在法律关系上有何不同？

●●综合应用

1.案例分析

有一家销售企业，主要对自己的销售点和大客户进行配送。当销售点和大客户有需求时就立即组织装车送货，结果经常造成送货车空载率过高，也会出现所有车派出去而仍有客户需求满足不了的情况。因此，销售经理要求增加送货车辆，但由于资金原因一直没有购车。

请问：（1）如果你是公司决策人，你会用买车来解决送货效率低的问题吗？为什么？

（2）请用配送的原理分析该案例，并提出解决方案。

2.思考题

拟定配送服务合同时应注意哪些细节？

3.实训题

请收集近5年有关配送服务人员因违反交通规则导致交通事故的案例，分析提供配送服务的物流企业和配送服务人员应如何增强法律意识。

项目六
货物包装法律法规

学习目标

知识目标：

通过本项目的学习，了解物流企业在包装中的法律地位；掌握包装法律法规及其在我国的发展现状，重点掌握包装合同条款；了解国际物流中包装所适用的法律，以及所涉及的知识产权问题。

能力目标：

掌握相关法律法规对各种货物的界定及包装的基本要求，对货物进行正确的包装，辨识相关法律法规所规定的危险货物标识；能够自觉实践绿色包装。

素养目标：

物流从业人员在熟悉包装环节涉及的法律法规的同时，应逐步树立知识产权意识和环保意识，自觉承担社会责任，保护生态环境。

情境案例

"限塑令"升级推动包装绿色化成为物流业的重要任务

2008年"限塑令"实施后，我国在线下零售领域一共节省了约700亿个塑料袋，平均每年节约87.5亿个。尽管如此，国内限塑形势依然不容乐观。《科技日报》2019年9月15日的一则报道显示，我国"限塑令"实施后，废塑料不减反增，目前塑料袋年使用量超过400万吨。

随着电商和外卖等行业的迅猛发展，有限的"限塑令"正在面临着日益猛烈的冲击。

国家发展和改革委员会2017年发布的数据显示，仅在2016年一年，全国快递行业就消耗了约147亿个塑料袋，三大外卖平台则消耗了约73亿个塑料包装，加起来远超"限塑令"节约下来的数量。

2017年京东物流推出了"青流计划"环保行动，从减量包装、绿色物流技术创新、节能减排等多个方面入手，推动物流行业绿色化发展。京东物流还启动了纸箱回收再升级项目，在全国开展"环保来敲门"行动，在京东配送员上门送货时，征得用户同意后可以带走包装盒，而用户可获得相应数量的京豆，让全国人民和京东物流一起减少快递垃圾。

"限塑令"实施11年之后，迎来了全面升级。在2019年召开的第四届中国工业产品生态（绿色）设计与绿色制造年会上，国家发改委资源节约和环境保护司司长任树本透露，"发改委将发布新的'限塑令'"。新"限塑令"从对塑料制品"限"到"禁"，要求到2020年年底，直辖市、省会城市、计划单列市城市建设区商场、超市、药店、书店等场所以及餐饮打包外卖服务和各类展会活动，禁止使用不可降解塑料制品，集贸市场规范和限制使用不可降解塑料制品。到2022年年底，实施范围扩大至全国大部分地区。

未来，结合"限塑令"的升级和推进，不断通过技术进步、加强管理多途径加速推进包装绿色化进程，是物流从业人员和物流企业的重要任务，也是其承担社会责任、保护生态环境的具体体现。

资料来源　赵志疆."限塑令"升级，包装绿色化是大势所趋［EB/OL］.［2021-05-11］. https：// www.guancha.cn/TMT/2018_02_14_447130.shtml.

任务一　了解货物包装及相关法律法规

一、包装环节相关法律法规

（一）包装的法律界定

我国法律中有关物流环节中的包装规定较少，在技术性规范中，《冷藏、冷冻食品物流包装、标志、运输和储存》（GB/T 24616—2019）中规定了冷藏、冷冻食品的物流环节中包装的定义，即"在物流过程中，对销售包装食品进行的再次包装"。

专门调整国内邮件快件包装物的使用、包装操作和相应的监督管理的《邮件快件包装管理办法》第三条规定，包装物包含单个邮件快件使用的封装用品、胶带、填充材料以及用于盛放多个邮件快件的邮政业用品用具，不含邮件快件内件物品的商品、产品包装等。

上述技术性规范文件和部门规章从功能上对包装进行了定义，以此为参照，物流中包装是在物流环节中为了保护产品，方便储运，促进销售，按一定的技术方法所使用的容器、材料和辅助物等的总体名称，以及为达到上述目的在采用容器、材料和辅助物的过程中施加一定技术方法等对物品进行包封等操作活动，是包装物和包装操作的结合。

承装没有进入流通领域物品的用品则不能称之为包装，只能称为"包裹""箱子""盒子""容器"等。

（二）包装环节的法律法规

包装环节的法律法规是指一切与包装有关的法律规范的总称，包括各类国家法律、行政法规、政府部门规章、地方性法规和地方政府规章、国际/国家/行业/地方标准等，涉及包装的标准与质量、消费者的权利、责任划分、反不正当竞争、反欺诈、反假冒、进出口贸易、商品检验检疫、关税以及环境保护等各个方面。

包装环节的法律法规，依据不同情形，可以作出如下划分：

1.根据包装对象的不同，可以分为普通物品包装法规和危险物品包装法规

相对于普通物品来说，危险物品的包装具有一定的特殊性，除要达到一般包装的目的外，还必须保证安全性，因此国家对危险物品的包装有特殊规定。

2.根据法律法规内容的不同，可以分为包装的技术性法规和安全性法规

包装的技术性法规多为技术性规范，是标准文件的一种形式，主要对包装标准化提出技术性要求，如《一般货物运输包装通用技术条件》（GB/T 9174—2008）规定了对一般货物运输包装的总体要求、类型、技术要求和鉴定检查的性能测试；《危险货

物运输包装通用技术条件》（GB 12463—2009）规定了危险货物运输包装的分级、基本要求、性能试验和检验方法等内容。

包装的安全性法规主要是对包装安全标准等问题的规定，如《中华人民共和国食品安全法》（以下简称《食品安全法》）第三十三条规定，食品生产经营应当符合食品安全标准，直接入口的食品应当使用无毒、清洁的包装材料、餐具、饮具和容器。

3.根据包装法规颁布的效力不同，可以分为法律、行政法规、部门规章或地方性法规、地方政府规章

前者如《食品安全法》《危险化学品安全管理条例》等，后者如各地颁布的地方性法规。

（三）包装环节的法律法规的特点

包装环节的法律法规具有以下特点：

1.强制性

大部分包装法规都属于强制性法律规范，如《食品安全法》《一般货物运输包装通用技术条件》《危险货物运输包装通用技术条件》《危险货物包装标志》等，对于包装的要求都是强制性规范。在包装的过程中必须按照相应的规范进行，不得随意变更。

2.标准性

包装法规多体现为国家标准或行业标准。

标准化是现代化生产和流通的必然要求，也是现代化科学管理的重要组成部分，我国的包装立法也体现了这一点。

中国包装联合会制定了包装标准体系，包括包装相关标准、综合基础包装标准、包装专业基础标准和产品包装标准4大类：

（1）包装相关标准。

其主要包括集装箱、托盘、运输、储存条件的有关标准。

（2）综合基础包装标准。

其包括标准化工作导则、包装标志、包装术语、包装尺寸、运输包装件基本试验方法、包装技术与方法、包装管理等方面的标准。

（3）包装专业基础标准。

其包括包装材料、包装容器和包装机械标准。

（4）产品包装标准。

其包括建材、机械、轻工、电子、仪器仪表、电工、食品、农畜水产、化工、医疗器械、中药材、西药、邮政和军工14大类的包装标准，每大类中又有许多细类的具体标准。

3.技术性

包装具有保护物品不受损害的功能，特别是高精尖产品和医药产品，采取何种技术和方法进行包装将对产品产生重要的影响，因此国家颁布的包装法规含有很强的技术性。

4.分散性

包装法规以分散的形态分布于各个相关法律规范中，包括法律、行政法规，如《食品安全法》《中华人民共和国商标法》（以下简称《商标法》），还广泛地分布于有关主管单位的通知和意见中，如原铁道部颁发的一系列关于铁路运输包装的通知和规定等。

二、我国包装法律法规的发展

我国目前尚无完整的专门性的包装管理法规，有关包装的规定主要分散在各类相关的法规之中（见表6-1）。

表6-1 我国有关包装的主要法规

立法层次	法律法规名称	制定部门	施行日期
法律	《中华人民共和国药品管理法》（修订）	全国人民代表大会常务委员会	2019-12-01
法律	《中华人民共和国进出口商品检验法》（修订）	全国人民代表大会常务委员会	2021-04-29
法律	《中华人民共和国食品安全法》（修订）	全国人民代表大会常务委员会	2021-04-29
法律	《中华人民共和国固体废物污染环境防治法》（修订）	全国人民代表大会常务委员会	2020-09-01
法律	《中华人民共和国环境保护法》（修订）	全国人民代表大会常务委员会	2015-01-01
法律	《中华人民共和国清洁生产促进法》（修订）	全国人民代表大会常务委员会	2012-07-01
法律	《中华人民共和国海商法》	全国人民代表大会常务委员会	1993-07-01
行政法规	《化妆品监督管理条例》	国务院	2021-01-01
行政法规	《中华人民共和国进出口商品检验法实施条例》（修订）	国务院	2022-05-01
行政法规	《印刷业管理条例》（修订）	国务院	2025-01-20
行政法规	《危险化学品安全管理条例》（修订）	国务院	2013-12-07
行政法规	《医疗废物管理条例》（修订）	国务院	2011-01-08
行政法规	《国务院办公厅关于进一步加强商品过度包装治理的通知》	国务院办公厅	2022-09-01
部门规章	《定量包装商品生产企业计量保证能力评价规范》	原国家质量监督检验检疫总局	2001-04-06
部门规章	《化妆品标识管理规定》	原国家质量监督检验检疫总局	2008-09-01
部门规章	《商品条码管理办法》	原国家质量监督检验检疫总局	2005-10-01
部门规章	《地理标志产品保护规定》	原国家质量监督检验检疫总局	2005-07-15
部门规章	《地理标志产品保护办法》	国家知识产权局	2024-02-01

续表

立法层次	法律法规名称	制定部门	施行日期
部门规章	《定量包装商品计量保证能力合格标志图形使用规定》	原国家质量监督检验检疫总局	2001-04-06
部门规章	《定量包装商品计量监督管理办法》	国家市场监督管理总局	2023-06-01
部门规章	《药品说明书和标签管理规定》	原国家食品药品监督管理总局	2006-06-01
部门规章	《医疗器械生产监督管理办法》	国家市场监督管理总局	2022-05-01
部门规章	《电器电子产品有害物质限制使用管理办法》	工业和信息化部等七部委	2016-07-01
部门规章	《出境货物木质包装检疫处理管理办法》（修订）	海关总署	2018-07-01
部门规章	《商业、供销社系统商品包装工作规定》	原商业部	1990-12-15
部门规章	《再生资源回收管理办法》（修订）	商务部	2019-11-30
部门规章	《中华人民共和国铁路货物运输规程》（修订）	原铁道部	1991-03-18
部门规章	《国家烟草专卖局关于规范境内销售卷烟包装标识的规定》	国家烟草专卖局	2006-01-01
规范性文件	《关于加快推进快递包装绿色转型的意见》	国家发展改革委等八部委	2020-11-30
规范性文件	《深入推进快递包装绿色转型行动方案》	国家发展改革委等八部委	2023-11-23
规范性文件	《关于加强快递绿色包装标准化工作的指导意见》	国家市场监管总局等八部委	2020-07-28
规范性文件	《关于加强中药饮片包装监督管理的通知》	原国家食品药品监督管理总局	2003-12-18
行业标准	《包装资源回收利用暂行管理办法》	中国包装联合会	1999-01-01

除各相关法律、行政法规之外，各级政府部门制定的规范性文件也对指导与规范包装行为起着重要的作用。

例如，根据《国家烟草专卖局关于规范境内销售卷烟包装标识的规定》，从2006年4月1日起，卷烟箱包装体上应有与卷烟条、盒包装体上相同技术要求的"吸烟有害健康"的中文警句和焦油量、烟气烟碱量、一氧化碳量的中文标注。

国务院办公厅发布的《关于限制生产销售使用塑料购物袋的通知》规定，从2008年6月1日起，禁止生产、销售、使用厚度小于0.025毫米的超薄塑料购物袋。

国务院发布的《化妆品监督管理条例》第三十条规定直接接触化妆品的包装材料应当符合强制性国家标准、技术规范，并在第三十六条、第三十七条明确化妆品标签应当标注的内容和禁止标注的内容。

随着"绿色物流"理念逐渐深入人心，逆向物流成为从包装环节减少物流环节对环境破坏的方式之一，国家邮政局出台的《推进快递业绿色包装工作实施方案》，国家邮政局等十部门联合发布的《关于协同推进快递业绿色包装工作的指导意见》，国务院办公厅发布的《关于推进电子商务与快递物流协同发展的意见》，国家发展改革委等八部委联合发布的《深入推进快递包装绿色转型行动方案》等均明确在"绿色化、减量化、可循环"的三大快递业绿色包装实施目标下，通过逆向物流环节对快递包装充分回收、有效再利用，实现低消耗、高效能的绿色物流发展目标。

近年来，我国的包装行业发展迅速，各种包装材料和包装技术也日益复杂。为了规范包装业行为，保证包装质量，国家及各地方包装行业标准不断出台，包装标准几乎渗透到了各个行业中。

各地也不断推出地方包装行业标准。以食品包装标准为例，主要由通用性基础标准、产品标准、检验方法标准三部分构成，基本形成了较为完整的食品包装材料标准体系。其中，通用性基础标准主要有《食品安全国家标准 食品接触材料及制品用添加剂使用标准》（GB9685—2016）等三种标准。

产品标准主要由产品安全标准和产品质量标准构成。产品安全标准规范了诸如塑料、橡胶、陶瓷、复合包装袋等一系列包装成型品的卫生要求。产品质量标准则规定了针对塑料制品、橡胶制品、陶瓷制品等日常使用品的耐热性、机械强度、阻隔性等的质量指标。

检验方法标准主要有我国的食品卫生理化检验方法系列（GB/T—5009）和食品接触材料中物质迁移量的检测方法系列（GB/T 23296）两种，是我国食品包装材料检验方法的主要指导标准。

针对"绿色物流"发展的需要，原国家质量监督检验检疫总局、国家标准化管理委员会发布《快递封装用品》系列标准，首次对涉及逆向物流的整体快递包装环节在安全环保和循环利用方面提出要求。

这些强制性国家标准以及强制性地方标准不断加大实施力度，同时，与包装有关的其他法律法规也陆续发布和施行，这对规范商品包装的生产、流通、销售和保护消费者的权益起着重要的法律依据的作用。

上述包装行业标准构成了包装标准体系的基本框架，从覆盖面来看，基本满足了包装及相关行业对标准的需求，形成了比较全面的标准化体系。

从标准的水平来看，很多行业采用了ISO国际标准，还有一些采用了国际电工委员会（IEC）标准、日本工业标准（JIS）、美国ASTM标准、德国工业标准（DIN）等，达到了国际先进水平，但仍有相当一部分标准存在标准老化、可操作性差、不能完全适应市场需求等缺陷。因此，尽快修订包装标准体系，使之更加合理和完善是一个亟待解决的问题。

三、包装中涉及的知识产权

知识产权是指民事主体对其创造性的智力劳动成果依法享有的专有权利，它分为工业产权和著作权（版权）两大部分，工业产权包括专利权和商标权。包装中所涉及的知识产权，主要为商标权和专利权。

（一）商标权

商标权又称商标专用权，是指商标所有人在法律规定的有效期限内，对其经商标主管机关核准的商标享有的独占的、排他的使用和处分的权利。

商标通常印刷在包装特别是销售包装上，成为包装的一部分，从而作为知识产权，亦受到法律的保护。在进行包装设计时要特别注意不要造成对他人商标权的侵害。

根据《商标法》第五十七条的规定，以下行为都属于侵害商标权的行为：

（1）未经商标注册人的许可，在同一种商品上使用与其注册商标相同的商标的；

（2）未经商标注册人的许可，在同一种商品上使用与其注册商标近似的商标，或者在类似商品上使用与其注册商标相同或者近似的商标，容易导致混淆的；

（3）销售侵犯注册商标专用权的商品的；

（4）伪造、擅自制造他人注册商标标识或者销售伪造、擅自制造的注册商标标识的；

（5）未经商标注册人同意，更换其注册商标并将该更换商标的商品又投入市场的；

（6）故意为侵犯他人商标专用权行为提供便利条件，帮助他人实施侵犯商标专用权行为的；

（7）给他人的注册商标专用权造成其他损害的。

（二）专利权

专利权是指专利主管机关依照《中华人民共和国专利法》（以下简称《专利法》）授予专利的所有人或持有人或者他们的继受人在一定期限内依法享有对该专利制造、使用或者销售的专有权和专用权。

根据《专利法》第二条的规定，发明创造包括发明、实用新型和外观设计。

（1）发明。

发明是指对产品、方法或者其改进所提出的新的技术方案。新的包装材料的发明可以申请发明专利。

（2）实用新型。

实用新型是指对产品的形状、构造或者其结合所提出的适于实用的新的技术方案。新的包装形状可以申请实用新型专利。

（3）外观设计。

外观设计是指对产品的整体或者局部的形状、图案或者其结合以及色彩与形状、图案的结合所作出的富有美感并适于工业应用的新设计。新的包装图案设计可以申请外观设计专利。

专利权是一种无形资产，我们已经进入知识经济时代，专利作为一种资产的价值越来越明显，随之而来的是专利侵权的事件也越来越多。

我国包装专利特别是外观设计专利很少，由于忽视包装专利注册工作而引起很多纠纷，甚至造成巨额无形资产流失，对此应予以充分重视，加强包装中知识产权的保护。

四、物流企业在包装中的法律地位

包装是物流的一个重要环节，在物流运转的仓储、搬运、装卸或者流通加工等环节中均有可能涉及包装。

当物流企业承担包装在内的几种物流作业时，其法律地位首先应根据物流服务合同确定，再根据物流企业是否与他人签订分包合同进一步加以确定。因而，当物流服务合同约定包装由物流企业负责时，物流企业按其在履行该合同时是否亲自进行包装，具有不同的法律地位。

（一）自身进行包装活动的物流企业的法律地位

物流企业以自身的技术和能力完成物流过程中包装环节，此时物流企业与物流服务需求方签订物流服务合同，成为物流服务合同的一方当事人。

其权利义务由物流服务合同决定，同时在包装的过程中应该遵守国家相关法律规定和相应的标准。

（二）自身不进行包装活动的物流企业在物流包装中的法律地位

如果该物流企业没有进行包装活动的能力或者有能力但是由于某种原因不能亲自进行包装，物流企业可以与其他主体（如专门的包装企业）签订分包合同。

此时，物流企业同时是两个合同的当事人，对物流服务合同而言，其是受托人，按照物流服务合同完成委托事项；对分包合同而言，其是委托人，有权要求包装服务提供者按照约定的时间和相应的标准完成包装事项。物流企业的权利和义务同时受到两个合同的调整和约束。

▶ **拓展阅读6-1**

新型食品包装材料

食品包装是保证食品安全的重要环节。近年来，通过新材料的引入，食品包装在改善阻隔性能、增强抗菌性能、提高生物安全性和环境相容性等方面取得了快速发展，一些绿色、低碳、环保的食品包装材料应运而生，其中纳米包装材料、可降解包装材料和可食性包装材料的发展尤为突出。

（1）纳米包装材料。

纳米包装材料是指通过纳米添加、纳米改性和纳米合成等方式，将纳米粒子和包装材料复合加工成具有纳米尺度结构的特殊功能材料。

纳米包装材料以其独特的物理性质而闻名，其具有低挥发性、高稳定性、较大的比表面积、高效的催化活性及对多种细菌、真菌和病毒的广谱抗菌活性。

常见的纳米粒子主要有银（Ag）、二氧化钛（TiO_2）、二氧化硅（SiO_2）、纳米分子筛和纳米微晶纤维素（CNCs）等。常见的聚合物主要有聚对苯二甲酸乙二醇酯（PET）、聚乙烯（PE）、聚丙烯（PP）、聚氯乙烯（PVC）、聚酰胺（PA）等。

纳米材料的保鲜功能主要表现在两个方面：一是二氧化钛等纳米颗粒对紫外线具有抵御作用，可以防止紫外线引起的自动氧化，保护食品免受破坏；二是纳米银等离子可以催化乙烯氧化分解，从而达到良好的保鲜作用。

（2）可降解包装材料。

可降解包装材料是指稳定性差、易被环境所降解的一类材料。可降解包装材料根据降解原理的不同可分为光降解、生物降解和复合降解3类。

光降解是指在光的作用下，包装材料中的聚合物链发生断裂，分子量降低的过程。此种降解方式应用条件的要求高、降解不彻底且降解产物对土壤有一定的负面影响。

生物降解是指微生物将大分子物质分解成小分子物质的过程，该降解方式所采用的原料多为糖类和蛋白类。

复合降解是指将多种降解方式联合使用，发挥增效和协同作用，降解效果更好，但技术成熟度不高。

当前，可降解食品包装材料以生物降解材料为主，主要有聚乳酸（PLA）、聚碳酸亚丙酯（PPC）、聚丁二酸丁二醇酯（PBS）、生物多糖及蛋白质等。

（3）可食性包装材料。

可食性包装材料包括可食性包装膜和可食性油墨。可食性包装膜是以蛋白质、糖类、脂类等可食用材料为基料加工制成的一类薄膜，根据基料和辅料组分的不同，可分为蛋白型、多糖型、脂肪型和复合型。可食性油墨包括栀子黄、红花黄等可食性色料及花生油、色拉油等可食性连接料。

蛋白型可食用包装膜具有良好的抗菌性和理化性质。但是蛋白型可食用包装膜通常是亲水性的，温湿度的变化会影响膜的阻隔效果，因此其应用范围较窄。

多糖型可食用包装膜是通过多糖的凝胶作用而形成的一类可食性包装材料，为提高膜的强度，常添加山梨醇和甘油等增塑剂。

脂肪型可食用包装膜具有良好的疏水性，可有效阻止水分流失，常用于新鲜水果的运输，但由于其机械强度较低，因此常与蛋白质、多糖等制成复合型包装膜。

复合型可食用包装膜是将多种可食性组分作为基料，加工制作成的一种薄膜，该膜的最大优点是可根据包装内容物的不同调节膜中各原料的组分，使膜的各项性能达到最优，是未来可食用包装膜发展的主流方向。

虽然新型食品包装材料发展中面临诸多亟须解决的问题，但"小包装关乎大生态"理念已深入人心，可回收、易降解、轻量化的新型包装材料是未来发展的必然趋势。

在遵循绿色化、功能化和可持续化的基础上，将多种技术结合使用，由单一技术向复合技术发展，由单一材料向多种材料发展，取长补短，发挥技术的多重优势将是未来新型包装材料发展的主流方向。

资料来源　王乐，闫宇壮，方天驰，等. 新型食品包装材料研究进展［J］. 食品工业，2021（9）.

↑互动课堂6-1

如何发展现代物流包装？

答：我国物流业的现代化步伐正不断加快，为了促进其顺利发展，应当保证现代物流包装的快速、可持续发展。

首先，应当促进物流包装的标准化。一种包装容器不仅要适应一种产品的包装需要，而且要尽可能地使其在不同产品之间通用，提高流通效率，节约包装材料，降低包装成本，从而实现物流包装的合理化，适应现代化物流发展的需要。

其次，应当发展绿色物流包装。发展绿色包装是降低能源消耗和减少污染产生的首选方案。绿色包装既满足了物流发展的需要，也符合发展低碳经济的国际潮流。应当鼓励探索共享快递盒、循环中转袋等新型物流包装模式，提高包装材料的循环利用率。

再次，应当推动物流包装技术革新。技术时代的来临为现代物流包装发展提供新契机。应当利用智能技术实现包装过程自动化，创造更多的包装材料和设计方案，提高效率并减少空间浪费。

最后，应当完善相关的法律法规。现代物流包装作为一个新兴的产业，需要有良好的法治环境，而完善的法律法规能为现代物流包装的蓬勃发展创造条件。

思政小课堂6-1 ✓

应对知识产权保护挑战 推动物流业数字化发展转型

在全球经济体系中，物流行业作为一项关键业务，正在经历前所未有的数字化转型。物流平台依托先进技术汇聚与处理海量数据，以优化供应链管理，提高其管理效率。

然而，这一进程也伴随着数据安全和知识产权保护的挑战。随着越来越多的企业和个人依赖物流平台来管理其运营，对数据保护和知识产权的法律风险分析变得尤为重要。

在物流平台的运营中，有效的知识产权管理是确保创新成果转化为商业优势的法律工具。物流企业不仅要理解知识产权的种类和范围，还需要制定策略来保护知识产权。例如，申请专利时需要对技术进行详细描述。企业还需要监控市场以防止侵权行为，并通过法律途径维护其权利。

在物流行业数字化转型的背景下，数据保护和知识产权的法律保护策略显得尤为重要。随着物流平台在全球范围内快速发展，大量敏感数据和创新成果需得到法律的保护。

实施有效的数据保护措施，如数据加密、匿名化及严格的访问控制和监管机制，对于防止数据泄露和滥用至关重要。同时，知识产权保护是物流平台价值的核心，物流平台不仅要采取技术措施保护自身的创新，还需通过法律措施和教育手段应对侵权风险。

构建全面的数据保护和知识产权法律保护体系，对于物流平台维持竞争优势、促进可持续发展具有决定性的影响。

资料来源　姜明月. 物流平台的数据保护与知识产权法律风险分析 [J]. 物流科技，2024（8）.

任务二 熟悉普通货物包装的法律法规

一、普通货物的界定

普通货物是指除危险货物（定义及分类见本项目任务三）、鲜活易腐货物以外的一切货物。与危险货物相比，普通货物的危险性较小，因而其对包装的要求相对较低。

物流企业在对普通货物进行包装时，有强制性国家包装标准的，应当按照该标准进行包装，没有强制性包装标准的，应从适于仓储、运输和搬运，适于商品的适销性等角度考虑，遵循普通货物包装的原则，妥善地进行包装。

二、普通货物包装的相关法律法规

我国没有完整的包装法规体系，与包装有关的规定均散见于相关的法律法规和技术标准之中。

在我国，普通货物包装方面较为重要的标准包括《一般货物运输包装通用技术条件》（GB/T 9174—2008）、《运输包装件尺寸与质量界限》（GB/T 16471—2008）、《运输包装件基本试验》（GB/T 4857）、《包装储运图示标志》（GB/T 191—2008）等，这些标准基本上是推荐性的。

三、普通货物包装的基本原则

（一）安全原则

安全原则是指物品的包装应该保证物品本身以及相关人员的安全。

1.物品的安全

包装的首要功能就是保护物品不受外界伤害，保证物品在物流过程中保持原有的形态，不致损坏和散失。

物品最终要通过物流环节送到消费者手中，在这个过程中，通常会遇到一系列的威胁：外力的作用，如冲击、跌落；环境的变化，如高温、潮湿；生物的入侵，如霉菌、昆虫的入侵；化学侵蚀，如酸、碱的侵蚀；人为的破坏，如偷盗等。而包装则成为对抗这些威胁、保护物品的一道屏障。

一般要注意以下五个问题：

（1）适度包装。

对物品进行包装时，要根据物品尺寸、重量和运输特性选用大小合适的包装箱及包装填充物。

（2）保护物品与防盗。

特别是对于高值物品的包装，在保证内容物品的适用特性和外观特性不被损坏的情况下，更要注意防盗。

（3）包装成一体。

外包装要和由物品和保护材料、缓冲材料组成的内有物品成为一体，内有物品之间或者物品与外包装内壁之间不应有摩擦、碰撞和挤压。

（4）注意方向。

对于有放置方向要求的物品，在包装、储存和运输过程中必须保证物品按照外包装上的箭头标志正确放置，杜绝倒放和侧放。

（5）重心、中心合一。

包装件的重心和几何中心应该合一或者比较接近，这样可以防止在运输中车辆启动、拐弯和刹车时因包装件翻滚造成损失。

2.相关人员的人身安全

一些危险的物品如农药、液化气等具有易燃、易爆、有毒、腐蚀及放射性等特征，如果包装的性能不符合要求或者使用不当很可能引发事故，对于这些商品，包装除起到保护物品不受损害的作用外，还要保护与这些物品发生接触人员（如搬运工人、售货人员等）的人身安全。

包装如果不符合要求将会造成严重的后果。2012年我国民航危险品运输不安全事件共发生12起，其中由包装引发的不安全事件有2起。

危险品的包装质量是关系航空安全的大事，如果包装质量不过关，可能会造成危险品燃烧、腐蚀、毒害及更严重的危害。[①]

（二）绿色原则

绿色原则即对物品的包装应符合环境保护的要求。环境保护是当今世界经济发展的主题之一，在包装行业中也应遵循。

世界上几乎所有国家用来包装食品和药品的材料，绝大多数都为塑料制品，它们被使用后废弃物便成为垃圾，很难自然分解，如作为食品包装材料之一的一次性快餐盒已变成"白色污染"，成为全球性公害。

绿色包装问题是一个迫切需要解决的问题。

2007年12月31日，国务院办公厅发布了《关于限制生产销售使用塑料购物袋的通知》，要求从2008年6月1日起，禁止使用超薄塑料购物袋。

包装的绿色原则，更多地体现在逆向物流和废弃物物流环节上，通过对物料包装回收进行升级改造和绿色化处理，可以减少资源消耗和废弃物的数量。

（三）经济原则

经济原则即包装应以最小的投入得到最大的收益。包装成本是物流成本的一个重要组成部分，高昂的包装费用会降低企业的收益率。

奢华的包装不仅会造成社会资源的极大浪费，还会产生不良的社会影响；包装过于简陋或者粗糙，也会降低商品的吸引力，造成商品销售的障碍。经济原则即在两者之间达到平衡，使包装既不会造成资源浪费，又不会影响商品的销售。

四、法律法规对普通货物运输包装的基本要求

（一）普通货物运输包装材料及强度的规定

按照《一般货物运输包装通用技术条件》（GB/T 9174—2008）的规定，一般货物运输包装的包装材料、辅助材料和容器应该符合有关国家标准的规定，没有标准的材料和容器必须经过包装试验，在验证其能够满足流通环境条件的要求后，才能投入使用。因而，物流企业在包装环节中应注意掌握以下三点：

（1）根据物品的特性及物流过程的具体特点，包装应该具有防震、防盗、防锈、

---

① 李茜. 2012年我国民航危险品运输不安全事件分析［J］. 中国民用航空，2013（6）：58.

防霉、防尘等功效。在选用包装材料时要综合考虑以上要求。

（2）包装的封口必须严密牢固，对体积小、容易丢失的物品应该选用胶带封合、钉合或黏合。

（3）应当根据货物的品质、体积、重量、运输方式等的不同选择不同的捆扎材料和捆扎方法，保证在物流过程中稳定、不泄漏、不流失。捆扎带应搭接牢固、松紧适度、平整不扭，并且捆扎带不得少于两条。

（二）运输包装件尺寸的规定

根据《标准化法》第十一条的规定，对满足基础通用、与强制性国家标准配套、对各有关行业起引领作用等需要的技术要求，可以制定推荐性国家标准。推荐性国家标准由国务院标准化行政主管部门制定。

《运输包装件尺寸与质量界限》（GB/T 16471—2008）规定了公路、铁路、水路、航空等运输方式的运输包装件外轮廓尺寸与质量的界限（见表6-2），该标准虽然不具有强制性，但是对运输包装件的设计和装载运输等具有指导意义。

表6-2　　　适用各种运输方式的包装件外轮廓尺寸（通用尺寸）及重量要求

项目	长度（mm）	宽度（mm）	高度（mm）	质量（千克）
水路运输	小于4 250	小于3 740	小于1 100	每平方米不大于500
铁路运输	小于2 400	小于1 800	小于2 542	不大于50 000
公路运输	小于3 360	小于1 600	小于1 650	不大于3 000
航空运输	不大于6 058	不大于2 438	不大于2 995	不大于13 608

注：航空运输包装件长、宽、高分别小于1 094mm、1 434mm、1 600mm，重量不大于1 225千克（含集装箱空箱重量）时，适用于各种航空集装箱运输。

（三）制作普通货物运输包装标志的注意事项

根据《包装储运图示标志》（GB/T191—2008）的规定，标志应该满足以下要求：

1.标志的尺寸

标志的尺寸一般分为4种，见表6-3。

表6-3　　　　　　　　　　　　　　标志的尺寸

序号	图形符号外框尺寸（mm×mm）	标志外框尺寸（mm×mm）
1	50×50	50×70
2	100×100	100×140
3	150×150	150×210
4	200×200	200×280

注：如果遇特大或特小的运输包装件，标志的尺寸可按规定适当扩大或缩小。

2.标志颜色

标志颜色一般为黑色。

如果包装的颜色使得标志显得不清晰，则应在印刷面上用适当的对比色。黑色标志最好以白色为底色。

必要时，标志也可使用其他颜色，除非另有规定，一般应避免采用红色、橙色或黄色，以避免同危险品标志混淆。

3.标志的使用方法

标志的使用可采用直接印刷、粘贴、拴挂、钉附及喷涂等方法。

印刷标志时外框线及标志名称都要印上，出口货物可省略中文标志名称和外框线；喷涂时，外框线及标志名称可省略。

标志的使用规定见表6-4。

表6-4　　　　　　　　　　　标志的使用规定

包装类型	标志位置
箱状包装	位于包装端面或侧面的明显处
袋、捆包装	位于包装明显处
桶形包装	位于桶身或桶盖
集装箱、成组货物	粘贴在4个侧面

（四）运输包装件测试

1.运输包装件测试的概念

运输包装件测试即用以评定包装件在流通过程中性能的试验。运输包装件是指产品经过运输包装后形成的总体。

根据相关规定，各种新设计包装均应按照标准的要求进行性能测试，目的是检测包装在流通过程中所能承受危害的程度。

在流通过程中，存在着可能引起包装损坏的各种危害，引起危害的因素取决于流通环节的具体特征以及内装物的特性。

新设计包装内容应包括设计尺寸、材料、厚度、制造工艺、包装方法和各种表面处理情况等。

定型包装应定期进行抽样复验。包装的尺寸、材料、制造工艺、包装方式等发生改变时均应进行性能试验。

2.运输包装件测试的分类

（1）单项试验。

单项试验，即只进行一系列试验中的某一项试验，但可以用相同或不同的试验强度和试验样品重复进行多次试验。

（2）多项试验。

多项试验，即用一系列试验中的若干项或全部试验进行顺序试验。

（3）综合试验。

综合试验，即用两种以上的危害因素同时作用于包装件，检验在两种以上的危害因素综合作用下包装件的防护能力。

五、法律法规对普通货物销售包装的基本要求

销售包装通常情况下由商品的生产者提供，如果在物流服务合同中约定由物流企业为商品提供销售包装的，则物流企业需要承担商品的销售包装工作。物流企业需要按照销售包装的基本要求进行操作。

在销售包装上，一般会附有装潢图案和文字说明，选择合适的装潢图案和文字说明将会促进商品的销售。

销售包装的基本要求主要涉及以下三个方面：

（一）图案设计

图案是包装设计的三大要素之一，包括商标图案、产品形象、使用场景、产地景色、象征性标志等内容。

在设计图案的过程中，使用各国人民喜爱的形象固然重要，但更重要的是避免使用商品销售地所禁忌的图案。

在国际物流中，因包装图案触犯进口国禁忌，造成货物在海关被扣留或遭到当地消费者抵制的事例时有发生。

比如，对阿拉伯国家出口的商品和包装盒上禁用六角星，因六角星与以色列国旗图案相似，阿拉伯国家对带六角星图案的东西非常反感和忌讳。我国向伊拉克出口的装饰花曾发现有六角星图案，客户拒绝收货，此事在政治上造成了不良影响。因此在向各国出口货物时，对不同国家的宗教信仰、风俗习惯均应注意。

（二）文字说明

在销售包装上应该附一定的文字说明，表明商品的品牌、名称、日期、产地、数量、成分、用途、使用说明等。

销售包装对文字说明的要求较高，内容上要符合规定，语种也不能用错。

例如，日本政府规定，凡销往日本的药品，必须说明成分、服用方法以及功能，否则海关有权扣留，不能进口。

在语种的要求上，很多国家也有特别规定。例如，加拿大政府规定，进口商品说明必须英、法文对照；法国政府规定，运往法国的产品的装箱单及商业发票必须使用法文。

（三）条形码

商品包装上的条形码是将表示商品信息的数字代码转换成由一组规则排列的平行线条构成，利用光电扫描阅读设备为计算机输入数据的特殊的代码语言。

1970年，美国的食品杂货业率先在食品包装载体上使用这种条形码，随之扩展到世界范围内使用。

商品条码是商品的"身份证"，是商品流通于国际市场的"共同语言"。目前在世界上多数国家的商品上都使用条形码，如果商品没有条形码，即使是名优商品也不能进入超级市场。有些国家还规定，如果商品包装上没有条形码则不允许进口。

条形码条和空的排列规则称为码制，常用的一维码的码制包括EAN条码、三九条码、交插二五条码、UPC条码、128条码、九三条码及Codabar（库德巴）条码等。

1991年4月，我国正式加入国际物品编码组织（GSI），我国的国别编码代号是690~699。

为保证条形码质量，我国颁布实施了一系列国家标准，包括《商品条码 储运包装商品编码与条码表示》（GB/T 16830—2008）、《商品条码 128条码》（GB/T 15425—2014）、《商品条码 应用标识符》（GB/T 16986—2018）、《商品条码 参与方位置编码与条码表示》（GB/T 16828—2021）、《商品条码 条码符号印制质量的检验》（GB/T 18348—2022）、《商品条码 资产编码与条码表示》（GB/T 23833-2022）、《商品条码 服务关系编码与条码表示》（GB/T 23832-2022）等。

六、包装条款的规定

（一）包装条款的内容

在物流服务合同中可能会含有包装条款。

包装条款一般包括以下三个方面的内容：

1.包装的提供方

在物流服务合同中，包装条款应该载明包装由哪一方提供。这样的约定不仅有助于明确物流企业在包装中所处的法律地位，而且有助于在因包装问题引起货物损坏或灭失时分清责任。

2.包装材料和方式

包装材料主要有纸包装、金属包装、塑料包装、木制品包装、玻璃制品包装、陶瓷制品包装和其他一些特殊材料包装等，一般都由卖方提供，随商品一起交付。

包装方式条款主要载明怎样进行包装，一般要根据不同商品包装情况订明包装内含量。例如，单件运输包装容量要求："木箱装每箱36听，每听250克。"包装材料和包装方式应按合同中约定的内容确定，若合同中没有约定，卖方应按同种商品的通常包装方式进行包装。

随着科学技术的发展，包装材料和包装方式也越来越精细，所以订立这一条款时应准确详细。

3.运输标志

运输标志是包装条款中的主要内容，通常表现在商品的运输包装上。在贸易合同中按国际惯例，一般由卖方设计、确定，也可由买方确定。

运输标志会影响货物的识别、搬运、装卸，所以要求在合同条款中明确记载。

（二）订立包装条款时应注意的事项

1.尽量避免使用易产生争议的包装术语

如"适合海运包装""惯用包装"等，因不同理解容易引起争议，除非合同双方事先取得一致认识，否则应避免使用。尤其是设备包装条件，应在合同中作出具体明确的约定，如对特别精密的设备包装，除约定必须符合运输要求外，还应约定防震措施等条件。

2.包装费用一般包括在货价内，合同条款不必列入

但如果一方要求使用特殊包装，则可能增加包装费用，如何计费及何时收费也应在条款中列明。

如果包装材料由合同的一方当事人供应，则条款中应明确包装材料到达时间，以及逾期到达时该方当事人应负的责任。

运输标志如由一方当事人决定，也应约定标志到达时间（标志内容必须经卖方同意），以及逾期不到时该方当事人应负的责任等。

3.包装条款不能太笼统

在一些合同中，包装条款仅写明"标准出口包装"（standard export packing），这是一个较为笼统的概念。

在国际上还没有统一的标准来界定包装是否符合"标准出口包装"的要求，一些客户在这方面大做文章，偷工减料，以减少包装成本，因此包装条款应尽量明确具体。

▶▶ 拓展阅读6-2

《定量包装商品计量监督管理办法》修订解读

为深入贯彻落实党中央关于全面深化改革、转变政府职能的总体部署，落实定量包装商品生产企业计量保证能力自我声明制度改革要求，市场监督管理总局修订发布了《定量包装商品计量监督管理办法》（国家市场监督管理总局令第70号，以下简称《办法》）。

现就相关内容解读如下：

1.修订背景

随着经济社会发展和人民群众生活水平的提高，定量包装商品愈来愈成为人们日常生活中不可或缺的商品，定量包装商品净含量是否准确，直接关系到人民群众的切身利益，是民生计量工作的重要组成部分。

国家市场监督管理总局始终高度重视定量包装商品计量监督管理工作，并在实践中不断深化改革、总结经验。

为将试点工作中的好经验好做法固化下来，并保持《办法》同有关国际建议的要求相一致，需要进行修订。

2.对定量包装商品的范围

《办法》对定量包装商品的范围设定了排他性条款，即"药品、危险化学品除外"。其针对的是定量包装商品的计量监督管理，仅对短缺量作出要求，对超量未作要求。而药品、危险化学品属于特殊商品，在"量"上既不可"少"也不可"多"，且成分含量也是其非常重要的指标。

《药品管理法》第二十五条第二款规定："国务院药品监督管理部门在审批药品时，对化学原料药一并审评审批，对相关辅料、直接接触药品的包装材料和容器一并审评，对药品的质量标准、生产工艺、标签和说明书一并核准。"

《危险化学品安全管理条例》第十七条规定："危险化学品包装物、容器的材质以及危险化学品包装的型式、规格、方法和单件质量（重量），应当与所包装的危险化学品的性质和用途相适应。"

药品、危险化学品的包装管理适用《药品管理法》《危险化学品安全管理条例》等有关规定，不适用一般的定量包装商品净含量检验规则。

3.对定量包装商品生产企业的监管模式

此次对《办法》进行修订，将改革完善定量包装商品生产企业计量保证能力监管模式的举措和成果通过规章固化下来，确立了定量包装商品生产企业自我声明和公示制度。

《办法》规定，自愿参加计量保证能力评价的定量包装商品生产者，应当按照要求，进行自我评价，自我评价符合要求的，应当进行自我声明，声明后即可在其生产的定量包装商品上使用全国统一的计量保证能力合格标志。

同时，《办法》还加强了对定量包装商品生产企业的监管，对已使用计量保证能力合格标志的定量包装商品生产者违反要求和未按要求进行自我声明擅自使用计量保证能力合格标志的情况加大处罚力度，确保企业计量保证能力达到要求。通过取消政府核查发证，改由企业自我声明，强化企业主体责任，强化事中事后监管。

4. 与相关国际建议更好衔接

原《办法》中对定量包装商品净含量提出的一些具体技术要求与国际法制计量组织R 87号国际建议《预包装商品的量》（2004版）和R 79号国际建议《预包装商品的标签要求》（1997版）相一致。

目前国际法制计量组织（OIML）已经对相关国际建议进行了修订，发布了新的R 87号国际建议《预包装商品的量》（2016版）和R 79号国际建议《预包装商品的标签要求》（2015版），对定量包装商品计量管理的一些技术内容提出了新要求。

为同国际建议要求相统一，此次《办法》修订对相关技术要求作出了调整，技术性较强的抽样方案不再以附表的形式出现在《办法》中，相关规定补充在定量包装商品净含量计量检验规则等系列计量技术规范中。

资料来源 国家市场监督管理总局计量司.《定量包装商品计量监督管理办法》政策解读［EB/OL］.［2023-03-28］. https://www.samr.gov.cn/zw/zfxxgk/fdzdgknr/xwxcs/art/2023/art_b933c72ce50a4294 bbeb2139bb897870.htmlh.

互动课堂6-2

有哪些包装的普通货物不能接收？

答：普通货物包装出现以下不符合要求的情形时，不能接收：

①包装严重变形或已破损；

②铁腰子变形或松动；

③包装上有渗漏或浸湿痕迹；

④包装内货物晃动或有破碎声音；

⑤桶上有裂缝或桶盖松动；

⑥袋装货缝口松散；有异味散出。

任务三 熟悉危险货物包装的法律法规

一、危险货物的法律界定

传统危险货物的定义来自《国际海运危险货物规则》（IMDG CODE），该规则第七章第一条第二款规定，危险货物是指IMDG CODE所包含的物质、材料和物品。此后联合国国际贸易法委员会对危险货物作出了新的界定。

《联合国全程或者部分海上国际货物运输合同公约》（通称《鹿特丹规则》）中关于危险品的界定和处理规则为：如果货物已对人身、财产或者环境形成实际危险，或者适度显现有可能在承运人责任期间内形成此种危险，承运人或履约方可以拒绝接收或者装载货物，且可以采取包括将货物卸下、销毁或使之不能致害等其他合理措施。

根据我国《道路危险货物运输管理规定》第三条、《危险货物道路运输安全管理办法》第七十八条、《港口危险货物安全管理规定》第九十二条的规定，危险货物，是指具有爆炸、易燃、毒害、感染、腐蚀等危险特性，在生产、经营、运输、储存、使用和处置中，容易造成人身伤亡、财产损毁或者环境污染而需要特别防护的物质和物品。

实践中通常会根据某一货物在物流过程中可能产生的结果，确定其是否为危险货物。如产生危险后果，则属于危险货物；反之，则不属于危险货物。

一般来说，危险货物主要包括：爆炸品；压缩气体和液化气体；易燃液体；易燃固体、自燃物品和遇湿易燃物品；氧化剂和有机过氧化物；毒害品和感染性物品；放射性物品；腐蚀品八大类以及杂类（如带磁性的某些物品）。

二、法律法规对危险货物运输包装的要求

（一）危险货物运输包装所适用的标准及其基本内容

危险货物运输所适用的国家标准是《危险货物运输包装通用技术条件》（GB 12463—2009）。

其规定了危险货物运输包装的分级、运输包装的基本要求、性能测试和测试的方法，同时规定了运输包装容器的类型和标记代号强制适用的技术标准。该标准强制适用于盛装危险货物的运输包装，是运输生产和检验部门对危险货物运输包装质量进行性能试验和检验的依据。

该标准不适用于以下三种情况的包装：

（1）盛装放射性物质的运输包装。

（2）盛装压缩气体和液化气体的压力容器的包装。

（3）净重超过400千克的包装；容积超过450公升的包装。

（二）危险货物运输包装的概念

根据《危险货物运输包装通用技术条件》第3.1条的规定，危险货物的运输包装是指运输中的危险货物的包装，根据危险货物的特性，按照有关标准和法规，专门设计制造的运输包装。

根据盛装内装物的危险程度，运输包装分为：Ⅰ类包装，适用内装危险性较大的货物；Ⅱ类包装，适用内装危险性中等的货物；Ⅲ类包装，适用内装危险性较小的货物。

（三）对危险货物运输包装的强度、材质等的要求

根据《危险货物运输包装通用技术条件》的规定，危险货物运输包装的强度及采用的材质应满足以下基本要求：

（1）危险货物运输包装应结构合理，具有一定强度，防护性能好。材质、型式、

规格、方法和内装货物重量应与所装危险货物的性质和用途相适应，并便于装卸、运输和储存。

（2）包装应质量良好，其构造和封闭形式应能承受正常运输条件下的各种作业风险，不应因温度、湿度、压力等的变化而发生任何渗（撒）漏，包装表面应清洁，不允许黏附有害的危险物质。

（3）运输包装与内装物直接接触部分，必要时应有内涂层或进行防护处理，运输包装材质不应与内装物发生化学反应而形成危险产物或导致削弱包装强度。

（4）内容器应予固定。如内容器易碎且盛装易撒漏货物，应使用与内装物性质相适应的衬垫材料或吸附材料衬垫妥实。

（5）盛装液体的容器，应能经受在正常运输条件下产生的内部压力。灌装时应留有足够的膨胀余量（预留容积），除另有规定外，应该保证温度在55℃时，内装液体不致完全充满容器。

（6）运输包装封口应根据内装物性质采用严密封口、液密封口或气密封口。

（7）盛装需浸湿或加有稳定剂的物质时，其容器封闭形式应能有效地保证内装液体（水、溶剂和稳定剂）的百分比，在贮运期间保持在规定的范围以内。

（8）运输包装有降压装置时，其排气孔设计和安装应能防止内装物泄漏和外界杂质进入，排出的气体量不应造成危险和污染环境。

（9）复合包装的内容器和外包装应紧密贴合，外包装不应有擦伤内容器的凸出物。

（10）无论是新型包装、重复使用的包装还是修理过的包装，均应符合危险货物运输包装性能测试的要求。

（11）盛装爆炸品的包装除了满足上述要求，还应使其具有防止渗漏的双重保护，防止爆炸品与金属物接触，封闭装置预设合适的垫圈，包装内的爆炸品及内容器必须衬垫妥实，不至于在运输中发生危险性移动等。

一般情况下，危险货物运输包装应有适当的衬垫材料。

衬垫材料应是惰性的，与容器中的物质不会起化学和其他反应。

衬垫材料应能确保内容器保持围衬状态，不致移动，始终固定在外容器中。

衬垫材料应具有足够的吸湿材料以吸收一定量液体，从而不致损害其他货物或者损坏外容器的保护性。

（四）对危险货物运输包装的标记、标志的要求

标记和标志的主要作用是便于从事物流作业的人员在任何时候、任何情况下都能对包装内所装的物质进行迅速识别，以便正确地识别危险货物以及危险货物所具有的危害特性，在发生危险的情况下采取相应的安全措施，避免损害的发生或降低损害的程度。

在物流过程中，危险货物包装的外表应按规定的方式标注正确耐久的标记和警告性标志。标记应指出内装物的正确名称，标志则应标明包装内所装物质性质的识别图案。

危险货物性质区分及标志见表6-5。

表6-5   危险货物性质区分及标志

标志号	标记名称	标志图形	对应的危险货物类项号	标志号	标记名称	标志图形	对应的危险货物类项号
标志1	爆炸品	（符号：黑色，底色：橙红色）	1.1 1.2 1.3	标志12	有机过氧化物	（符号：黑色，底色：柠檬黄色）	5.2
标志2	爆炸品	（符号：黑色，底色：橙红色）	1.4	标志13	剧毒品	（符号：黑色，底色：白色）	6.1
标志3	爆炸品	（符号：黑色，底色：橙红色）	1.5	标志14	有毒品	（符号：黑色，底色：白色）	6.1
标志4	易燃气体	（符号：黑色或白色，底色：正红色）	2.1	标志15	有害品（远离食品）	（符号：黑色，底色：白色）	6.1
标志5	不燃气体	（符号：黑色或白色，底色：绿色）	2.2	标志16	感染性物品	（符号：黑色，底色：白色）	6.2
标志6	有毒气体	（符号：黑色，底色：白色）	2.3	标志17	一级放射性物品	（符号：黑色，底色：上黄下白，附一条红竖条）	7

标志号	标记名称	标志图形	对应的危险货物类项号	标志号	标记名称	标志图形	对应的危险货物类项号
标志7	易燃液体	（符号：黑色或白色，底色：正红色）	3	标志18	二级放射性物品	（符号：黑色，底色：上黄下白，附二条红竖条）	7
标志8	易燃固体	（符号：黑色，底色：白色红条）	4.1	标志19	三级放射性物品	（符号：黑色，底色：上黄下白，附三条红竖条）	7
标志9	自燃物品	（符号：黑色，底色：上白下红）	4.2	标志20	腐蚀品	（符号：上黑下白，底色：上白下黑）	8
标志10	遇湿易燃物品	（符号：黑色或白色，底色：蓝色）	4.3	标志21	杂类	（符号：黑色，底色：白色）	9
标志11	氧化剂	（符号：黑色，底色：柠檬黄色）	5.1				

注：表中对应的危险货物类项号及各标志角号根据《危险货物分类和品名编号》（GB 6944—2012）的规定编写。

每种危险品包装件应按其类别粘贴相应的标志，但如果某种物质或物品还有属于其他类别的危险性质，包装上除了粘贴该类标志作为主标志以外，还应粘贴表明其他危险性的标志作为副标志，副标志图形的下角不应标有危险货物的类项号。

标志应清晰，并保证在货物储运期内不脱落。

标志应由生产单位在货物出厂前标打，出厂后如改换包装，其标志由改换包装单位标打。

储运的各种危险货物性质的区分及其应标打的标志，应按《危险货物分类和品名编号》（GB 6944—2012）、《危险货物品名表》（GB 12268—2012）及有关国家运输主管部门规定的危险货物安全运输管理的具体办法执行，出口货物的标志应按我国执行的有关国际公约（规则）办理。

1.标志和标牌的规格

各类标志是使用颜色和符号来表示其危险性的。标志上的颜色及符号应符合有关国家标准的要求。

标牌应该做到：不小于250mm×250mm；应与运输组件内的每一危险货物标志的颜色以及符号相一致；在标牌的下半部的适当位置显示类别号码，其数字高度不应小于25mm。

2.危险货物包装标记代号

根据《危险货物运输包装通用技术条件》（GB 12463—2009）的规定，标记代号是标明包装材质、类型等特征的一组代号，由以下内容组成：

（1）包装级别的标记代号用下列小写英文字母表示：

x——符合Ⅰ、Ⅱ、Ⅲ类包装要求；

y——符合Ⅱ、Ⅲ类包装要求；

z——符合Ⅲ类包装要求。

（2）包装容器和标记代号用下列阿拉伯数字表示：

1——桶；

2——木琵琶桶；

3——罐；

4——箱、盒；

5——袋、软管；

6——复合包装；

7——压力包装；

8——筐、篓；

9——瓶、坛。

（3）包装容器的材质标记代号用下列大写英文字母表示：

A——钢；

B——铝；

C——天然木；

D——胶合板；

F——再生木板（锯末板）；

G——硬质纤维板、硬纸板、瓦楞纸板、钙塑板；

H——塑料材料；

L——编织物；

M——多层纸；

N——金属（钢、铝除外）；

P——玻璃、陶瓷；

K——柳条、荆条、藤条及竹篾。

（4）其他标记代号：

S——表示拟装固体的包装标记；

L——表示拟装液体的包装标记；

R——表示修复后的包装标记；

GB——表示符合国家标准要求；

UN——表示符合联合国规定的要求。

（5）单一包装：

单一包装型号由一个阿拉伯数字和一个英文字母组成，英文字母表示包装容器的材质。

其左边平行的阿拉伯数字代表包装容器的类型，英文字母下方的阿拉伯数字代表同一类型包装容器不同开口型号。

例如，$1A_1$表示钢桶小开口。

（6）复合包装：

复合包装型号由一个表示复合包装的阿拉伯数字6和一组表示包装材质和包装类型的字符组成。

这组字符为两个大写英文字母和一个阿拉伯数字。

第一个英文字母表示内包装的材质，第二个英文字母表示外包装的材质，右边的阿拉伯数字表示包装形式。

例如，$6HA_1$表示内包装为塑料容器，外包装为钢桶的复合包装。

▶ 拓展阅读6-3

强化落实安全治理 保障危险货物运输安全

近年来，我国危险货物道路运输行业管理不断规范、发展形势持续向好，危险货物道路运输量及从事危险货物道路运输的企业、车辆和从业人员数量不断增加，但仍存在一些漏洞和问题，国家对危险货物道路运输的安全管理工作要求不断提高，急需用综合治理的办法，提升危险货物道路运输安全能力，实现危险货物道路运输健康可持续发展。

1. 强化信用体系应用，培育危险货物道路运输现代物流服务商

建立危险货物道路运输企业等级管理制度，充分发挥信用体系作用，通过信用约束企业行为，规范市场秩序，改变当前行业管理仍然过多依赖行政处罚和技术监控，危险货物道路运输企业小、散、弱的现状，提升行业集中度，实现规模化和集约化，使优秀企业能够依靠自身车辆管理、人员素质、服务质量、安全生产和科技应用等方面的能力获得竞争优势。

2.突出源头风险治理，提升危险货物道路运输本质安全

严格执行《危险货物道路运输安全管理办法》，周期性开展危险货物道路运输安全整治，紧盯人、车、路、企业等关键要素和准入、托运、充装等关键环节，严格执行"五必查"规定，落实风险源头管控，严肃清理"挂靠"危险货物道路运输车辆，按照"五统一"标准完成所有挂靠经营车辆清理。

实施"人、车、罐"安全提升工程，全面提升危险货物道路运输从业人员素质、车辆安全措施、罐体安全技术条件，有效消除危险货物道路运输重大安全风险，从根本上解决危险货物道路运输安全基础性、源头性的重大问题，推进危险货物道路运输安全发展长效机制建设。推进危险货物运输公转铁，逐步降低中长距离危险货物道路运输占比。

3.加强运输过程监管，控制危险货物道路运输过程安全风险

杜绝"挂而不管""以包代管"，严格落实危险货物道路运输企业动态监管主体责任，及时发现和纠正危险货物道路运输车辆不按核准路线行驶的问题。推进危险货物道路运输车辆通行信息部门和政企间共享，加强车辆通行道路行为监测，实施有效交通秩序管理和服务。

4.危险货物运输车辆运行管控措施

明确押运员、警示标志、防护用品、应急救援器材、安全卡等人员和安全设施的配备要求，以及承运人对车辆、驾驶人的监控管理要求。

严格限制危险货物运输车辆行驶速度，高速公路及其他道路的行驶速度分别不超过每小时80千米、60千米，承运人应当对车辆及驾驶人进行动态监督管理。统一通行限制情形和保障措施。

规定公安机关可以对5类特定区域、路段、时段采取限制危化品车辆通行措施，并提前向社会公布，确定绕行路线。

5.增强应急救援能力，及时科学处置危险货物道路运输突发事件

强化危险货物道路运输企业应急管理主体责任落实，做好突发事件应急准备，编制危险货物道路运输突发事件应急预案和现场处置方案，开展突发事件应急演练。

加强驾驶员和押运员应急教育培训，增强应急救援实战能力。

资料来源　交通运输部公路科学研究院.危险货物道路运输安全问题剖析与对策：抓源头　严过程　强化综合治理［EB/OL］.［2023-06-28］. http://www.paoku.com.cn/tech/2023/0628/262038.html.

互动课堂6-3

危险品包装的注意事项有哪些?

答：(1) 应充分了解危险品的物理和化学性质。

要确保与拟使用的包装材料之间不会发生任何化学反应。如果是首次使用某种包装材料，必须进行相容性试验。

(2) 应确定危险品的类别、联合国编号、所需包装的类别。

对于《国际海运危险货物规则》(IMDG CODE) 中未列明的危险品，送国家指定的检测机构检测，以便确定危险品的类别、联合国编号、所需包装的类别。

（3）应使用经检验检疫机构检验合格并能出具包装性能合格单的包装。

（4）应正确理解包装容器上印（铸）的包装标记的含义，确保灌装的危险品符合包装标记所规定的要求。

（5）熟悉我国海关对危险货物出境的相关要求和需办理的相关手续和《国际海运危险货物规则》的相关内容等。

任务四　熟悉国际物流中包装的法律法规

一、国际物流中包装的特点

国际物流也包括运输、包装、流通加工等若干子系统。相对于国内物流的包装，国际物流中的包装具有以下特点：

1.对包装强度的要求相应提高

与国内物流相比，国际物流时间长、工序多，一种方式难以完成货物的全程物流，经常采取多种运输方式联合运输，这就增加了搬运、装卸的次数及存储的时间。在这种情况下，只有提高包装的强度才能达到保护商品的目的。

2.对标准化要求较高

这也是由国际物流过程复杂所引起的。为了提高国际物流的效率，减少不必要的活动，便于商品顺利流通，国际物流中对包装的标准化程度要求越来越高。

3.有关包装的法律制度更为复杂

国际物流涉及两个或两个以上不同的国家，法律制度存在着差异，同时又存在着若干调整包装的国际公约，所以国际物流中与包装有关的法律适用更加复杂。

二、国际物流中包装所适用的法律

（一）国际物流参与国的国内法

国际物流是商品在两个以上国家的流动，所以其包装应该遵守相关国家的法律规定。

这里的相关国家指的是物流过程的各个环节所涉及的国家，如运输起始地所在国、仓储地所在国、流通加工地所在国。

国际物流中的包装必须遵守参与国际物流国家关于包装的强制法，对于任意性的法律规定及当事人可以选择适用的法律，可以由当事人自行约定。

（二）相关的国际公约

目前世界上并没有专门规定商品包装的国际公约，但是在国际贸易以及国际运输领域的公约中多包含着对商品包装的规定，这些公约中有关包装的规定，成为国际物流包装的法律规范。

三、国际物流中运输包装的标志

在国际物流中，为了方便装卸、运输、仓储、检验和交接等工作，提高物流效率，防止发生错发、错运和损坏货物与人身伤害事故，保证货物安全迅速准确地交给收货人，同样要在运输包装上书写、压印、刷制各种有关的标志，用来识别和提醒人们在操作时的注意事项。相对国内物流来说，国际物流中的运输包装标志更加重要。

它包括：

（一）运输标志

运输标志又称唛头，通常由一个简单的几何图形和一些字母、数字及简单的文字组成。

其主要作用是便于在运输、装卸、仓储等工作中识别货物，避免错发错运。运输标志要求贴、刷或喷写在货物包装的明显位置，色牢防褪。

运输包装标志一般由以下三部分组成：

（1）目的港或目的地的名称或代号。

（2）收货人、发货人的代号。

多用简单的几何图形，如三角形、圆形等，图形内外加上字母表示收货人和发货人的代号和名称。

（3）件号、批号以及生产国家或地区。

件号、批号是货主对每件包装货物编排的顺序号，由顺序号和总件号组成，如3-235或3/235，前面的3代表该批货物的第3件，后面的235代表总件数。

运输标志的内容繁简不一，由买卖双方根据商品的特点和具体要求商定。顺应物流业迅速发展的要求，联合国欧洲经济委员会简化国际贸易程序工作组在国际标准化组织和国际货物装卸协调协会的支持下，制定了一套运输标志，向各国推荐使用。这套标准运输标志包括：收货人或卖方名称的英文缩写字母和简称；参考号，如运单号、订单号、发货票号；目的地；件号。

这些运输标志要求列为4行，每行不超过17个印刷字符，并能用打字机一次完成打印，一般不宜采用几何图形。例如：

ABC（收货人名称）

1234（参考号）

HONGKONG（目的地）

1-100（件数代号）

（二）指示性标志

指示性标志提示人们在装卸、运输和保管等过程中需要注意的事项，一般都以简单、醒目的图形和文字在包装中标出。

根据商品性质的不同，应选择不同的标志，以确保商品在整个物流过程中不受到错误的操作，由于国际物流的特殊性，标志上的文字大多采用英文。

原国家质量监督检验检疫总局和国家标准化管理委员会联合发布的《包装储运图示标志》（GB/T 191—2008）对此作出了规定，如对于易碎、需防湿、防颠倒的商品，在包装上用醒目图形和文字标明"小心轻放""防潮湿""此端向上"等。

（三）警告性标志

警告性标志又称为危险货物包装标志。

在运输危险货物时，必须在运输包装上标有各种危险品的标志，以示警告，使装卸、运输和保管等人员按货物特殊性采取相应的防护措施，以保证物资和人员的安全。

警告性标志的相关内容详见6.3。

四、包装检疫

进口国为了保护本国的森林资源、农作物、建筑物，防止在包装材料中夹带病虫害以致传播蔓延而危害本国的资源，在货物进入海关时，会进行检疫。各国通常对包装的材料作了若干规定，所以在国际物流中对包装材料的选择十分重要，否则在海关检疫的过程中可能被禁止入境。

美国、菲律宾、澳大利亚、新西兰、英国等国家都禁止使用稻草作为包装的材料或者衬垫。

日本由于木结构房屋较多，最忌白蚁和木蛀虫的带入和传播，所以日本买方通常拒绝在包装中使用竹子。

澳大利亚则规定使用木板箱、木托盘的，必须在出口国进行熏蒸处理，出口商必须提供已作熏蒸处理的证明，否则不准入境。

各国根据国情对包装检疫的要求各不相同，并各有所侧重，这就要求物流企业在实际操作中了解进口国的法律规定、生活习惯，事前做好准备，避免不必要的损失。

为降低因国际贸易所使用木质包装材料可能传播散布有害生物的风险，防止林木有害生物随货物使用的木质包装在国际传播蔓延，同时也为协调世贸组织成员方制定统一的木质包装检疫规定，联合国粮农组织下设的国际植物保护公约秘书处颁布了国际植物防疫检疫措施标准第十五号文件——《国际贸易中木质包装材料管理准则》。

该准则要求货物使用的木质包装应在出境前进行除害处理，如熏蒸或热处理，并在合格的木质包装上添加 IPPC 确定的专用标志，因此也就无须再次出具植物检疫证书。欧盟、美国、加拿大等均已采纳该标准，并于 2005 年 3 月 1 日起开始实施新规定。

部分发展中国家也积极制定或修订相关国内法规，以符合新标准。

我国依据《中华人民共和国进出境动植物检疫法》及其实施条例，于 2005 年 3 月 1 日实施了《出境货物木质包装检疫处理管理办法》。该办法根据 2018 年 4 月 28 日海关总署令第 238 号《海关总署关于修改部分规章的决定》第一次修正；根据 2018 年 5 月 29 日海关总署令第 240 号《海关总署关于修改部分规章的决定》第二次修正。

五、IMDG CODE 对危险货物包装的基本要求

IMDG CODE 第四部分是对海运危险品包装和罐柜的规定，具体规定了海运危险品包装（包括中型散装容器和大宗包装）的使用、可移动罐柜和多元气体容器的使用及散装容器的使用。

（一）包装的材质、种类应与所装危险货物的性质相适应

危险货物的种类不同，性质也有所差异，所以对包装的要求也不相同，这一点在某些化学制品上的表现十分明显。

IMDG CODE 4.1.5 至 4.1.9 部分根据危险品的性质和等级，作出了相应的包装规定。包装应该具备一定的强度，保证在正常的海运条件下，包装内的货物不会散漏和受到污染。

越危险的货物对包装的要求越高，同样危险的货物单件包装重量越大，对包装的强度要求越高。同时，包装的强度也应与运输的距离成正比。包装的设计应考虑到在运输过程中温度、湿度的变化。包装应保证在环境发生变化的情况下不会发生损坏。

（二）包装的封口应符合所装危险货物的性质

IMDG CODE 4.1.0 定义部分，明确了对危险品包装封口的要求。在通常情况下，危险货物的包装封口应该严密，特别是易挥发、腐蚀性强的气体。但是有些货物由于温度上升或其他原因会散发气体，使容器内的压力逐渐加大，导致危险的发生，对于这些货物，封口的时候不能密封。所以采用什么样的封口应该由所装危险货物的性质来决定。

封口分为气密封口、液密封口。

（三）内外包装之间应有合适的衬垫

IMDG CODE 4.1.5.2 规定，衬垫及吸收材料须是惰性的，并与内装物的性质相适应。

内包装应处于外包装内，以防止内包装发生破裂、渗漏和被戳破，使货物进入外包装。所以，在内外包装之间应该采取适当的减震衬垫材料，衬垫不能削弱外包装的强度，而且衬垫的材料必须与所装的危险货物的性能相适应，以避免危险的发生。

（四）包装应能经受一定范围内温度、湿度的变化

IMDG CODE 4.1.5 对危险品运输包装的防水性能作出了规定，要求在物流过程中，除包装应具有一定的防潮衬垫外，包装本身还应具有一定的防水、抗水性能。

易破裂或易被戳破的内包装，如用玻璃、瓷器或陶器或某些塑料等制成的内包装，须使用合适的衬垫材料紧固于外包装内。内装物的泄漏不应明显削弱衬垫材料或外包装的保护性能。

（五）包装的重量、规格和形式应便于物流作业

每件包装的最大容积和最大净重均有规定。

IMDG CODE 4.1.4.1 有关包装使用的包装导则规定，包装最大容量为450公升，最大净重为400千克。

包装的外形尺寸与船舱的容积、载重量、装卸机具应相适应，以方便装卸、积载、搬运和储存等。

（六）有关包装试验的规定

根据 IMDG CODE 4.1.1.9 的规定，每个用于盛装液体物质的包装均应按渗漏试验的相应规定进行试验，包括在第一次投入运输之前和修复之后、再次投入运输之前。组合包装的内包装不需要进行此项试验。

新包装、再次使用的或经修复的包装应能通过下列包装试验：液体试验、垂直冲击跌落试验、静负荷或堆码试验、温湿度试验、喷水试验、穿刺试验等。但是，不是每一类型的包装都要进行以上各种试验，而主要根据危险物质的性质、所用包装材料的质量和包装类型进行其中几项试验。

在盛装和交付运输之前，每个包装都应经过检查，保证包装没有任何腐蚀、污染或其他损坏。

与批准类型相比，任何出现强度降低迹象的包装均不得再使用，或应进行修复处理使其能承受设计类型检验。

（七）其他规定

根据 IMDG CODE 4.1.1.11 的规定，除危险性已被清除外，盛装过危险物质的空包装，由于其包装面仍有可能受到以前所装危险物质的污染，因此在经过清洁处理之前应遵守与装有该危险物质的容器相同的规定。

相互会发生危险反应的不同物质不应装在同一外包装内。

除组合包装的内包装外，每个包装均应符合规定的包装检验要求中检验合格的设计类型。

六、国际绿色包装壁垒

目前越来越多的国家尤其是发达国家倾向于使用绿色包装制度对进出口货物的包装进行规范，这种较高的包装标准往往会限制来自一些国家特别是发展中国家的产品的进口，从而形成绿色包装壁垒。很多产品因包装以及运输包装不符合绿色规定，而被拒绝进入境内。

（一）绿色包装壁垒与绿色物流

绿色包装壁垒，是指一些国家以绿色包装制度作为是否准予进口的标准以达到限制进口的目的。

绿色包装制度，是指发达国家制定的有关产品包装的更高、更完善的标准制度，它涵盖了包装材料、标志和废弃物的回收、复用和再生等方面，是为了防止包装材料及其形成的包装废弃物给环境造成危害，或结构不合理的包装容器可能损害使用者的健康而采取的环境保护措施。

绿色包装壁垒以其外在的合理性和内在的隐蔽性而被发达国家广泛采用。

（二）我国对绿色包装壁垒的应对

绿色壁垒可谓继"反倾销"之后对我国企业影响最大的贸易保护手段。据统计，英美等国家对中国的木质包装和木质铺垫材料所提出的环境要求，仅此一项至少使中国出口贸易额减少 70 亿美元。[①]

绿色包装壁垒对我国包装的影响主要表现在两个方面：

1.市场准入

对于货物包装标准，许多国家都制定了严格的绿色包装法规，如禁止使用某些包装材料，治理包装废弃物对环境的污染，明确规定各当事人在包装废弃物处理方面的责任和义务等，这些都对我国产品出口提出了新的要求。

2.产品竞争力

发达国家为保护本国产业制定了严苛的技术标准，以限制某类产品的进口。外国产品进入欧美市场，需要取得该国或国际通行的认证，如国际通行的 ISO 9000 体系认证、ISO 14000 体系认证、欧盟的 CE 认证和 EMC 认证以及美国的 UL、MIL 及 ETL 认证。

这些认证报告一般由外国机构出具，而相应的认证费用和检测费用高昂，这对我国来说直接增加了出口产品的成本，削弱了我国产品在国际市场上的竞争力。

目前，我国出口货物受上述绿色包装壁垒的影响较大，因此我们应当寻求有效、

---

① 朱思翰. 我国绿色物流包装产业发展的对策与趋势 [J]. 物流技术与应用，2018（12）：166-169.

稳妥的应对措施：

①建立科学的绿色包装法律调控体系，对包装生产者、商品生产者、销售商和消费者的行为进行规范，明确各自在体系中的地位、责任与义务，同时对包装废弃物的分类回收、处理工作进行管理。

②建立专门的信息收集和咨询机构，改变目前信息资源匮乏的局面。我国现在已经做了很多工作，如商务部在2020年发布了修订的《出口商品技术指南：北美地区商品包装》，对国内商品向北美地区的顺利出口起到了指导作用。

③加快我国包装技术标准体系的建立，积极采用国际标准，健全和完善认证制度，建立有效完善的国内相关标准体系，推进我国出口包装与国际接轨。

拓展阅读6-4

十大可持续包装解决方案，打造更加绿色的未来

近年来，全球对环境可持续性的意识显著提高。在众多行业中，包装行业因其带来的污染和浪费而受到密切关注。

幸运的是，这种意识促进了创新的可持续包装解决方案的应用。从可生物降解材料的开发到创新设计方法，对环保包装的追求一直在不断发展。这里概述了十种可持续包装解决方案，以塑造一个更加绿色的未来。

1.可降解塑料：引领变革

传统塑料，特别是一次性塑料制品给环境保护带来了巨大的困扰，可降解塑料的出现提供了一种有希望的替代方案。这些塑料来自玉米淀粉或甘蔗等可再生资源，可以自然分解，大大减少了对环境的影响。

世界各地的品牌越来越多地采用可生物降解塑料包装，向倡导可持续的模式转变。全球可生物降解塑料包装市场规模预计在预测期内将以超过20%的复合年增长率增长。

2.可回收材料：闭环循环

回收不仅仅是一个流行语，还是降低包装浪费的切实解决方案。通过利用纸张、纸板、玻璃和铝等可回收材料，品牌公司可以大幅减少碳足迹。此外，循环经济模式鼓励材料的再利用，形成生产和消费的闭环。从纸板箱到玻璃罐，可回收包装材料提供了一种可持续的替代包装品，同时又不影响质量或美观。

3.创新设计：效率最大化

在追求可持续性的过程中，创新设计起到了举足轻重的作用。最大限度地提高效率，最少量地使用材料的包装解决方案越来越受到欢迎。

例如，可折叠盒子和嵌套包装设计降低了储存和运输成本，从而降低了碳排放。此外，轻质材料和简约设计不仅减少了对环境的影响，还提升了消费者的体验。

4.植物基包装：大自然的恩赐

大自然提供了大量可再生和可生物降解的材料。植物基包装利用竹子、麻和棕榈叶等天然纤维，创造出传统包装的环保替代品。这些材料不仅可以自然分解，而且需要更少的资源来种植，这使它们成为有责任心的消费者和企业的可持续选择。

5.可堆肥包装：回归地球

可堆肥包装代表了一种可持续发展的整体方式，因为它不仅可以自然分解，还可以丰富土壤。

可堆肥包装由玉米淀粉、甘蔗渣或蘑菇菌丝体等有机材料制成，在规定的时间内可分解成营养丰富的堆肥。这种闭环系统与自然循环相一致，为包装废物提供了一个真正环保的解决方案。

6.可重复使用的包装：拥抱循环消费

在一次性用品的时代，可重复使用的包装作为可持续发展的灯塔脱颖而出。从可重复填充的玻璃瓶到耐用的手提袋，可重复使用的包装鼓励消费者选择寿命较长的产品，以尽量减少浪费。此外，使用循环箱和循环无纺布袋等创新举措促进了循环消费模式，在这种模式下，包装不仅不会被丢弃，而且可以一次又一次地重复使用。

7.水溶性包装：化解有害习惯

水溶性包装为塑料污染提供了革命性的解决方案。这些创新包装由聚乙烯醇（PVA）或海藻提取物等材料制成，可溶于水，不会留下有害残留物。

水溶性包装是洗涤剂胶囊或食品包装纸等一次性应用的理想选择，既方便又不损害环境。

8.可食用包装：从废到味

由海藻、淀粉或果皮等可食用材料制成的可食用包装正在将这一愿景变为现实。无论是糖果的可食用包装纸还是可生物降解的餐具，都在提供新颖的烹饪体验的同时减少了浪费。

9.蘑菇包装：真菌为友

蘑菇包装，又称菌丝包装，利用真菌的根结构，将农业副产品结合成可生物降解的材料。这些有机包装材料不仅可堆肥，而且重量轻、耐用，从而成为传统包装的环保替代品。

10.基于麻类植物的包装：一种多功能的神奇材料

麻类植物生长周期短，对杀虫剂或化肥的需求极少，为包装生产提供了可再生纤维来源。

麻基包装不仅可生物降解，而且具有优越的强度和防潮性，使其成为各种应用的理想选择，是纸板、塑料等的理想替代品。

总之，可持续包装解决方案对于减轻环境压力和促进循环经济至关重要。通过采用可生物降解材料、回收利用举措和创新设计方法，企业可以为更绿色的未来铺平道路。

资料来源 邹学军，王玉峰. 纸包装视界（1）：十大可持续包装解决方案，打造更加绿色的未来［EB/OL］. ［2024-06-07］. https：//mp.weixin.qq.com/s/uvksoTC3LNPD7-oelxZX_g.

互动课堂6-4

有关货物包装的国际公约主要有哪些？

答：有关货物包装的国际公约主要有《联合国国际货物销售合同公约》、《国际海运危险货物规则》、《1978年联合国海上货物运输公约》（通称《汉堡规则》）、《铁路货物运输国际公约》、《统一国际航空运输某些规则的公约》（通称《华沙公约》）、《国际公路货物运输合同公约》以及《联合国全程或部分海上国际货物运输合同公约》（通称《鹿特丹规则》）等。

● ● 基本训练

1.单项选择题

（1）目的是向消费者展示、吸引顾客、方便零售的包装称作（　　）。

A.运输包装　　　　B.大包装　　　　　C.销售包装　　　　D.回收包装

（2）以下条款不属于合同中的包装条款的是（　　）。

A.包装提供者条款　　　　　　　B.运输方式及工具条款

C.包装材料和方式条款　　　　　D.运输标志条款

（3）根据《国际海运危险货物规则》的规定，包装最大容量为450公升，最大净重为（　　）。

A.400千克　　　　B.500千克　　　　C.600千克　　　　D.700千克

2.多项选择题

（1）包装法律法规的特点包括（　　）。

A.强制性　　　　B.标准性　　　　C.技术性　　　　D.集中性

（2）包装法律法规主要包括（　　）。

A.国家法律

B.政府部门规章、地方性法规和地方政府规章

C.行政法规和司法解释

D.国际/国家/行业/地方标准

（3）以下货物属于危险货物的有（　　）。

A.液化天然气　　　B.沥青　　　　C.原油　　　　D.铁矿石

（4）包装中所涉及的知识产权主要有（　　）。

A.商标权　　　　B.专利权　　　　C.著作权　　　　D.工业产权

（5）普通货物包装所应遵循的基本原则包括（　　）。

A.安全原则　　　B."绿色"原则　　　C.经济原则　　　D.标准原则

3.判断题

（1）按包装材料不同，包装可以分为包装袋、包装箱、包装盒和包装罐等。
（　　　）

（2）运输包装上的标志就是运输标志，也就是通常所说的唛头。（　　　）

（3）指示性标志是指按商品的特点，对于易碎、需防湿、防颠倒等商品，在包装上用醒目图形或文字标明"小心轻放""防潮湿""此端向上"等。（　　　）

4.简答题

（1）包装的功能有哪些？

（2）普通货物包装的基本原则是什么？

（3）危险货物包装的基本要求是什么？

（4）《国际海运危险货物规则》中对于危险货物包装的基本要求是什么？

●●综合应用

1.案例分析

托运人A向集装箱承运人B预定一个20英尺的冷藏集装箱，用以装运3 000千克苹果由S港运至T港。承运人B告知托运人A该苹果每箱应不超过10千克，且苹果箱最多只能堆放5层。但托运人A根据其经验，在装货时并未认真执行。收货人C在T港收货后发现该集装箱苹果因包装问题共700千克被压坏。法院调查后发现，该批苹果采用纸箱包装，每箱为50千克，且堆放了7层。

请问：（1）托运人A与承运人B应分别承担何种责任？

（2）收货人C应向何人主张损害赔偿？

2.思考题

危险货物包装与一般货物包装相比具有哪些特点？

3.实训题

2007年12月31日，国务院办公厅发布了《关于限制生产销售使用塑料购物袋的通知》。此后，国务院和相关主管部门陆续制定和实施了环境友好型包装管理规定。请查找出至少10项此类规定，并说明在包装领域如何贯彻可持续发展理念。

项目七
货物搬运装卸法律法规

学习目标

知识目标：

通过本项目的学习，认识搬运装卸在物流中的地位及作用；掌握有关搬运装卸的法律法规；掌握各类型运输方式中搬运装卸的各当事人之间的权利和义务。

能力目标：

掌握港口搬运装卸作业合同条款，培养依法搬运装卸的意识；能够运用法律解决实际搬运装卸中的常见争议。

素养目标：

装卸搬运贯穿于物流作业的始终，完成《国家物流枢纽布局和建设规划》中提出的到2025年要"推动全社会物流总费用与GDP的比率下降至12%左右"的目标，离不开智能物流系统的普及。通过本项目学习，培养安全作业的职业意识和创新思维。

情境案例

各方合力 中国自动化码头遍地开花

根据交通运输部公布的统计数据，截至2023年年底，我国自动化集装箱码头已建和在建的数量位居世界首位，其中，已建成的自动化集装箱码头有18座，在建包括改造的集装箱码头有27座。同时，我国已掌握了自动化集装箱码头从设计建造、装备制造到系统集成和运营管理全链条的关键核心技术，总体应用规模和技术水平处于世界前列。

作为全球最大的单体智能全自动化码头，洋山港四期在2016年就已经完全实现自动化，不仅岸桥不需要人驾驶，可以后台操作；连集卡也直接由自动运行的AGV小车装载运输货物，被工作人员戏称为"魔鬼码头"。作为自动化码头的标杆，洋山港四期的软硬件构成至今具有领先性，其主要设备包括岸桥、轨道吊、自动化引导小车（AGV）、轮胎吊等，这些设备均来自振华重工。自动化系统是全自动码头的"灵魂"。以洋山港四期为例，其采用振华重工自主研发的ESC设备控制系统和全部港机设备，是当时唯一拥有"中国芯"的自动化码头。被誉为"洋山港四期2.0"的罗泾港区，也同步引入了最新智慧码头技术，以自动控制技术、大数据及人工智能为依托，集成应用5G、车路协同、高精度融合定位等技术，实现码头设备的智能化运转。结合智能化闸口、调度、理货等全域协同子系统，实现自动化码头全港域、全流程的互联互通与智能协同，切实提升港口接卸、转场、调度等作业效率。

从上述自动化码头的构成不难看出各参与方的身影，包括：业主，即港口集团、码头用户；港机设备的主机厂；自动化码头建设总承包方，这可以是码头用户自己，也可以是具有相关能力的供应商，如振华重工；自动化控制系统提供商，提供码头设备、系统的自动化升级方案，如设备自动化、TOS 系统升级等，如以振华重工电气为代表的设备自动化方案提供方、以华东电子为代表的码头生产系统提供方。此外，还有新基建、新技术团队，如 5G、无人驾驶、北斗定位、图像识别等技术方案的提供者。

"目前中国港口自动化在全球属于领先水平。"振华重工相关负责人表示，"这主要有发展智慧交通、智慧港航的国家战略层面的推动，也有各港口对自动化码头的建设意愿加强，有持续的投入。在自动化技术储备方面，振华重工从 2007 年开始投入研发自动化码头系统，在设备制造、自动化控制等方面积累了丰富的经验；另外就是 5G、无人驾驶、AI 等相关技术快速发展。"

相对于传统的集装箱码头，自动化码头最大的特点是实现了码头装卸、水平运输、堆场装卸环节的全过程智能化、无人化的操作，对降低码头运营成本，提高作业效率与安全性、环保性具有重要意义。结合公开报道来看，各地的自动化码头在智能化的加持下不断刷新作业效率。

资料来源　张赛男．中国自动化码头遍地开花 高效率下提升产业链能级［EB/OL］．［2024-06-13］. https://m.21jingji.com/article/20240613/eecec0b1d3f911fc6c0a714c496af847.html.

任务一　了解货物搬运装卸及相关法律法规

一、搬运装卸的概念和特征

（一）搬运装卸的概念

搬运装卸是为了改变"物"的存放、支撑状态所进行的一系列活动。根据《物流术语》（GB/T 18354—2021），搬运是指在同一场所内，以人力或机械方式对物品进行空间移动的作业过程。在实际操作中，搬运与装卸通常密不可分，两者总是伴随在一起发生。物流领域通常将搬运装卸这一整体活动称作货物装卸；生产领域常将这一整体活动称作物料搬运。

在特定场合，单称"装卸"或单称"搬运"也包含了"搬运装卸"的完整含义。因此，在物流学中不强调两者的差别，而是将搬运与装卸放在一起。本项目使用"搬运装卸"这一用语。

搬运中的"运"与运输中的"运"的区别在于，前者是物体在较短距离内发生的位移，而后者则是在较长距离内发生的位移，两者是量变到质变的关系，中间并无一个绝对的界限。

（二）搬运装卸的特征

1.出现频率高

搬运装卸活动包括装、卸和搬运，以及联结上述各项动作的短程输送，是随运输和保管等活动而产生的必要活动。在物流过程中，装卸活动的出现频率最高，总是不断出现和反复进行，每次装卸都要花费相当的时间，因此，装卸速度往往成为决定物流速度的关键。

2.消耗费用大

装卸费用在物流成本中所占的比重较高。据统计,我国机械工厂每生产1吨成品,需进行252吨次的装卸搬运,其成本为加工成本的15.5%。生产伴随着物料搬运,物料搬运量常常是产品重量的数倍甚至数十倍。

在美国,企业装卸搬运费用占总成本的20%~30%;德国企业物料搬运费占营业额的1/3。

在我国,铁路运输的始发站和到达站的装卸作业费大致占运费的20%,而海运的这一比例在40%左右。因此,如果要降低物流费用,搬运装卸是个重要环节。

3.安全要求高

搬运装卸是一种人力与机械相结合的活动,需要人与机械、货物密切配合。搬运装卸的工作环境复杂多变,对象种类繁多,存在的不安全因素也较物流其他环节多,因此对人、货物、机械的安全性都有很高的要求。

二、货物搬运装卸环节的法律法规

根据效力层次的不同,搬运装卸环节的法律法规可以分为法律、行政法规、部门规章或地方性法规、地方政府规章,以及国际公约与国际惯例。物流活动的各个环节均涉及货物搬运装卸工作,其中在港口、陆运、空运与多式联运等环节较集中,相关的法律法规也多集中于此。

(一)港口搬运装卸方面的法律法规

在法律层面,主要有《民法典》《海商法》《港口法》等;在行政法规层面,国务院未制定关于港口搬运装卸方面的行政法规;在部门规章层面,主要有《港口经营管理规定》《船舶载运危险货物安全监督管理规定》等。

在国际公约、国际惯例层面,调整港口搬运装卸法律关系的主要有《联合国国际贸易运输港站经营人赔偿责任公约》《鹿特丹规则》《货物运输组件装载实操规则》等。

(二)陆运搬运装卸方面的法律法规

在法律层面,调整陆运搬运装卸的法律主要涉及《民法典》《公路法》《铁路法》等;在行政法规、部门规章层面,主要有《道路运输条例》《铁路货物装卸安全技术规则》等。

在国际公约、国际惯例层面,调整陆运搬运装卸法律关系的主要有《国际铁路货物联运协定》《国际铁路货物运输公约》《国际公路货物运输合同公约》《国际公路运输公约》等。

(三)空运搬运装卸方面的法律法规

在法律层面,调整空运搬运装卸的法律主要有《民法典》《民用航空法》,其中《民用航空法》涉及空运搬运装卸方面的具体规定不多;在行政法规、部门规章层面,调整空运搬运装卸的规范性文件比较少,交通运输部发布的《大型飞机公共航空运输承运人运行合格审定规则(2024年修订)》,在第121.215、第121.217条分别规定了在客舱内和货舱内装货的规则。

在国际公约、国际惯例层面，调整空运搬运装卸法律关系的主要有《华沙公约》《蒙特利尔公约》。

（四）多式联运搬运装卸方面的法律法规

我国目前还没有专门调整多式联运的法律，相关条款散见于《民法典》《海商法》等法律法规中。

关于多式联运的国际公约和国际惯例主要有《1973年多式联运单证统一规则》《多式联运公约》《多式联运单证规则》等。

三、物流企业在搬运装卸作业中的法律地位

搬运装卸经常与运输、仓储等环节联系在一起，物流企业不可避免地会在物流过程中承担搬运装卸作业。

同时，搬运装卸是一项技术要求较高的活动，所以物流企业通常将搬运装卸业务交给一些专业的搬运装卸企业去完成。由此，在不同的操作方式中，物流企业具有不同的法律地位。

（一）物流企业自身进行搬运装卸

如果根据物流服务合同的要求，物流企业需要亲自完成搬运装卸作业，其在搬运装卸过程中即处于搬运装卸经营人的地位。物流企业根据物流服务合同及相关法律法规享有权利、承担义务。

（二）物流企业自身不进行搬运装卸

物流企业根据物流服务合同的要求需要完成搬运装卸作业但不亲自实施的，通常委托专业的搬运装卸公司完成相关作业，从而处于搬运装卸作业委托人的地位。

物流企业根据物流服务合同、搬运装卸作业合同及相关法律法规享有权利并承担义务。

> **▶ 拓展阅读7-1**
>
> #### 集装箱码头装卸工艺方案
>
> 集装箱码头装卸工艺是指装卸集装箱的方法。
>
> 集装箱装卸工艺决定了码头装卸机械配备、码头的装卸生产作业组织、劳动定额和劳动生产率。
>
> 船舶大型化及集装箱码头装卸作业高效化，这就要求集装箱码头装卸工艺系统现代化和最优化。
>
> 1.底盘车工艺系统
>
> 进口时将从船上卸下来的集装箱直接装到底盘车上，用牵引车拉到堆场上整齐排列，而不予堆码，进行内陆运输时，底盘车与牵引车连接后，即可拖走；出口则相反。
>
> 2.跨运车工艺系统
>
> 进口时先由集装箱装卸桥将集装箱从船上卸下，放在码头前沿，再由跨运车将集装箱从码头前沿运往堆场堆存，要进行内陆运输时再用跨运车对底盘车进行换装作业，然后由牵引车牵引底盘车；出口时相反。

3. 叉车工艺系统

码头前沿采用岸桥装卸船舶，码头前沿与堆场间水平运输、堆场堆码箱和装卸车由叉车承担。

4. 正面吊运机工艺系统

码头前沿采用岸桥装卸船舶，码头前沿与堆场之间水平搬运、堆场堆码箱及装卸车作业由正面吊运机完成。

5. 龙门起重机工艺系统

（1）轮胎式龙门起重机工艺系统。

进口时将从船上卸下的集装箱用堆场底盘车从码头前沿拖运至堆场，在堆场上用轮胎式龙门起重机进行堆码及换装作业，进行内陆运输时，由牵引车牵引底盘车出场。

（2）轨道式龙门起重机工艺系统。

同轮胎式龙门起重机工艺系统相比，轨道式龙门起重机工艺系统跨距比轮胎式工艺系统更大，可横跨14列集装箱或更多，可堆码4~5层高集装箱。

资料来源　刘丽艳，王宇楠. 集装箱运输与多式联运［M］. 4版. 北京：清华大学出版社，2023.

互动课堂7-1

如何发展我国的搬运装卸法律体系？

答：随着物流行业的快速发展，搬运装卸作为物流业必不可少的一环，也得到了长足的发展。

但从法律层面来说，目前我国还没有制定出专门调整搬运装卸作业或者物流的法律，仅有少量相关规定散见于各类法律法规之中，这对搬运装卸作业的发展有一定的制约。

要完善我国的搬运装卸法律，首先，要提高立法层次，可以考虑制定专门的法律或将现有的行政规章修改完善，使之成为法律；其次，要全面统一规范各种运输方式（水运、陆运、空运、多式联运）中的搬运装卸作业活动，包括市场准入、权利和义务（与委托人之间、与其他作业人之间）、责任基础、赔偿责任限制、作业规范与标准、员工安全保障等；最后，要在共建"一带一路"的大环境下，努力发展和检视我国搬运装卸的法律体系，尽可能在发展我国特色搬运装卸的法律体系的同时，与国际接轨。

思政小课堂7-1 ✓

勇于创新，开拓进取——智能感知助力港口装卸工艺提升

针对装卸作业环节中存在的人机混杂作业安全隐患和效率偏低等行业痛点，各港口应该聚焦集装箱码头智能装卸建设，采用智能感知技术，促进智能感知技术在智能装卸关键系统中的研发与应用。

（1）机器视觉集卡防吊起技术。

在龙门吊吊起外运集卡车架上的集装箱进行收箱作业时，时常会发生吊集卡事故。

智能装卸关键系统基于机器视觉实现集卡卸箱时的全天时/全天候安全保护，通过优化相机布局对集卡进行全方位观测覆盖，将前端相机采集到的作业视频通过PoE网线输入工控机。

工控机对作业视频图像进行处理和分析，通过人工智能技术检测在输入的视频图像中是否存在集卡，若存在集卡，对集卡车架进行面向非刚性目标的像素级语义分割，找出集卡车架区域，根据集卡被吊起时车架特征的异常变化进行自动识别，判断是否发生作业集卡被吊起的情况，实现对所有集卡类型、所有集装箱型、所有未解锁模式的安全保护。

智能装卸关键系统突破了大弹性条件下集卡类型和吊起模式多样性识别的样本完备性等应用关键技术，成功解决了长期困扰码头行业的集卡卸箱全天时/全天候安全保护难题，显著提高了码头作业效率和安全性。

（2）漏摘锁垫智能预警技术。

卸船作业时，现场人员偶尔会漏摘从运输船上卸下的集装箱底角锁垫，集装箱放至堆场时会与下层集装箱产生固联，再次提箱时将导致严重的吊箱事故。当前主要依赖龙门吊或桥吊操作人员人眼观察，长时间作业疲劳时很容易漏判。

智能装卸关键系统基于机器视觉技术和深度学习方法实现了集装箱底角漏滴锁垫全维度检测和预警，通过优化设计视频监测系统布局对锁垫区域进行全方位多角度实时观测，若检测到锁垫，立即输出报警信号，报警信号通过Profibus-DP或Modbus通信模式反馈给龙门吊或桥吊PLC，停止龙门吊或桥吊的吊具起升，通知作业人员摘除遗留的锁垫。

智能装卸关键系统还设计了多级应急处置机制，在保障装卸业务一致性的情况下，实现了锁垫零进场目标。

（3）轮胎吊大车行走自动纠偏和防撞技术。

轮胎吊大车在转场作业时，须严格按预定轨道行驶，由于路面不平导致大车颠簸、人员误操作等问题常发生大车偏离预定轨道、障碍物相撞的事故。

目前，大车行走纠偏和防撞主要依靠司机目测偏移距离和预判，根据人工经验采取相应策略进行纠偏和防撞，司机需要时刻集中精力，极易疲劳，存在偏离预定轨道后撞车、撞箱的风险。

智能装卸关键系统根据轮胎吊行驶动力学模型给出龙门吊运动轨迹超越积分数学解析表达，利用安装在大车前后方和两侧的相机实时获取大车行进前方的引导线，结合机器视觉引导线鲁棒检测、识别与跟踪技术估计大车实际行驶路线与预定路线的偏差，采用纠偏控制模型和路径最优控制方法控制轮胎吊前后大车的驱动电机，自动纠正大车行驶方向和速度，解决了大延时信息补偿和大车蛇形行走等难题，高速行驶自动纠偏行车精度和车体晃动均优于熟练人工操作，实现了工程可用的基于机器视觉的轮胎吊全速全天时自动纠偏。

（4）龙门吊辅助自动抓放箱技术。

龙门吊自动抓放箱是堆场作业核心任务，抓放箱作业时需要操作吊具进行反复对位，在作业繁忙时占用龙门吊资源和作业车道资源，影响了装卸效率。

智能装卸关键系统通过安装在吊具4个角上或龙门吊小车上的4个相机实时获

取集装箱孔和车架锁销的视频图像，采用多尺度贝叶斯卷积神经网络技术对集装箱孔或车架锁销图像进行自动识别和跟踪，利用多源信息融合方法实时估计吊具与集装箱孔或车架锁销的相对位置偏差和姿态偏差，并建立吊具时空动态调整优化模型，结合视觉伺服闭环控制，优化吊具控制量，达到吊具调整的零停顿，实现了基于机器视觉的龙门吊自动对位，减少了反复对位耗费的时间，自动优化匹配了龙门吊装卸任务。

（5）集卡自动引导技术。

集卡停车对位是集装箱码头装卸工艺中的重要一环，集卡司机无法利用吊具未到位前的时间完成精确对位停车，在一定程度上降低了装卸效率。

针对集卡停车位置不准确导致的装卸作业效率低问题，智能装卸关键系统基于机器视觉的集卡实时自动引导系统，采用基于集卡车头的集装箱箱孔或集卡车架锁销多层级目标检测与定位技术，对俯视集卡车头图像进行识别和定位，结合码头堆场集卡作业特点，将龙门吊吊具下方位置抽象形成各节点坐标，根据集装箱箱孔或集卡车架锁销的识别和定位结果，计算集装箱或车架与预定点之间的偏差角度和偏差距离，通过显示装置实时输出集卡当前位置与预定位置的偏差，帮助司机更快到达指定位置。

智能装卸关键系统在现有设备基础上以较低成本实现集卡自动引导，针对各类内运集卡和外运集卡均可提高作业效率。

智能装卸关键系统的研发与应用，在一定程度上赋能港机装备，使港机在装卸过程中具备智能化，不但性能媲美人工操作，而且安全性高、可靠性强、维护方便、智能化程度高、能效与环保优，促进了集装箱码头装卸工艺模式的进步。

资料来源　唐波，高仕博，张聪，等. 智能感知技术在集装箱码头堆场智能装卸中的应用［J］. 港口科技，2021（8）：1-6；12.

任务二　熟悉港口搬运装卸作业相关法律法规

一、与港口搬运装卸作业相关的法律法规及其适用

（一）与港口搬运装卸作业相关的法律法规

我国在港口搬运装卸作业方面的立法尚处于起步阶段，还没有制定出专门的搬运装卸法律法规，调整这一部分的法条广泛地分布在规范与搬运装卸有关的其他活动的法律法规中。

我国与港口搬运装卸作业相关的法律法规见表7-1。

（1）法律：《民法典》《海商法》《港口法》等。

（2）行政规章：《港口经营管理规定》《船舶载运危险货物安全监督管理规定》等。

（3）国际公约和国际惯例：《1991年联合国国际贸易运输港站经营人赔偿责任公约》《货物运输组件装载实操规则》《鹿特丹规则》等。

除此之外，还有许多地方性的法规及规章。

表7-1 我国与港口搬运装卸作业相关的法律法规

立法层次	法律法规名称	制定部门	施行日期	涉及的主要内容
法律	《民法典》	全国人民代表大会常务委员会	2021-01-01	民事权利与义务、民事代理、诉讼时效、法律适用、合同的订立与履行、合同效力、合同各方的权利与义务
法律	《海商法》	全国人民代表大会常务委员会	1993-07-01	海上货物运输承运人的权利与义务
法律	《港口法》（修订）	全国人民代表大会常务委员会	2018-12-29	市场准入、定价收费、权利与义务
部门规章	《港口经营管理规定》（修订）	交通运输部	2021-02-01	资质申请与管理、经营管理、法律责任
部门规章	《船舶载运危险货物安全监督管理规定》	交通运输部	2018-09-15	船舶运载危险货物装卸规则

这些法律法规主要有以下三种：

（二）与港口搬运装卸作业有关的法律适用

相对于物流的其他环节，与港口搬运装卸作业有关的法律法规比较多，而且这些法律法规在法律效力和适用范围上各有不同，所以就产生了法律适用的问题。当纠纷产生时，就需要明确运用哪部法律法规来确定当事人的权利和义务。

1.有关港口搬运装卸作业法律法规之间的效力层次及适用

法的效力层次是指规范性法律文件之间的效力等级关系。

根据《中华人民共和国立法法》的规定，我国法的效力层次可以概括为：

①上位法的效力高于下位法，即规范性法律文件制定主体的法律地位决定法的效力，主体的地位越高，法的效力也越高；

②同一主体制定的法之间，特别法优于一般法，即同一事项，两种法都有规定时，特别规定优先适用；

③新法优于旧法。

按照上述规则，在法律适用上，《民法典》是民事法律体系中的一般法，《海商法》是民事法律体系中的特别法，一般来说，在特别法与一般法规定不一致的情况下，优先适用特别法的规定。

《港口法》是我国专门规范从事搬运装卸等作业的港口经营人的法律，其中第二十二条第三款规定，港口经营包括码头和其他港口设施的经营，港口旅客运输服务经营，在港区内从事货物的装卸、驳运和仓储的经营以及港口拖轮经营等。

同时，《港口法》对包括港口搬运装卸作业在内的港口经营人在市场准入、定价收费以及权利和义务等方面也作出了明确的规定。涉及上述行为，应适用《港口法》的有关规定。

《港口经营管理规定》是交通运输部发布的专门调整港口作业活动的部门规章，与以上法律相比较，部门规章的针对性更强，对实际业务活动中出现的法律问题规定得更具体、更灵活。

值得注意的是，部门规章是在其上位的法律法规的指导下订立的，其内容不得与上位法发生冲突，否则无效。

而且上位法中的基本原则和制度同样适用港口作业，如《民法典》中关于合同当事人的基本权利和义务同样适用于港口作业合同中的双方当事人。

2.国内法与国际公约之间的关系

对于涉外纠纷的法律适用问题，我国一直都采用所加入的国际公约优先于国内法的原则，即如果是具有涉外性的法律纠纷，优先适用我国加入的国际公约的有关规定。

二、港口货物作业合同

（一）港口货物作业合同的概念

港口货物作业合同是指港口经营人在港口对水路运输货物进行装卸、驳运、储存、拆装集装箱等作业，作业委托人支付作业费用的合同。

当物流企业不亲自实施货物的搬运装卸作业时，就需要与专业的装卸公司就某一港口的货物搬运装卸签订作业合同，该合同就属于港口货物作业合同。

（二）港口货物作业合同的主要内容和形式

港口货物作业合同的内容通常是通过合同条款体现的，而港口货物作业合同由作业委托人与港口经营人协商签订。

港口货物作业合同一般包括以下主要内容：

（1）货物名称。

（2）货物数量及计量。

（3）货物质量。

（4）货物交接的时间和地点。

（5）货物集疏港方式。

（6）港口经营人保管货物期间所扣的损耗。

（7）港口经营人堆存货物的方式。

（8）港口作业费用及结算方式。

（9）双方的权利和义务。

（10）违约责任。

以上条款并不是每个港口货物作业合同都必须订立的条款，根据《民法典》合同编的规定，除合同成立所必需的条款外，缺少其他的条款并不影响合同的效力。

港口货物作业合同并不是要式合同，因此，按照《民法典》第四百六十九条的规定，其可以采取书面形式、口头形式或者其他形式。

三、物流企业在港口搬运装卸作业中的义务

（一）自行进行港口作业的物流企业所承担的义务

根据"港口作业合同协议书范本"，物流企业自行进行港口搬运装卸作业时，其根据物流服务合同的约定承担义务，包括：

（1）按照合同的约定，根据作业货物的性质和状态，配备适合的机械、设备、工具、库场等，并使之处于良好的状态。

（2）在单元滚装装卸作业中，物流企业应当提供适合滚装运输单元候船待运的停泊场所、上下船舶和进出港的专用通道；应当保证作业场所的有关标志齐全、清晰，照明良好；应当配备符合规范的运输单元司乘人员及旅客的候船场所。旅客与运输单元上下船和进出港的通道应当分开。

（3）按照合同的要求进行搬运装卸作业。

（二）物流企业委托他人进行港口搬运装卸作业时所承担的义务

根据"港口作业合同协议书范本"，不具有港口搬运装卸能力的物流企业在进行搬运装卸时，可作为委托人与港口经营人签订港口货物作业合同，根据作业合同履行下列义务：

（1）及时办理港口搬运装卸作业所需的各项手续，因办理各项手续和有关单证不及时、不完备或者不正确，造成港口经营人工作时间延误或其他损失的，物流企业应承担赔偿责任。

（2）对有特殊搬运装卸要求的货物，应当与港口经营人约定货物搬运装卸的特殊方式和条件。

（3）以件为单位进行搬运装卸的货物，如港口经营人验收货物时，发现货物的实际重量或者体积与物流企业申报的重量或者体积不符，物流企业应当按照实际重量或者体积支付费用并向港口经营人支付衡重等费用。

（4）对危险货物的搬运装卸作业，物流企业应当按照有关危险货物运输的规定妥善包装，制作危险品标志和标签，并将其正式名称和危害性质以及必要时应当采取的预防措施书面通知港口经营人。

（5）物流企业未按照（4）的要求通知港口经营人或者通知有误的，港口经营人可以在任何时间、任何地点根据情况需要停止搬运装卸作业、销毁货物或者使之不能为害，而不承担赔偿责任。物流企业对港口经营人作业此类货物所受到的损失，应当承担赔偿责任。

港口经营人知道危险货物的性质并且已同意作业的，仍然可以在该项货物对港口设施、人员或者其他货物构成实际危险时停止作业、销毁货物或者使之不能为害，而不承担赔偿责任。

（6）港口作业合同约定，港口经营人从第三方接收货物进行搬运装卸作业的，物流企业应当保证第三方按照作业合同的约定交付货物。

四、集装箱码头搬运装卸的特殊规定

（一）集装箱码头搬运装卸的概念

集装箱码头搬运装卸是指集装箱船舶搬运装卸作业以及该种作业前所进行的一系列作业，主要包括集装箱装卸船作业、堆场作业、货运站作业。

集装箱装卸船作业是将集装箱装上、卸下船舶的作业；堆场作业是对集装箱在堆场内进行搬运装卸等的作业；货运站作业是集中、分散集装箱，以及集装箱货物装箱、拆箱的作业。

（二）物流企业在集装箱码头搬运装卸中的义务

与普通港口搬运装卸相比，物流企业在集装箱码头搬运装卸中有一些特殊的义务。

1.自行进行集装箱码头搬运装卸作业的物流企业所承担的义务

其主要包括：

（1）应使装卸机械及工具、集装箱场站设施处于良好的技术状态，确保集装箱装卸、运输和堆放安全。

（2）在装卸过程中应做到：稳起稳落、定位放箱，不得拖拉、甩关、碰撞；起吊集装箱要使用吊具，使用吊钩起吊时，必须四角同时起吊，起吊后，每条吊索与箱顶的水平夹角应大于45度；随时关好箱门。

（3）如发现集装箱货物有碍装卸运输作业安全，应采取必要的处置措施。

2.委托他人进行集装箱码头搬运装卸作业的物流企业承担的义务

其主要包括：

（1）物流企业委托他人进行港口集装箱搬运装卸作业应填制"港口集装箱作业委托单"。

（2）物流企业委托他人进行港口集装箱搬运装卸作业过程中应保证货物的品名、数量、重量、体积、包装、规格与"港口集装箱作业委托单"中的记载相符。

委托作业的集装箱货物必须符合集装箱装卸运输的要求，其标志应当醒目、清晰。

由于申报不实给港口经营人造成损失的，物流企业应当负责赔偿。

（三）物流企业对集装箱货物进行装卸作业时的义务

集装箱货物的装卸作业，即按照一定的工艺要求，将货物装上、卸下集装箱的作业。

在集装箱码头的搬运作业过程中，有很大一部分业务会涉及对货物的拼箱和装箱，所以集装箱货物的装卸作业是集装箱码头搬运装卸作业的重要组成部分。

集装箱中的货物由装箱到拆箱，要经过运输过程，在这个过程中会产生振荡、颠簸、摇晃。

虽然集装箱是坚固的，但内部的货物却有可能由于以上原因而损坏。因此，集装箱中货物的正确积载十分重要，对此，物流企业应承担相应的义务，以保证货物安全。

（1）保证装载货物的集装箱应具备以下条件：

①集装箱符合国际标准化组织的标准。

②集装箱四柱、六面、八角完好无损。

③集装箱各焊接部位牢固。

④集装箱内部清洁、干燥、无味、无尘；集装箱不漏水、不漏光。

（2）在对货物进行装箱之前应该做以下检查：

①外部检查。

应该对集装箱进行六面查看，如果发现外部有损伤、变形、破口等异常现象，应该及时进行维修。

②内部检查。

应该对集装箱的内侧进行检查，重点查看是否漏水、漏光，是否有污点、水渍等；还应该对箱门进行检查，查看箱门是否完好，是否能够270度开启。

③清洁检查。

应该检查箱子内部有无残留物、污染、锈蚀、异味、水湿。如不符合要求，应予以清扫甚至更换。

④附属件检查。

对集装箱的加固环节状态，如板架式集装箱的支柱状态，平板集装箱、敞棚集装箱上部延伸用加强结构等的状态进行检查。

（3）对集装箱货物进行积载时，一般应满足以下要求：

①集装箱内所载的货物不能超过集装箱所能承受的最大重量。

②根据货物的性质、体积、质量、包装强度等的不同安排积载。

③集装箱内应当均匀分布重量；根据货物包装的强度决定堆码的层数。

④注意不同货物的物理及化学性能，避免发生污染和串味。

> **拓展阅读7-2**

《货物运输组件装载实操规则》解读

《货物运输组件装载实操规则》（CTU规则）由国际海事组织（IMO）、国际劳工组织（ILO）和联合国欧洲经济委员会（UNECE）共同制定，该规则是一种非强制性的全球操作规范，对海上、陆路运输的货运单元中的装载提供规范性指导。

《货物运输组件装载实操规则》的最新版本于2014年公布，2014年版的规则是1997年版本的更新。2017年9月，在伦敦国际航运周期间IMO举行的相关会议上，全球托运人论坛（GSF）、国际货物装卸协调协会（ICHCA）、联运保赔协会（TT Club）和世界海运理事会（WSC）呼吁《货物运输组件装载实操规则》在其管辖范围内成为法定要求。在四个组织的联合声明中称，该行业机构联盟下决心推进其目标，并再次强调IMO成员国应发挥应有的作用。

《货物运输组件装载实操规则》涵盖所有货物运输组件，包括卡车、公路拖车、运货车、空运货物集装箱、中型散装容器（IBCs）和可拆卸车体以及航运集装箱。

《货物运输组件装载实操规则》考虑到了海陆运输方式的各种要求，为在集装箱中进行货物装载、固定以及多式联运的其他方面提供全面信息和参考。

《货物运输组件装载实操规则》适用于多式联运的整个过程，不仅为负责包装和固定货物的人员提供指导，还为接收和拆开此类运输单元的人员提供指导。另外，该规则还涉及培训和危险货物包装等问题。

《货物运输组件装载实操规则》的制定，旨在帮助行业、雇主与工人协会、政府保证集装箱内货物的安全存放。

《货物运输组件装载实操规则》可以用作国内立法的参考基础，也可以在出现此类要求时成为该领域国际条约制定的范本。

资料来源 国际海事组织. IMO/ILO/UNECE《货物运输组件装载实操规则》（CTU）[EB/OL]. [2021-05-11]. https://www.imo.org/en/OurWork/Safety/Pages/CTU-Code.aspx.

互动课堂7-2

成为港口经营人的一般条件有哪些?

答:根据《港口经营管理规定》的第七条,港口经营人的一般条件包括:

(1)有固定的经营场所;

(2)有与经营范围、规模相适应的港口设施、设备;

(3)有与经营规模、范围相适应的专业技术人员、管理人员;

(4)有健全的经营管理制度和安全管理制度以及生产安全事故应急预案,应急预案经专家审查通过;依法设置安全生产管理机构或者配备专职安全管理人员。

港口行政管理部门许可从事货物装卸业务的港口经营人,根据《港口经营管理规定》第十七条,不应包括港口理货业务经营人。

另外,根据《港口经营管理规定》第二十三条,沿海港口经营人不得为超出航区的内河船舶提供货物装卸服务。

任务三 熟悉陆运搬运装卸作业相关法律法规

一、与陆运搬运装卸作业相关的法律法规及其适用

陆运包括铁路运输与公路运输。

与其他物流环节相同,我国调整陆运搬运装卸作业的规则也散见于各法律法规之中。

(1)在法律层面,《民法典》《铁路法》《公路法》中的许多规定都适用于陆运搬运装卸作业。

(2)在行政法规、部门规章层面,主要有国务院颁布的《道路运输条例》,而原铁道部发布的《铁路委托装卸管理办法》,原交通部发布的《交通部关于禁止运输和装卸超重集装箱的通知》,原劳动部颁布的《劳动部关于装卸、搬运作业劳动条件的规定》等规定依然有效。

(3)国际公约、国际惯例主要有《国际铁路货物联运协定》《国际铁路货物运输公约》《国际公路货物运输合同公约》《国际公路运输公约》等。

此外,陆运搬运装卸作业还应当遵守各种国家标准,如《铁路装卸作业标准》等。

与陆运搬运装卸作业有关的法律适用,同港口搬运装卸作业法律适用的原则相同,在此不再赘述。

二、物流企业在铁路搬运装卸中的义务

(一)自行进行铁路搬运装卸作业的物流企业的义务

(1)装车前,应该认真检查车体(包括透光检查)、车门、车窗、盖、阀是否完整良好;认真核对待装货物品名、件数,检查标志、标签和货物状态;对集装箱还应检查箱内装载情况,检查箱体、箱号和封印。

（2）装车后，应该认真检查车门、车窗、盖、阀关闭和装载加固情况；需要填制货车装载清单及标画示意图的，应按规定填制及标画；需要施封的货车，按规定施封；对装载货物的敞车，要检查车门插销、底开门搭扣和篷布苫盖、捆绑情况；装载超限、超长、集重货物，应按装载加固定型方案或批准的装载加固方案检查装载加固情况。

（3）货物装车或卸车，应在保证货物安全的条件下，积极组织快装、快卸，昼夜不间断地作业，以缩短货车停留时间，加速货物运输。

（4）等待装车或者从机车上卸下的货物存放在装卸场所内，应距离货物线钢轨外侧1.5米以上，并应堆放整齐、稳固。

（二）委托他人进行铁路搬运装卸作业的物流企业的义务

（1）及时办理检验、检疫、公安和其他铁路搬运装卸作业所需的相关手续。

（2）按照合同提供约定的货物。合同约定铁路搬运装卸作业人从第三方接收货物进行搬运装卸作业的，物流企业应当保证第三方按照作业合同的约定交付货物。

（3）按照合同约定支付相应的费用。

三、物流企业在公路搬运装卸中的义务

（一）自行进行公路搬运装卸作业的物流企业的义务

（1）应对车厢进行清扫，保证车辆、容器、设备符合装卸货的要求。

（2）搬运装卸作业应当轻装轻卸，堆码整齐；清点数量；防止混杂、洒漏、破损；严禁有毒、易污染物品与食品混装，危险货物与普通货物混装。

（3）对性质不相抵触的货物，可以拼装、分卸。

（4）搬运装卸作业完成后，货物需绑扎、苫盖篷布的，搬运装卸人员必须将篷布苫盖严密并绑扎牢固，编制清单，做好交接记录，并按有关规定施加封志和外贴标志。

（5）认真核对装车的货物名称、重量、件数是否与运单上的记载相符，包装是否完好。

（二）委托他人进行公路搬运装卸作业的物流企业的义务

（1）及时办理检验、检疫、公安和其他公路搬运装卸作业所需的各种手续。

（2）按照合同提供约定的货物。合同约定公路搬运装卸作业人从第三方接收货物进行搬运装卸作业的，物流企业应当保证第三方按照作业合同的约定交付货物。

（3）按照合同约定支付相应的费用。

任务四　熟悉空运与多式联运的搬运装卸作业相关法律法规

一、与空运搬运装卸作业相关的法律法规及其适用

空运是以航空器为运输工具，实现货物在区域间的位置转移的活动。

国际上关于空运的公约主要有《统一国际航空运输某些规则的公约》（包括《华沙公约》和《蒙特利尔公约》）《国际民用航空公约》（通称《芝加哥公约》）。

在我国，调整空运的法律主要有《民用航空法》。由于通常情况下，空运搬运装

卸作业在陆地上进行，因此，在《民用航空法》没有明确规定时，可以参照陆运搬运装卸作业的相关法律。

二、与多式联运中搬运装卸作业相关的法律法规及其适用

多式联运是指按照合同约定，由多式联运经营人以两种或两种以上的不同运输方式，负责将货物从接收地运至目的地。

多式联运因涉及两种或两种以上运输方式，其搬运装卸作业具有一定的特殊性，在不同运输方式之间转换时的作业也应当属于搬运装卸作业的范畴，故与多式联运中搬运装卸作业相关的法律法规及其适用，与一般单式运输方式相比，主要在于货物在不同运输方式之间转换时所适用的法律法规不同。

目前，有关多式联运的国际公约都尚未生效，仅有非强制性的由国际商会制定、1975年修订的《1973年多式联运单证统一规则》和由联合国贸易与发展会议会同国际商会于1991年制定的《多式联运单证规则》。

我国调整多式联运的法律主要是《海商法》与《民法典》，其中的规定相对来说比较原则化，不涉及有关搬运装卸的内容。

除此之外，交通运输部制定并发布了《货物多式联运术语》（JT/T 1092—2016）、《多式联运运载单元标识》（JT/T 1093—2016）、《商品车多式联运滚装操作规程》（JT/T 1194—2018）和《多式联运交换箱标识》（JT/T 1195—2018）等与多式联运相关的交通运输行业标准。

其中，《多式联运运载单元标识》和《多式联运交换箱标识》规定了在多式联运过程中，货物通过装卸作业在不同运输工具间转移时，装载货物的运载单元和交换箱应当符合的标准。

《商品车多式联运滚装操作规程》则规定了在多式联运过程中利用商品车，通过其自身行驶系统，经由跳板在场地与运载工具之间进行装卸作业时应当遵循的技术标准。

●　●　基本训练

1.单项选择题

（1）《海商法》用来调整（　　　）运输方式的搬运装卸作业。

A.公路　　　　　　　　　　　　B.铁路

C.多式联运　　　　　　　　　　D.航空

（2）下列法律既调整陆路运输又调整海上运输的是（　　　）。

A.《海商法》　　　　　　　　　B.《民法典》

C.《公路法》　　　　　　　　　D.《铁路法》

2.多项选择题

（1）搬运装卸环节涉及的规定主要来自（　　　）。

A.法律　　　　　　　　　　　　B.行政法规

C.国际公约和国际惯例　　　　　D.部门规章

（2）港口货物作业合同的主要内容有（　　　）。

A.作业委托人、港口经营人和货物接收人的名称

B.货物名称、数量及计量、质量

C.货物交接的时间和地点

D.港口作业费用及其结算方式

3.判断题

（1）《海商法》既能调整港口搬运装卸，也能调整公路搬运装卸。 （　　）

（2）在港口搬运装卸法律规范中，当《民法典》的规定与《海商法》的规定不一致时，优先适用《海商法》的相关规定。 （　　）

4.简答题

（1）搬运装卸环节涉及的法律法规有哪些？

（2）简述铁路搬运装卸与港口搬运装卸中搬运装卸人义务的异同。

（3）物流企业在陆运搬运装卸中的义务有哪些？

●●综合应用

1.案例分析

某服装公司委托某物流公司通过海运运送一批羽绒服，要求"不准配装甲板，应装在舱内"。货物到达后，收货人在码头堆场提货时，对箱体外表状况、关封状况未提出任何异议，但拆箱时却发现三个集装箱中部分羽绒服被水浸，经海关认定水浸是海水所致。请问物流公司是否承担赔偿责任？为什么？

2.思考题

试论述与港口搬运装卸作业相关的法律法规及其适用。

3.实训题

请收集近5年有关搬运装卸纠纷的案例，分析提供搬运装卸服务的物流企业和相关工作人员应如何加强法治教育。

项目八
货物流通加工法律法规

学习目标

知识目标：

通过本项目的学习，掌握流通加工的相关法律法规；了解物流企业在流通加工中的法律地位，以及流通加工的法律关系；了解加工承揽合同的概念、特点、种类与法律适用；掌握物流企业在流通加工中的义务与责任。

能力目标：

熟悉加工承揽合同的主要条款，掌握签订加工承揽合同时应注意的事项及纠纷解决的方法。

素养目标：

市场经济的一个显著特征就是以契约为基础的信用经济。"人无信不立，事无信不成"，物流从业人员必须树立"守合同，重信用"的理念。

情境案例

提升冷链物流流通加工水平，促进生鲜农产品提质增收

2020年，农业农村部出台了关于加快生鲜农产品仓储保鲜冷链设施建设的实施意见。该意见指出，要大力建设农产品保鲜冷链设施，通过设施建设为农产品的采摘、流通、销售的各个环节提供基础保障，提升冷链物流发展水平。

生鲜农产品冷链物流体系包含冷冻加工、冷冻贮藏、冷藏运输及配送、冷冻销售等多个环节，其中流通加工活动主要包括预冷、分拣、包装等作业。由于生鲜农产品预冷率低、预冷技术不到位，导致生鲜农产品损耗率较高。其原因是传统冷库不具备预冷的功能，而建设现代冷库成本较高。同时我国生鲜农产品的冷链包装主要以塑料泡沫和瓦楞纸为主，存在包装浪费严重的问题。

解决生鲜农产品在流通加工环节损耗高的问题，一方面，要以生鲜农产品生产基地为依托，辐射带动周边乡镇形成原产地小规模市场，提高农产品生产及加工的集约化，建设一批公共型冷链物流园区，园区涵盖预冷、仓储、配送等多样化服务功能。另一方面，要在产地实现生鲜农产品的商业化包装，及时避免水果及蔬菜被细菌感染，减少长途运输的损失，提高生鲜农产品的质量。在包装上面，提高绿色环保无污染包装材料的研发水平，使用可降解包装材料，推广绿色可循环包装材料的使用，完善生鲜农产品包装标准。在具体操作中可采用填充包装法或者复合包装法，填充包装法就是使用可降解的材料制成中空的蜂窝结构包装形成保温层。复合包装法就是使用真空隔热板在包装内部形成隔热层，这两种方法都能在一定程度改善包装技术，更好地保护产品。

资料来源　曾庆菊. 打通"最初一公里"，解决生鲜农产品冷链物流源头问题［J］. 中国储运，2022（6）.

任务一　了解流通加工及相关法律法规

一、流通加工的概念

如前所述，流通加工是根据顾客的需要，在流通过程中对产品实施的简单加工作业活动的总称。

流通加工与生产加工分属两个不同系统。生产加工是生产过程中的活动，是创造价值的过程。商品流通是以货币为媒介的商品交换过程，它的重要职能是将生产及消费联系起来，起桥梁和纽带的作用，目的是完成商品所有权的转移。因此，流通一般不是改变流通对象的形态以创造价值，而是保持流通对象的已有形态，完成其空间的位移，实现其"时间效用"及"场所效用"。

流通加工是在流通过程中进行加工，是将流通与加工结合在一起所形成的物流的特殊环节。

流通加工属于一种"选择性"的增值物流服务，可增加物品的附加价值，提高物流企业的服务质量；但并非每一种物品都需要流通加工，也不是每一个客户都会要求此项服务。

现代物流企业较常提供的流通加工作业的种类有标签粘贴、热塑包装、组合包装、小包分装以及质量检查等。

二、与流通加工相关的法律

目前，我国没有单独的流通加工的法律，相关规定散见于各类法律之中。在民事合同领域可以适用于流通加工作业的法律主要有《民法典》《中华人民共和国产品质量法》（以下简称《产品质量法》）《食品安全法》《中华人民共和国农产品质量安全法》（以下简称《农产品质量安全法》）《商标法》《中华人民共和国反不正当竞争法》（以下简称《反不正当竞争法》）等。

《民法典》对流通加工的法律规定主要集中在合同编和侵权责任编。流通加工过程中涉及的主要法律关系是加工承揽合同关系，因此《民法典》合同编中关于加工承揽合同的规定是流通加工法律法规的重要组成部分。

《民法典》合同编第十七章"承揽合同"对承揽合同的概念、内容、各主体的权利与义务等都有较为详细的规定。

《民法典》侵权责任编第一千一百九十三条规定：承揽人在完成工作过程中造成第三人损害或者自己损害的，定作人不承担侵权责任。但是，定作人对定作、指示或者选任有过错的，应当承担相应的责任。该条规定了因产品存在缺陷造成他人损害的，承揽人与定作人应当承担侵权责任的情形。此外，《民法典》合同编通则和《民法典》总则编在没有特别规定的情况下，也对物流中的流通加工有所适用。

《产品质量法》中与流通加工相关的法律规定主要是对流通加工过程中产品或包装的标识的规定。《产品质量法》第二十七条、第二十八条、第三十一条对流通加工过程中产品或包装的标识规定了强制性标准。《产品质量法》第五十三条、第五十四条规定了违反上述强制性标准的法律责任。此外，《产品质量法》中规定生产者的责任可以适用于加工承揽合同中关于承揽人的规定。

《食品安全法》规定了流通中食品的包装、标识及其他加工行为必须符合相关国家标准、地方标准或行业标准。违反相关标准的，应承担相应的法律后果。

《农产品质量安全法》规定了农产品在流通中进行包装或刷标识必须符合相关的国家规定。

《商标法》中关于流通加工的法律规定主要涉及流通加工过程中的包装、刷标识、拴标签等行为，因为在流通加工过程中的包装、刷标识、拴标签等行为可能涉及商标的使用。

《商标法》规定，商标是指能够将自然人、法人或者其他组织的商品与他人的商品区别开的标志，包括文字、图形、字母、数字、三维标志、颜色组合和声音等，以及上述要素的组合。如果涉及商标的使用，应适用《商标法》。

《反不正当竞争法》中关于流通加工的法律规定主要是第六条和第十八条。该法第六条规定了经营者不得擅自使用与他人有一定影响的商品名称、包装、装潢等相同或者近似的标识，第十八条规定了违反第六条所应承担的法律责任。

三、与流通加工相关的法规及规章

流通加工在法规及规章层面，包括国务院制定的行政法规和相关部委制定的规章，主要涉及我国有关食品安全管理、粮食流通管理、包装商品计量监督、化妆品标识管理、流通领域商品质量监督管理等。

流通加工所涉及的法规及规章详见表8-1。

表8-1　　　　　　　　　　流通加工所涉及的法规及规章

法规或规章	制定部门	施行日期	涉及内容
《中华人民共和国食品安全法实施条例》	国务院	2019-12-01	食品流通加工过程中的卫生安全
《产品质量监督抽查管理暂行办法》	国家市场监督管理总局	2020-01-01	商品加工过程中的包装、标签、标志
《粮食流通管理条例》	国务院	2021-04-15	粮食流通加工过程中的卫生安全
《定量包装商品计量监督管理办法》	国家市场监督管理总局	2023-06-01	定量包装商品流通加工过程中的标识及计量

四、物流企业在流通加工中的法律地位

流通加工是物流过程中一个特殊的环节，与其他环节不同，流通加工具有生产的性质，可能改变商品的形态，对物流的影响巨大。但并不是每个物流过程都必须有流通加工环节，也不是每个物流服务合同中都含有关于流通加工的约定。当双方当事人在物流服务合同中约定物流企业履行流通加工义务时，根据物流企业履行流通加工义务所采用的方式不同，物流企业具有不同的法律地位。

（一）物流企业自身进行加工

物流企业如果有加工能力，并以自身的技术和设备从事加工活动，则物流企业即

物流服务合同中的流通加工服务提供者，其权利和义务根据物流服务合同和相关法律法规的规定予以确定。

（二）物流企业自身不进行加工

虽然物流过程中的流通加工与生产加工相比较为简单，但在某些情况下仍然需要一些专门的技能或者设备。

从效率和技术的角度看，物流企业可能将流通加工转交给有能力的专业加工人进行。此时，物流企业通过与加工人签订加工承揽合同的方式履行其在物流服务合同中的义务。

一方面，对物流服务合同的需求方而言，物流企业为物流服务提供方；另一方面，对加工承揽人而言，物流企业为定作人。

在流通加工中，物流企业同时受到物流服务合同和加工承揽合同的约束，并根据相关的法律法规享有权利、承担义务。

▶ 拓展阅读8-1

保税物流中心（A型）流通加工的管理规定

保税物流中心（A型）是指经过海关批准，由中国境内企业法人经营，专门从事保税仓储物流业务的海关监管场所。它是海关对现代物流货物实施保税监管的一种新模式，是对保税仓库和出口监管仓库两种保税物流监管模式的整合。对于物流中心及其进出货物、物流中心经营企业开展的业务范围，主要由我国海关进行监管，因此在保税物流中心进行的流通加工，主要也由海关负责管理，依据为海关总署发布的《中华人民共和国海关对保税物流中心（A型）的暂行管理办法》（以下简称《管理办法》）。

保税物流中心（A型）的经营企业在物流中心内可以进行流通加工。根据《管理办法》第十三条的规定，物流中心经营企业可以对所存货物开展流通性简单加工和增值服务，而这种流通性简单加工和增值服务，依据《管理办法》第三十四条的规定，可以具体化为对货物进行分级分类、分拆分拣、分装、计量、组合包装、打膜、加刷唛码、刷贴标志、改换包装、拼装等辅助性简单作业。

资料来源　《中华人民共和国海关对保税物流中心（A型）的暂行管理办法》（2018年修订）。

⊙ 互动课堂8-1

谈谈流通加工的概念及其涉及的法律关系。

答：流通加工是指物品从生产领域向消费领域流通的过程中，为了促进销售、维护物品质量和提高物流效率，对物品进行加工，使其发生物理、化学或形状的变化的过程。

流通加工属于"选择性"的附带服务作业，可增加物品的附加价值，提高物流企业的服务质量。

流通加工环节中涉及的法律关系主要是加工承揽合同法律关系。双方当事人需要签订加工承揽合同，以确定双方当事人的权利和义务。一般而言，流通加工环节中承揽人要按照定作人的要求完成指定的工作，交付工作成果，定作人要给付报酬。

思政小课堂 8-1 ✓

优化农产品流通加工环节，构建农产品绿色物流系统

近些年随着我国科技的进步、经济的快速发展、民生水平的大幅提高，我国人民对美好生活向往及倡导绿色生活、呼吁生态文明的需求越来越高。特别是物流管理在转型发展之中越来越将"绿色""节能""低碳""环保"放在重要位置。创新传统粗放型物流管理模式、推进新时代绿色物流可持续发展，成为现代物流管理的必然趋势。

绿色物流是以可持续发展和生态文明建设理念为核心的一种物流活动，其贯穿于物流的起点包装一直到终端配送的整个过程中，减少了产品损耗，降低了环境污染，实现了绿色环保。

农产品绿色物流是农产品物流发展的高阶形式，是农产品从生产者到消费者的流通中，尽可能合理利用资源，采用先进技术，降低废弃物排放，减少农产品损害，降低环境污染的过程。

农产品在经过采摘之后需要机械设备进行初级的流通加工，但很多企业加工能力较弱，技术比较落后，没有达到绿色物流标准要求，进而产生大量噪声和废水排放，对周围居民生活和生态环境产生严重影响。

新时代农产品绿色物流背景下，政府应当制定相应的企业生产加工废弃物排放标准，合理利用税收制度，约束企业加工废弃物排放，减少农产品实际加工过程中对环境造成的污染；同时，企业需要从长远考虑周围居民的生活要求，不能只图短期利益不顾企业形象，需要合理安排生产进度，采用先进加工设备和技术，规范加工流程，尽可能减少材料浪费，避免噪声污染，保护生活环境和周围居民的身体健康。

资料来源　刘雪雪，杨志鹏．新时代农产品绿色物流发展困境及对策研究［J］．智慧农业导刊，2023（13）．

任务二　认识流通加工环节中的加工承揽合同

在流通加工环节，物流企业可能通过加工承揽合同履行其物流服务合同中的加工义务，通过与加工承揽人签订分合同的形式将其加工义务分包出去。物流企业通常扮演加工承揽合同中的定作人的角色。

作为定作人，物流企业应当了解与其有关的加工承揽合同的法律适用，合同的订立、内容及相应的权利和义务。

一、加工承揽合同的概念和特征

根据《民法典》第七百七十条的规定，加工承揽合同是指承揽人按照定作人的要求完成工作，交付工作成果，定作人给付报酬的合同。其中，按照他方的要求完成一定工作的人是加工承揽人，接受工作成果并给付约定报酬的人是定作人。

加工承揽合同有如下特征：

（一）以完成一定工作为目的

这是加工承揽合同最典型的特征，也是其区别于劳务合同的本质特征。

虽然在加工承揽合同中，承揽人为了完成工作成果，需要付出劳动，但劳动本身不是加工承揽合同的目的，而是加工承揽合同的手段。因此，承揽人虽然付出劳动但没有成果是无权请求定作人给付报酬的。

（二）标的具有特定性

承揽人在承揽活动中对承揽标的的加工（包括种类、规格、形状、质量等）均须按照定作人的特定要求进行。因此，承揽人完成的工作成果不是普通的工作成果，而是具有特定性的成果。

加工承揽合同的意义就在于以特定的工作成果满足定作人的特定需要。

（三）承揽人在完成工作的过程中承担风险责任

承揽人在加工承揽合同履行的过程中要承担意外损失的风险。在完成工作的过程中，因不可抗力等不可归责于双方当事人的理由无法完成工作，或者标的物遭受意外毁损或灭失，承揽人都只能自己承担损失，而不能要求定作人对承揽人已经付出的劳务给付报酬；但是如果原材料是由定作人提供的，则原材料的损失由定作人自行承担。

（四）加工承揽合同是双务合同、有偿合同

在加工承揽合同中，当事人双方互向对方负担债务，并且互为对价。

二、加工承揽合同的种类

加工承揽合同是社会经济生活中极为常见的合同，适用的范围十分广泛。

《民法典》第七百七十条第二款规定，承揽包括加工、定作、修理、复制、测试、检验等工作。

因此，可以将加工承揽合同按照工作内容的不同分为以下几类：

（一）加工合同

加工合同是承揽人按照定作人的具体要求，使用自己的设备、技术和劳动，对定作人提供的原材料或者半成品进行加工，将成果交给定作人，由定作人支付价款的合同。

该合同的特点是由定作人提供大部分或全部原材料，承揽人只提供辅助材料，收取加工费用。

这种合同是物流中常见的一种合同。

（二）定作合同

定作合同是承揽人根据定作人的需要，利用自己的设备、技术、材料和劳动，为定作人制作成品，由定作人支付报酬的合同，如运输企业为运输某些特殊商品而向承揽人定作专门的包装物的合同。

在定作合同中，原材料全部由承揽人提供，定作人则支付相应的价款，定作合同的价款包括加工费和原材料费用。

（三）修理合同

修理合同是承揽人为定作人修理功能不良或缺失或者外观被损坏的物品，使其恢复原状，由定作人支付报酬的承揽合同。

在修理合同中，定作人可以提供原材料，也可以不提供原材料。在不提供原材料的情况下，定作人所支付的价款还包括原材料的价值。

修理合同在物流过程中也很常见，由于物流过程中产品和包装的破损不可避免，所以修理合同履行得好坏将影响物流的效率。

（四）复制合同

复制合同是承揽人根据定作人的要求，针对定作人提供的样品，重新制作类似的成品，定作人接受复制品并支付报酬的合同。

复制既包括复印文稿，也包括复制其他物品，如文物部门要求承揽人复制文物用以展览。

（五）测试合同

测试合同是承揽人根据定作人的要求，利用自己的技术和设备对某一项目的性能进行测试，定作人接受测试成果并支付报酬的合同。例如，承揽人对定作人交付的软件进行性能测试，并给出评价。

（六）检验合同

检验合同是承揽人以自己的技术和仪器、设备等对定作人特定事物的性能、问题、质量等进行检查、化验，定作人接受检验成果并支付报酬的合同。例如，定作人将其需要检验的物品交付承揽人检验，由检验人提供检验结论。

（七）其他加工承揽合同

除了以上几种主要的加工承揽合同之外，像印刷、房屋修缮、设计、翻译、打印等也都属于加工承揽工作，也需要签订相应的合同。

三、加工承揽合同的法律适用

加工承揽合同的适用法律主要是《民法典》合同编，有关加工承揽合同的争议应首先依照双方的合同约定进行解释与解决，双方没有约定或者没有相反约定的，应当适用《民法典》合同编关于加工承揽合同的规定。

四、加工承揽合同的订立和形式

加工承揽合同的订立过程，是双方当事人就其相互间的权利和义务协商一致的过程。

与其他合同相同，根据《民法典》第四百七十一条的规定，加工承揽合同的订立主要包括要约和承诺两种方式。

一般情况下，加工承揽合同的要约是由定作人发出的，承揽人是被要约人。当然，承揽人同样可以主动向定作人发出要约。无论是哪一方发出的要约，取得对方当事人的承诺后，加工承揽合同即告成立并生效。

《民法典》合同编没有对加工承揽合同的形式作出特别要求，因而双方当事人既可以采用书面的形式，也可以选择口头或其他形式订立加工承揽合同，但在实践中，加工承揽合同一般采用书面形式，以便在发生纠纷时分清双方的责任。

五、加工承揽合同的主要内容

合同的内容是双方当事人关于权利、义务所作的具体约定，体现在合同条款中。

根据《民法典》第七百七十一条的规定，承揽合同包括以下内容：

（一）标的

承揽合同的标的是定作人和承揽人权利和义务指向的对象，是承揽合同必须具备的条款，是将承揽合同特定化的重要因素。在承揽合同中，应将加工定作物品的名称和项目写清楚。承揽合同的标的应具有合法性，标的不合法将导致合同无效。

（二）数量条款

数量，即以数字和计量单位来衡量承揽合同定作物的尺寸。定作物有不同的计算数量的方法。数量包括两个方面：数字和计量单位。

在承揽合同中，数量条款中的数字应当清楚明确，数量的多少直接关系到双方当事人的权利和义务，也与价款或酬金有密切的关系。

在计量单位的使用上，应该采用国家法定的计量单位，如米、立方米、千克等。

（三）质量条款

质量是定作物适合一定用途、满足一定需要的特征，不仅包括定作物本身的物理、化学和工艺性能等特性，还包括形状、外观、手感及色彩等，主要是对承揽合同中定作物品质的要求。

承揽合同中定作物的质量通常由定作人提出要求。当事人在签订合同时，应当详尽写明质量要求，可以通过样货标准、标准市货、特定标准、货物平均品质、说明书等确定。

对于承揽合同中定作物的质量，双方约定得越明确越好，以防止交付成果时产生争议。

（四）报酬条款

报酬是承揽行为的对价，报酬条款应当在合同中明确约定，包括报酬的金额、计算方法、支付币种、支付期限和支付方式等。

按照《民法典》第五百一十条和第五百一十一条的规定，合同中就报酬没有约定或者约定不明确的，当事人可以协议补充；不能达成补充协议的，按照合同有关条款或者交易习惯确定；仍不能确定的，按照订立合同时履行地的市场价格履行；有政府定价或者政府指导价的，按政府定价或者指导价履行。

（五）履行条款

履行条款包括履行期限、履行地点、履行方式三部分。

（1）履行期限是合同当事人履行合同义务的期限。承揽合同的履行期限包括提供原材料、技术资料、图纸及支付定金、预付款等的期限。

（2）履行地点是指履行合同义务和接受对方履行的成果的地点。它直接关系到履行合同的时间和费用。

（3）履行方式是指当事人采用什么样的方式履行合同规定的义务。在承揽合同中，履行方式指的是定作物的交付方式，如是一次交清还是分期分批履行，定作物是定作人自己提取还是由承揽人送货等。

（六）验收标准和方法条款

验收标准和方法是针对承揽人所完成的工作成果的验收标准和方法。验收标准用于确定工作成果是否符合定作人所规定的质量要求和技术标准。在承揽合同中，这一条款应具体、明确。

（七）材料提供条款

承揽合同中的原材料既可以由承揽人提供，也可以由定作人提供。原材料的提供不仅会影响报酬的确定，而且原材料的质量会直接影响定作物的质量，从而关系到合同能否得到完全履行。

流通加工是在流通的过程中对货物进行加工，加工的对象是货物，所以在由物流企业进行流通加工的情况下，原材料通常由物流需求方提供，但是在一定的情况下，如对货物进行分包装，包装物有可能由物流企业提供。

（八）样品条款

凭样品确定定作物的质量是承揽合同中一种常见的条款。此时，承揽人完成的工作成果的质量应该达到样品的水平。

样品可以由定作人提供，也可以由承揽人提供。提供的样品应封存，由双方当场确认并签字，以作为成果完成后的检验依据。

（九）保密条款

由于承揽合同的特殊性，定作人有时会向承揽人提供一定的技术资料和图纸，可能涉及定作人不愿被他人所知的商业秘密或技术秘密，所以在合同中规定保密条款是十分必要的。

保密条款应该对保密的范围、程度、期限、违反的责任进行细致约定。

▶ **拓展阅读8-2**

物流企业在流通加工环节的法律风险及防范

1.未经委托人同意，擅自转包造成损失

流通加工属于加工承揽合同规范的范畴，《民法典》规定承揽人应当独立完成主要工作，否则定作人可以解除合同，如因擅自转包造成损失，转包人要承担赔偿责任。因此，物流企业在需要转包的情况下，应先取得委托人的同意。

2.临时雇工在工作中造成人身伤害

在流通加工环节的一些辅助性工作经常会交给临时工负责，这在法律上会形成两种不同性质的关系，一种是承揽关系，另一种是雇佣关系。

如果是临时雇佣关系，雇工在工作中发生伤害事故，物流公司作为雇佣方要对其承担赔偿责任。为避免雇工损害赔偿风险，物流企业应当签订承揽合同。

3.加工物交接验收不明，存在质量瑕疵问题

对于需要物流企业简单加工、分拣、包装的货物，在接收货物时应及时检验，否则接收后出现质量问题很难证明是货物本身存在质量问题，此时物流企业需要承担赔偿责任。

↑互动课堂8-2

加工承揽合同发生纠纷应该到何处起诉？

货主A（设在S市）与物流企业B（设在D市）在D市订立流通加工合同，约定在H市将货物加工后送往D市装船。装船前由A验货后视为交付。A验货后发现B的加工没达到合同要求，与B多次交涉未果。此时，A应到何处起诉？

答：按照《民事诉讼法》第二十四条、第三十五条的规定，被告住所地、合同履行地的法院有管辖权，当事人也可以书面协议选择被告住所地、合同履行地、合同签订地、原告住所地、标的物所在地等与争议有实际联系的地点的法院。

《最高人民法院关于适用〈中华人民共和国民事诉讼法〉的解释》（法释〔2022〕11号）第十八条作了进一步的规定，合同约定履行地点的，以约定的履行地点为合同履行地。合同履行地点没有约定或者约定不明确的，争议标的为给付货币的，接收货币一方所在地为合同履行地；交付不动产的，不动产所在地为合同履行地；其他标的，履行义务一方所在地为合同履行地。即时结清的合同，交易行为地为合同履行地。合同没有实际履行，当事人双方住所地都不在合同约定的履行地的，由被告住所地人民法院管辖。

因此，如果A、B的合同中对管辖法院有约定，从其约定。如果没有约定，A可以在D市或者H市的法院起诉。

任务三　熟悉物流企业在流通加工中的义务及责任

一、物流企业在流通加工中的义务

（一）提供流通加工服务并且亲自进行流通加工的物流企业的义务

1.按物流服务合同的约定或者法律规定完成工作的义务

这是物流企业最基本的合同义务，《民法典》第七百七十二条对此也作了规定。物流企业应恪守信用，严格按物流服务合同约定和法律规定的关于流通加工的标的、规格、数量、质量等的要求完成工作，以满足物流需求人的特定要求。

这一义务主要包括以下三个方面：

（1）在合同约定的时间开始工作，并在合同约定的期限内完成工作；

（2）按照物流需求人的要求保质保量地完成工作；

（3）以自己的设备、技术、劳动完成工作或主要工作。

2.检验和保管原材料的义务

根据《民法典》第七百七十五条，物流企业的保管义务是针对原材料由物流需求人提供的情形而言的。

在原材料由物流需求人提供时，物流企业应当及时对原材料进行检验，并在发现不符合约定时及时通知物流需求人。

3.提供原材料并接受检查、监督及诚信的义务

根据合同约定流通加工的原材料由物流企业提供的，物流企业应当按照约定选用原材料。

《民法典》第七百七十四条对此也作出了规定。

4.对流通加工中涉及的商业秘密负有保密义务

根据《民法典》第七百八十五条，物流企业的保密义务是一种附随义务，是基于诚信原则而产生的。

物流企业应当按照物流需求人的要求保守秘密，未经物流需求人同意，不得保留复制品和技术资料。

5.加工物品质、效用方面的义务

物流企业应当保证加工物在品质、效用等方面符合物流服务合同的约定。

（二）提供流通加工服务但不亲自进行流通加工的物流企业的义务

这种情况下，物流企业通过与专业的加工承揽人签订加工承揽合同来完成流通加工，物流企业具有双重的法律地位。

作为定作人，根据加工承揽合同或者法律的规定对加工承揽人负有如下义务：

1.及时接受工作成果的义务

根据《民法典》第七百八十条，物流企业应按约定的方式、时间、地点及时验收工作成果。

物流企业在验收时发现工作成果有缺陷的，可以拒绝受领；但物流企业迟延接受或无故拒绝加工物的，应承担违约责任。

2.按合同约定和法律规定支付报酬的义务

《民法典》第七百八十二条规定：定作人应当按照约定的期限支付报酬。对支付报酬的期限没有约定或者约定不明确，依照本法第五百一十条的规定仍不能确定的，定作人应当在承揽人交付工作成果时支付；工作成果部分交付的，定作人应当相应支付。

3.按合同的约定提供原材料的义务

《民法典》第七百七十五条规定："定作人提供材料的，应当按照约定提供材料。"

这里的材料，不仅包括钢材、木料、砂石等生产材料，还包括加工承揽合同中所涉及的技术资料，如技术标准、技术要求等。

4.协助加工人完成加工的义务

《民法典》第七百七十八条规定："承揽工作需要定作人协助的，定作人有协助的义务。"

这里的协助不仅包括技术上的，如及时提供技术资料、有关图纸，也包括物质上的，如提供场地、水、电等。

其次，作为物流服务合同的物流提供人，按照物流服务合同的约定，对物流需求人承担与提供流通加工服务并且亲自进行流通加工的物流企业相同的义务。

二、物流企业在流通加工中的责任

（一）提供流通加工服务并且亲自进行流通加工的物流企业的责任

1.违约责任

物流企业根据物流服务合同的要求进行流通加工，当其违反了合同约定时，就应

当承担违约责任。其承担的违约责任应该根据物流服务合同的具体内容确定。合同没有约定的，适用《民法典》合同编的相关规定。

《民法典》第七百八十一条规定："承揽人交付的工作成果不符合质量要求的，定作人可以合理选择请求承揽人承担修理、重作、减少报酬、赔偿损失等违约责任。"

《民法典》第七百八十四条规定："承揽人应当妥善保管定作人提供的材料以及完成的工作成果，因保管不善造成毁损、灭失的，应当承担赔偿责任。"

当然，如果合同条款与《民法典》的强制性规定相抵触，该合同条款不能作为依据。

例如，《民法典》第五百八十六条规定："定金的数额由当事人约定；但是，不得超过主合同标的额的百分之二十，超过部分不产生定金的效力。实际交付的定金数额多于或者少于约定数额的，视为变更约定的定金数额。"

2.产品责任

加工物本身的缺陷给物流需求人或第三人的财产、人身造成损害的，物流企业应当承担责任，这种责任属于产品责任。产品责任是依据《民法典》《产品质量法》的有关规定产生的一种侵权责任。

根据《民法典》第一千二百零二条至第一千二百零四条的规定，因产品存在缺陷造成他人财产、人身损害的，生产者、销售者应当承担侵权责任；运输者、仓储者对缺陷的发生有过错的，生产者、销售者在赔偿后有权向其追偿。

《产品质量法》也对生产者的产品责任作了较为详细的规定。

（二）提供流通加工服务但不亲自进行流通加工的物流企业的责任

此时物流企业作为定作人，在流通加工中所涉及的责任主要是违反加工承揽合同的违约责任和违反物流服务合同的违约责任，主要表现在以下几个方面：

1.提供的原材料、技术资料不符合合同要求的违约责任

物流企业未在合同的约定时间内提供原材料、技术资料，或者提供的原材料、技术资料不符合合同的约定，应承担违约责任，赔偿由此给承揽方造成的损失。

2.不领取或逾期领取定作物的违约责任

承揽方按照合同的约定完成定作物后，物流企业应在合同约定的时间内领取定作物，如果无故推迟领取，应承担违约责任，赔偿由此给承揽方造成的额外费用和其他损失。

3.中途变更加工要求的违约责任

在加工承揽合同的履行过程中，物流企业单方面改变合同的内容，变更标的的内容，增加定作物的数量、质量、规格、设计等，同样是违约行为，对此应承担违约责任，赔偿由此给承揽方造成的其他损失。

《民法典》第七百七十七条规定，定作人中途变更承揽工作的要求，造成承揽人损失的，应当赔偿损失。

4.没有完成物流服务合同中约定义务的违约责任

物流企业没有按照物流服务合同的约定履行义务时，应对物流需求方承担违约责任。

互动课堂8-3

请论述物流企业从事流通加工时产品责任的归责原则。

答：物流企业在从事流通加工时，在性质上属于商品生产者之一，因此应当根据《产品质量法》《民法典》《消费者权益保护法》的规定，与商品生产者承担相同的责任。

我国《产品质量法》《民法典》规定，确定产品缺陷责任时，对生产者实行严格责任，对销售者则实行过错责任。

一般情况下，销售者有过错的才承担责任。另外，销售者在不能指明产品的生产者或提供者时，也要求其承担责任。

基本训练

1.单项选择题

（1）加工活动和物流活动是生产系统的（　　），没有加工，生产系统就失去存在的意义；没有物流，生产系统将会停顿。

A.两个独立部门　　　B.下属机构　　　　C.两个支柱　　　　D.重要环节

（2）加工承揽合同的交付方式是指（　　）。

A.金钱交付　　　　　B.定作物交付　　　C.占有改定　　　　D.形式交付

（3）下列不属于加工承揽合同的是（　　）。

A.定作合同　　　　　B.修理合同　　　　C.加工合同　　　　D.研发合同

2.多项选择题

（1）流通加工所涉及的法律包括（　　）。

A.《民法典》　　　　　　　　　　　B.《产品质量法》

C.《食品安全法》　　　　　　　　　D.《反不正当竞争法》

（2）加工承揽合同的特征包括（　　）。

A.以完成一定工作为目的

B.标的具有普遍性

C.承揽人在完成工作过程中承担风险责任

D.是双务合同

3.判断题

（1）流通加工与一般加工在加工方法、加工组织上是相同的。　　　　（　　）

（2）加工承揽合同中的定作人是按照他方的要求完成一定工作的人。　（　　）

（3）对物品的拣选、加工、包装、分割、组配等作业属于流通加工业务的范围。

（　　）

4.简答题

（1）物流企业在流通加工中的义务有哪些？

（2）加工承揽合同的主要条款有哪些？

● ● 综合应用

1.案例分析

甲公司将一批进口原材料交由乙物流公司仓库储存，双方约定由乙物流公司负责进行分货，并将分好的货物配送到丙生产基地。某日，丙生产基地在接收货物时发现原材料存在锈蚀情况，影响使用。

请问：（1）损失由谁负责？

（2）如果是乙物流公司的仓库在接收原材料时发现质量问题，应如何处理？

2.思考题

论述签订加工承揽合同时应注意的问题。

3.实训题

请收集近5年有关流通加工纠纷的案例，分析对提供流通加工服务的物流企业和相关工作人员应如何加强法治教育。

项目九
电子商务物流法律法规

学习目标

知识目标：

通过本项目的学习，了解电子商务法及其调整范围；掌握我国电子商务立法现状以及电子合同的订立与生效、电子证据；熟悉物流企业常见的电子商务法律问题。

能力目标：

熟悉物流企业电子商务实务，能够解决物流企业常见的电子商务法律问题。

素养目标：

电子商务物流的快速发展，要求在培养勇于创新、不畏困难的职业精神的同时必须强化法治观念和合规意识。

情境案例

《电子商务法》出台是电子商务领域诚信建设继续前行的开始

法律本身是约束，但条文之间也彰显价值。在规范与创新之间，能否找到最佳平衡点最为关键。在平台网购，买到假货却投诉无门；商品有问题，给差评后却不断接到骚扰电话；网上订飞机票，个人信息却被公开等乱象频出，《电子商务法》的出台，使我国电子商务从此步入有法可依、有法必依的新阶段。

《电子商务法》作为我国电子商务领域一部综合性、基础性法律，主要从规范管理和鼓励创新两个维度，较好回应了社会关切和行业需求，助力解决新经济领域"成长的烦恼"。在规范管理方面，《电子商务法》一方面通过确立规则，明确了经营者的相关义务，为规范行业发展提供了依据；另一方面专设"法律责任"一章，详细规定了各种违法违规行为的处罚标准，为维护法律权威和市场秩序提供保障。在鼓励创新方面，《电子商务法》专设"电子商务促进"一章，从促进线上线下产业融合、农村电子商务、跨境电子商务发展以及推进诚信体系建设等方面，规定了促进电子商务发展的政策措施。

通过规范管理和鼓励创新，《电子商务法》有力地整治了电子商务领域存在的乱象，助推了诚信建设。诚信是中华民族的传统美德，是中华民族共同的心理归趋。从行业发展的角度来说，诚信是市场经济运行的基本道德原则，也是企业和从业者自由发展应有的品质，因此，对于参与电子商务活动的物流企业和从业人员，《电子商务法》也只是一个树立诚信意识的起点，牢固树立诚信意识是永远不可或缺的基石。

资料来源　董希淼. 善用法规，推助电商健康成长［N］. 人民日报，2018-09-17（5）.

任务一　了解现代物流与电子商务

现代物流的发展与电子商务有着密不可分的关系。电子商务是在计算机技术、现代网络通信技术的互动发展中产生和不断完善的，对现代物流的发展起着至关重要的推动作用。

一、现代物流与电子商务的概念

（一）现代物流

现代物流（modern logistics）指的是将信息、运输、仓储、库存、搬运、装卸以及包装等物流活动综合起来的一种新型的集成式管理，其任务是尽可能降低物流的总成本，为顾客提供最好的服务。

现代物流呈现出全球化、多功能化、系统化、信息化、标准化、集成化、自动化、智能化、柔性化、社会化和共同化的特征。其中，信息化是现代物流的核心。

现代物流充分利用信息技术对传统物流业务进行优化整合，打破了运输环节独立于生产环节之外的行业界限，通过供应链建立起对企业产供销全过程的计划和控制，从而实现物流信息化，达到降低成本、提高效率的目的。

（二）电子商务

电子商务（electronic commerce，EC）是以商务活动为目标、以互联网为基础，采用电子化的方式，在法律许可范围内所进行的商务活动。

电子商务有广义和狭义之分。

广义的电子商务，泛指一切以电子技术手段所进行的与商业有关的活动。

狭义的电子商务，指以互联网为运行平台的商务交易活动，即I-Commerce，是利用现有的计算机硬件设备、软件设备和网络基础设施，通过一定的协议连接起来的电子网络环境进行商务活动的方式。

随着计算机及互联网的发展，电子商务正以一种前所未有的速度渗透到人们的日常生活中，运用的范围非常广泛。

联合国国际贸易法委员会（UNCITRAL）1996年通过的《电子商务示范法》将电子技术手段称为"数据电文"，指经由电子手段、光学手段或类似手段生成、发送、接收或储存的信息，这些手段包括但不限于电子数据交换（EDI）、电子邮件、电报、电传或传真。

"电子商务"中的"商务"被定义为：包括不论是契约型还是非契约型的一切商务性质的关系所引起的各种事项，即在商业活动中运用了"数据电文"就是电子商务。

我国自2019年1月1日起实施的《电子商务法》将电子商务定义为：通过互联网等信息网络销售商品或者提供服务的经营活动。

二、现代物流与电子商务的相互影响

现代物流与电子商务都是现代经济活动的产物，是世界经济发展的两个重要推动力。

物流、信息流、商流和资金流一起构成完整的商务交易过程，而电子商务作为一种新型商业模式，为以上过程提供了全新的运行方式与技术支持。

电子商务的应用有利于解决信息流、商流和资金流处理上的烦琐对现代物流进程的延缓，进一步加快了现代化的物流速度。

在电子商务与现代物流相辅相成的发展过程中，两者的关系越来越密切。

（一）现代物流对电子商务的影响

1.物流是电子商务的重要组成部分

完整的电子商务过程是集信息流、商流、资金流、物流于一体的过程，用一个公式来表示，即：

电子商务=网上信息传递（信息流）+网上交易（商流）+网上结算（资金流）+配送（物流）

物流就是物质实体从企业到客户的实物流动过程，包括物品的运输、储存、配送、装卸、保管、物流信息管理等各种活动。缺少了现代化的物流，电子商务过程就不完整。

物流成本的高低和配送效率直接关系到电商企业的运营成本和利润空间，高效的物流体系可以为电商企业提供竞争优势。

2.物流是实现电子商务的保证

在电子商务中，信息流、商流、资金流都可以通过计算机和网络通信设备实现，如消费者在网上浏览后通过轻松点击即可完成网上购物。

而物流是4种流中最为特殊的一种，除了少数商品和服务可以直接通过网络传输外，大多数商品和服务仍需经由物理方式传输。因此，没有现代化的物流支持，电子商务就会大打折扣。

3.物流是电子商务的支点

电子商务作为21世纪的商务模式，像一个杠杆，同时托起了传统产业和新兴产业，并支撑它们的和谐转变与发展，而杠杆的支点就是物流。

物流行业不断创新，出现了即时物流、跨境快递、冷链物流等新模式，这些模式推动了电商服务向多元化、智能化、国际化方向发展。

4.物流带动电子商务的跨区域发展

物流跨国性活动的增多，促进了国际物流的发展，从而使国际物流在整个电子商务活动中有着不可替代的地位，并随之带来电子商务的跨区域发展。

（二）电子商务对现代物流的影响

1.电子商务改变了传统的物流观念

电子商务为物流创造了一个虚拟的运动空间，物流不再仅仅是门到门、户到户的商品实体运送服务。

它把商店、产品、广告、订货、购买、货币、支付、认证等实物和事务处理虚拟化、信息化，使它们变成脱离实体而在网络终端上处理的信息；同时又将信息处理电子化，将所有信息都通过计算机网络以电子邮件、文件传输、数据通信等电子手段进行处理，使实体处理更科学化和富有效率，从而使商品在实际运动过程中取得效率最高、费用最省、距离最短、时间最少的效果。

2.电子商务提高了现代物流业的地位

物流业涉及第一产业、第二产业、第三产业和全部社会再生产过程，已演变为一个庞大而且复杂的领域，并逐渐成为国民经济的支柱产业以及联系其他产业的纽带和桥梁。

在电子商务环境下，随着绝大多数的商店、银行虚拟化，商务事务处理信息化，物流企业成了代表所有生产企业和供应商对用户最集中、最广泛的实物供应者，其地位得到了提高。

3.电子商务将促进现代物流业质的提高

其包括：

（1）电子商务改变了物流的运作方式。

在电子商务环境下，物流的运作以信息为中心，它让物流实现了网络的实时控制，使其更合理。

（2）电子商务改变了物流企业的经营形态。

电子商务要求从社会的角度实行对物流的系统组织和管理，以打破传统物流分散的状态。因此，物流企业不仅要考虑本企业的物流组织和管理，更要考虑到全社会的整体物流系统，以寻求协同发展。

（3）电子商务促进了物流技术与物流管理水平的提高。

电子商务不仅要求物流管理人员具有较高的物流管理水平，而且也要求其掌握电子商务知识，并能有效地将二者有机结合起来。

（4）电子商务促进了现代物流业的国际化。

电子商务具有跨时空的特点，而作为电子商务重要环节之一的物流，也必将随着电子商务的国际性而走向国际化。

4.电子商务也给物流业带来了很多新的法律问题

例如，电子合同的法律效力、配送合同中的违约责任以及信息安全问题等，需要相应的立法和规则跟进。

▶▶ **拓展阅读9-1**

拓展跨境电商出口　推进海外仓建设

跨境电商是以科技创新为驱动，积极运用新技术、适应新趋势、培育新动能的外贸新业态新模式。

海外仓是指建立在海外的仓储设施。

在跨境贸易电子商务中，海外仓是指国内企业将商品通过大宗运输的形式运往目标市场国家，在当地建立仓库、储存商品，然后再根据当地的销售订单，直接从当地仓库进行商品的分拣、配送等操作。

随着2015年5月商务部《"互联网+流通"行动计划》的推出，不少电商平台和出口企业通过"海外仓"布局境外物流体系。与海外仓等新型外贸基础设施协同联动，能够减少中间环节、直达消费者，有利于促进外贸结构优化、规模稳定，有利于打造国际经济合作新优势。

这已经成为我国外贸发展的有生力量，也是国际贸易发展的重要趋势。

为拓展跨境电商出口，优化海外仓布局，加快培育外贸新动能，2024年6月商务部、交通运输部等9部门联合发布的《关于拓展跨境电商出口推进海外仓建设的意见》，提出了加强相关基础设施和物流体系的建设：

（1）推动跨境电商海外仓高质量发展。

统筹用好现有资金渠道，支持跨境电商海外仓企业发展。发挥服务贸易创新发展引导基金作用，引导更多社会资本以市场化方式支持跨境电商海外仓等相关企业发展。

鼓励有条件的地方用好现有股权投资基金资源，探索以市场化方式设立产业发展基金，加强对跨境电商海外仓企业的支持。编制出台跨境电商出口海外仓业务退税操作指引，进一步指导企业用好现行政策。

（2）增强跨境电商物流保障能力。

促进中欧班列沿线海外仓建设，积极发展"中欧班列+跨境电商"模式。支持物流企业结合跨境电商行业发展特点，加强海运、空运、铁路、多式联运等运输保障能力建设。鼓励物流企业与东道国寄递企业开展合作，提升"最后一公里"履约能力。

（3）助力跨境电商相关企业"走出去"。

更新发布国别合作指南，加强对跨境电商相关企业"走出去"指导和境外报到登记，引导合规有序经营，实现互利共赢。鼓励跨境电商海外仓企业入驻商贸物流型境外经贸合作区，用好合作区电信、网络、物流等配套设施与服务。支持跨境电商综合试验区加强与各类境外经贸合作区、港口等合作，探索创新国内外产业协同联动的经验做法。

资料来源　根据商务部等9部门联合发布的《关于拓展跨境电商出口推进海外仓建设的意见》（商贸发〔2024〕125号）整理。

互动课堂9-1

简述电子商务对物流的影响。

答：由于电子商务与物流之间密切的关系，电子商务对物流的影响必然是深远的。这种影响主要体现在以下几个方面：

（1）电子商务将改变人们传统的物流观念。

（2）电子商务提高了现代物流业的地位。

其体现在宏观上现代物流业将成为一个国家的支柱产业，微观上物流企业的地位将得以强化。

（3）电子商务将促进现代物流业质的提高，包括：①改变物流的运作方式；②改变物流企业的经营形态；③促进物流基础设施的改进以及物流技术与物流管理水平的提高；④促进现代物流业的国际化。

（4）电子商务也给物流业带来了很多新的法律问题。

任务二　熟悉电子商务立法

一、电子商务法及其调整范围

电子商务的迅猛发展在给现有法律体系带来挑战的同时，也带来了新的发展契机，营造良好的电子商务法律环境已成为现代社会的共识。

电子商务法是指调整电子商务活动或行为的法律规范的总称。

根据对电子商务的不同理解，狭义的电子商务法调整以数据电文为交易手段的商事关系，强调电子商务行为手段，目的是建立一个使各种通信技术畅通无阻地运用于商事交易活动的法律环境。其实质是商法在计算通信环境下的适用问题。广义的电子商务法以电子商务手段和内容为调整对象，强调电子商务环境下的交易行为，以及由此引出的其他问题。

电子商务法的调整范围主要包括：

1.电子商务网站建设及相关法律关系

电子商务网站是电子商务运营的基础，在电子商务环境下，当事人信息、产品信息、合同信息、资金信息、物流信息等均通过网站发布、传递和储存。因此，电子商务网站的建设与运营就需要纳入法治轨道，明确其法律地位与交易当事人的权利义务关系，以及相应的法律责任。

2.在线交易主体及市场准入

在电子商务环境下，任何人不经登记就可以借助计算机网络发出或接收网络信息，并通过一定程序与其他人达成交易。

虚拟主体的存在使商业活动的安全性受到严重威胁，电子商务法应确保网上交易主体的真实存在，并确定哪些主体可以进入虚拟市场从事在线业务。

3.数据电文引发的法律问题

数据电文具有可删改、易复制、易遗失的特点，且不能脱离其记录工具（计算机、手机等硬件设备）而独立存在。

保证这些信息的真实性和安全性并具有证据效力，是电子商务法需要解决的问题。

4.网上电子支付

网上电子支付涉及网络银行、交易当事人、网站之间的法律关系，保障资金的安全性以及认定支付意愿的真实性，都需要有相应的法律予以规范。

5.电子商务市场规制

传统商业模式下的不正当竞争行为、消费者权益保护（特别是消费者隐私保护）、知识产权保护，以及偷漏税违法行为的防治等法律问题，在电子商务的虚拟性和开放性环境下更加复杂，需要寻求在电子商务环境下执行相关法律制度的方法和途径。

6.线上交易的法律适用和管辖权

在线交易是在"网络"这个特殊的虚拟环境中完成的，但实体社会的商法框架和体系对电子商务仍然有效，因此就有一个现有法律法规的适用问题。而电子商务具有跨越地域的特征，法院管辖权也需要进行相应的调整。

二、各国电子商务立法概况

目前，电子商务法并不是一个独立的法律部门，其涉及的内容可以分别归入行政法、刑法和国际经济法（特别是国际贸易法）、民法等法律部门中。而与物流这一商业活动最为密切的，主要是国际贸易法及《民法典》合同编中的电子商务法律问题。

数据以电子形式交换在技术上已不成问题，但是当被交换的数据代表着销售、运输、仓储保管合同，或者可转让的单证（如电子提单）或货物交付凭证的时候，就必须要建立一个明确的法律框架。

随着国际统一市场的建立，还应制定全球统一的立法标准甚至国际公约。

最早从事电子商务立法工作的是电子数据交换（EDI）发展较早的欧洲和北美国家。1982年欧洲理事会的秘书长报告《电子处理资金划拨》以及同年英国的A.凯尔曼（A.Kelman）和R.赛泽（R.Sizer）所著的《计算机在法庭上的地位》和《计算机输出材料作为民事和刑事案件中可接受的证据》两本书中，就已经提出了计算机记录相当于书面文件作为证据的看法，均认为司法诉讼程序中使用计算机的记录在普通法国家已经在理论上普遍可行，在其他法律制度下也可推广。

随后，在联合国有关机构的统一协调下，美国律师协会、法国信息和电信法律研究中心、加拿大EDI协会、英国EDI协会、新西兰EDI协会等机构都开始了有关电子化贸易手段的法律研究。

英国、美国、加拿大、欧洲大陆法系成员国、南非及部分大洋洲与亚洲国家和地区都陆续制定了有关电子商务的法律法规。

三、国际组织电子商务立法概况

（一）总体情况

随着电子商务特别是EDI在国际贸易领域的广泛应用，人们不断呼吁在国际层面建立起规范这种交易的法律框架。一些国际组织响应这种呼声，纷纷制定了规范电子数据交换的示范规则。

这些国际组织主要包括联合国国际贸易法委员会（UNCITRAL）、欧盟、国际海事委员会、国际商会等。

它们对EDI的各种法律问题进行了大量的调查研究，并制定了有关EDI的"统一规则"、"统一标准"或"示范法"，对有关法律问题提出了一系列的建议和办法，确定了EDI用户共同遵守的通信标准和行动守则，从而在一定程度上克服了现有法律不适应EDI的需要而可能引起的不确定性。

国际组织的种种努力，不仅对EDI及电子商务的推广使用有着极为重要的现实意义，同时对促进国际贸易法的发展也具有很大的价值。

部分国家、地区和国际组织的电子商务立法简况详见表9-1。

表 9-1　　　　　　　　　　　部分国家、地区和国际组织的电子商务立法简况

编号	国家、地区和国际组织	电子商务（以 EDI 为主）立法简况
1	英国	1990 年《标准交换协议》，2002 年《电子商务条例》，2023 年《电子贸易单证法》
2	法国	2000 年《信息技术法》，2004 年《数字经济信任法》
3	德国	1997 年《信息与通用服务法》，2020 年《信息技术安全法》
4	丹麦	2000 年《电子签名法》
5	芬兰	1991 年《传递国际贸易数据协议范本》；2006 年《有限公司法》中已规定可以通过自动数据处理或其他手段来编制股票登记簿和股东登记簿
6	意大利	1997 年《数字签名法》
7	挪威	2001 年《电子签名法》，2003 年《电子商务法》
8	美国	1995 年《犹他州电子签名法》，1997 年《全球电子商务纲要》，1999 年《统一电子商务法》，2000 年《统一计算机信息交易法》《国际与跨州商务电子签字法》，2018 年《加利福尼亚州消费者隐私保护法》《儿童在线隐私保护法》《跨境隐私规则体系》《外数据使用权明确法》
9	澳大利亚	1999 年《电子交易法》
10	加拿大	1999 年《统一电子商务法》，2000 年《保护电子商务中个人隐私法》
11	菲律宾	2000 年《电子商务法》
12	日本	2000 年《日本电子签名与认证服务法》
13	韩国	1998 年《电子签章法》，1999 年《电子商务基本法》
14	新加坡	1998 年《电子商务法》，1999 年《电子交易（认证机构）规则》
15	印度	2000 年《信息技术法案》
16	马来西亚	《马来西亚 1997 年数字签名法案》
17	中国台湾	2001 年"电子签章法"
18	国际海事委员会	《1990 年国际海事委员会电子提单规则》
19	国际商会	1997 年《国际数字签署商务通则》，2002 年《跟单信用证统一惯例关于电子交单的附则》，2004 年《国际商会 2004 年电子商务术语》，2005 年《营销和广告使用电子媒体指南》

编号	国家、地区和国际组织	电子商务（以 EDI 为主）立法简况
20	联合国国际贸易法委员会	1996年《电子商务示范法》，2000年《电子签名示范法》，2001年《电子签名统一规则》，2005年《联合国国际合同使用电子通信公约》，2017年《电子可转让记录示范法》，2022年《使用和跨境承认身份管理和信任服务的示范法》
21	世界海关组织	2019年《世界海关组织关于数据交换国际标准的数据模型业务指南》
22	欧盟	1995年"资料保护指令"（Directive 95/46/EC），1997年《欧洲电子商务动议》，1998年《欧盟电子签名法律框架指南》，2005年《电子商务条例》，2013年《欧盟消费者线上争议解决条例》，2018年《通用数据保护条例》《非个人数据自由流动条例》，2022年《数据治理法》《数据服务法》《数据市场法》《数据法案》，2024年《人工智能法案》

（二）联合国国际贸易法委员会

在这些国际组织中，最值得一提的当属联合国国际贸易法委员会（UNCITRAL），该组织一直关注计算机商业应用所引起的法律问题。

1996年5月，UNCITRAL以"示范法"的形式初步完成了制定国际EDI统一法的工作。同年12月，该"示范法"在联合国大会上以51/162号决议的形式获得通过，并正式定名为《电子商务示范法》。

《电子商务示范法》（以下简称《示范法》）虽然不是一项国际公约，但作为由行业专家精心设置的规则，不仅对各国立法有着显而易见的指导意义，而且在国际司法与仲裁实践中也具有较高的参考价值。因此，它的作用和影响力不容忽视。

当然，《示范法》并非国际立法活动的终结，UNCITRAL在进行国际EDI统一法规则起草的同时，已经开始探讨《示范法》起草完成后的下一步工作。其在完成《示范法》的制定工作以后，又于2001年3月制订并通过了"电子商务未来工作计划"，重点研究电子签名、认证机构及其他相关的法律问题，并在此基础上通过了《电子签名示范法》。

《电子签名示范法》为各国的电子商务立法提供了一份可以借鉴的蓝本，进一步推动了各国的电子商务立法进程。

UNCITRAL于2005年颁布了《联合国国际合同使用电子通信公约》。该公约于2013年3月1日生效，旨在确保以电子方式订立的合同和往来的其他通信的效力和可执行性与传统的纸面合同和通信相同，从而促进在国际贸易中使用电子通信。

（三）国际商会

1997年11月，国际商会发布了《国际数字签署商务通则》，该通则被认为是首部真正意义上调整电子商务的国际性规范。

《跟单信用证统一惯例关于电子交单的附则》于2002年4月1日正式生效，为了适应经济发展的需要，国际商会在参考多个国家银行与运输专家的意见之后修改了该附则，从而生成了2007年《跟单信用证统一惯例》（《UCP600》）。

2004年国际商会制定了《国际商会2004年电子商务术语》，为当事人提供了两个易于纳入合同的简短条款。

2005年4月，国际商会发布了经过修订的《营销和广告使用电子媒体指南》，制定了使用电子媒体作为营销手段和广告传播途径的规范。

（四）欧盟

1995年，欧洲议会通过了"资料保护指令"（Directive 95/46/EC）。

1997年，欧盟制定了《欧洲电子商务动议》，为规范欧洲的电子商务活动提供了立法框架。

1998年，欧盟颁布了《欧盟电子签名法律框架指南》。

2005年，欧盟通过了《电子商务条例》，旨在对电子商务进行综合性的规范。

这些行动方案和条例构成了欧盟电子商务立法的核心和基础，为开放电子商务市场、电子交易、电子商务服务提供者的责任等关键问题提供了统一框架，对欧洲电子商务法律的发展起到了重要的推动作用。很多国家直接将欧盟制定的规范纳入自己的国内法中，可见其作用不容小觑。

2013年，欧盟通过了《消费者线上争议解决条例》，旨在为欧盟境内建立一个快捷、高效以及低成本的法庭外纠纷解决机制提供指引。

2018年《通用数据保护条例》《非个人数据自由流动条例》生效，以应对更广泛范围内的电子商务法律问题。

2020年2月，欧盟个人数据保护机构开始针对《通用数据保护条例》第46条（关于个人数据转移所需要的适当安全保障）指南公开征求意见。

为实现2020年《欧洲数据战略》提出的"建立欧洲公共数据空间和单一数据市场、在欧盟内部实现数据跨部门自由流动"的总体目标，欧盟陆续制定实施了《数据治理法》《数据服务法》《数据市场法》《数据法案》等。

2024年3月，欧洲议会通过了《人工智能法案》，该法案为整个人工智能产业链上的相关方提供了一个合规义务框架，以规范人工智能的开发和使用。

四、我国电子商务立法现状

我国政府非常重视EDI和电子商务的立法，2004年8月28日《中华人民共和国电子签名法》（以下简称《电子签名法》）通过，自2005年4月1日起施行，并分别于2015年、2019年进行了修正。

这是我国第一部信息化法律，明确规定了数据电文、电子签名与认证、法律责任等相关问题。它在确保合同自由的同时，对相关机构设置了比较严格的市场准入条件并加以监管。

《电子签名法》的出台大大推进了我国电子商务立法的进程，支持与肯定了我国电子商务的发展。此外，工业和信息化部（原信息产业部）也出台了《电子认证服务管理办法》（2015年修订）与之配套。

2005年中国电子商务协会组织网络交易平台服务商共同制定的《网络交易平台服务规范》，被称为电子商务领域的首个行业规范，确立了网络交易平台服务商的责任和权限，对网络交易服务进行了全面的规范。

2013年12月27日，全国人民代表大会常务委员会正式启动了"电子商务法"的立法进程。

2015年国务院印发的《国务院关于大力发展电子商务加快培育经济新动力的意见》，从八个方面推进电商发展，加快培育经济新动力。

2017年修订后的《民事诉讼法》将"电子证据"列为证据的形式之一。《民法典》也将电子数据交换、电子邮件等方式视为书面形式。

2018年8月31日，《电子商务法》由第十三届全国人民代表大会常务委员会第五次会议通过，自2019年1月1日起实施。该法有七章八十九条，除总则和附则外，对电子商务经营者、电子商务合同的订立与履行、电子商务争议解决、电子商务促进、法律责任等作出了具体规定。

我国在电子商务安全领域也形成了法律框架。

1994年国务院发布了《计算机信息系统安全保护条例》（2011年修订）。

1997年12月，公安部发布了《计算机信息系统安全专用产品检测和销售许可证管理办法》（2023年废止）。

2001年国务院发布了《计算机软件保护条例》，并于2011年和2013年两次进行了修订。

在网络安全保护方面，1996年2月，国务院发布了《计算机信息网络国际联网管理暂行规定》（最新2024年修订）；同年4月，原邮电部发布了《计算机信息网络国际联网出入口信道管理办法》。

1997年公安部发布了《计算机信息网络国际联网安全保护管理办法》（2011年修订）。

2000年12月28日，全国人民代表大会常务委员会通过了《全国人民代表大会常务委员会关于维护互联网安全的决定》（2009年修正）。

2006年，国务院根据《著作权法》发布了《信息网络传播权保护条例》，并于2013年1月30日修订完成。

2012年，最高人民法院公布了《最高人民法院关于审理侵害信息网络传播权民事纠纷案件适用法律若干问题的规定》，自2013年1月1日起施行，并于2020年进行了修订。

2016年11月7日，《中华人民共和国网络安全法》颁布，自2017年6月1日起实施。

电子商务活动不可避免要涉及对数据的处理，2021年生效的《中华人民共和国数据安全法》（以下简称《数据安全法》）《中华人民共和国个人信息保护法》（以下简称《个人信息保护法》）将电子商务数据安全纳入治理范畴。

在制裁网络犯罪方面，虽然我国没有专门的法律，但在《中华人民共和国刑法》（以下简称《刑法》）中作了相关的规定。

《中华人民共和国刑法修正案（七）》第九条规定，违反国家规定，侵入计算机信息系统或者采用其他技术手段，获取该计算机信息系统中存储、处理或者传输的数据，或者对该计算机信息系统实施非法控制，情节严重的，处3年以下有期徒刑或者拘役，并处或者单处罚金；情节特别严重的，处3年以上7年以下有期徒刑，并处罚金。提供专门用于侵入、非法控制计算机信息系统的程序、工具，或者明知他人实施侵入、非法控制计算机信息系统的违法犯罪行为而为其提供程序、工具，情节严重的，依照前款的规定处罚。

该修正案的内容填补了电子商务安全法律方面的空白。

《中华人民共和国刑法修正案（九）》对《刑法》第二百八十五条非法侵入计算机系统罪、第二百八十六条破坏计算机信息系统罪增设单位犯罪，增设第二百八十六条拒不履行网络安全管理义务罪，第二百八十七条准备网络违法犯罪活动罪和帮助信息网络犯罪活动罪。

随着依托互联网技术的电子商务等的快速发展，各种与网络有关的纠纷和诉讼大量增加，互联网法院应运而生。

2017年8月18日，杭州互联网法院揭牌，这是我国第一家互联网法院，采取在线方式审理与网络纠纷有关的特定类型的案件。

2018年9月，最高人民法院发布了《最高人民法院关于互联网法院审理案件若干问题的规定》，以规范互联网法院诉讼活动，保护当事人及其他诉讼参与人的合法权益，确保公正高效地审理案件。随即北京、广州互联网法院先后挂牌成立。

▶ 拓展阅读9-2

《电子商务法》的适用范围

理解《电子商务法》的适用范围，应紧扣其第二条第一款的"境内"。具体而言，以下情形适用我国《电子商务法》：

（1）在我国境内电子商务平台上发生的交易。

除当事人另有约定外，在我国境内电子商务平台（电子商务平台经营者在我国境内依法注册登记）上发生或者依托我国境内电子商务平台进行的交易，不论交易双方是否为我国境内的自然人、法人和非法人组织，均适用我国《电子商务法》。

（2）交易双方当事人均为我国自然人、法人和非法人组织。

即使其利用境外电子商务平台进行交易，也适用我国《电子商务法》，当事人另有约定的除外。

（3）境外经营者在境外建立网站或者通过境外平台向我国境内的自然人、法人和非法人组织销售商品或者提供服务。

如果买方或者服务接受者为消费者，应适用我国《电子商务法》，除非消费者选择适用商品、服务提供地法律，或者消费行为发生在境外。

如果买方或者服务接受者为我国境内的法人或者非法人组织，双方可以约定适用我国《电子商务法》；在当事人没有特别约定时，如果境外经营者介绍商品或者服务使用的语言文字、支付方式、快递物流等明显指向我国境内的法人或者非法人组织，即有向中国境内的法人或者非法人组织销售商品或者提供服务的明显意图，应适用我国《电子商务法》。

（4）我国与其他国家、地区所缔结或参加的国际条约、协定规定跨境电子商务活动适用我国《电子商务法》。

资料来源 崔聪聪. 电子商务法的调整对象与适用范围［EB/OL］．［2019-01-22］．http：//www.mofcom.gov.cn/article/zt_dzswf/ImportNews/201901/20190102828936.shtml.

↑ **互动课堂 9-2**

《电子商务法》的规定体现的基本原则是什么？

答：《电子商务法》的规定体现了以下基本原则：

（1）鼓励创新、促进发展的原则。

《电子商务法》第三条规定：国家鼓励发展电子商务新业态，创新商业模式，促进电子商务技术研发和推广应用，推进电子商务诚信体系建设，营造有利于电子商务创新发展的市场环境，充分发挥电子商务在推动高质量发展、满足人民日益增长的美好生活需要、构建开放型经济方面的重要作用。

（2）技术中立原则。

《电子商务法》第四条规定：国家平等对待线上线下商务活动，促进线上线下融合发展，各级人民政府和有关部门不得采取歧视性的政策措施，不得滥用行政权力排除、限制市场竞争。

（3）合法经营、保护相关方权益的原则。

《电子商务法》第五条规定：电子商务经营者从事经营活动，应当遵循自愿、平等、公平、诚信的原则，遵守法律和商业道德，公平参与市场竞争，履行消费者权益保护、环境保护、知识产权保护、网络安全与个人信息保护等方面的义务，承担产品和服务质量责任，接受政府和社会的监督。

任务三　认识电子合同

一、电子合同的概念和特征

（一）电子合同的概念

电子合同是电子商务合同的简称，在各国的电子商务立法中，并没有对电子合同或电子商务合同给出一个明确的定义。

在性质上，电子合同属于民事合同。

在我国，《民法典》合同编是关于民事合同规范的专门法律。

与《民法典》合同编中的合同相比，电子合同的概念更为狭窄，这主要表现在两个方面：

1.合同的形式

《民法典》合同编所称合同，既包括以书面形式订立的合同，也包括以口头形式和其他形式订立的合同。

而电子合同的订立形式只是若干书面形式中的一种，即"数据电文"，包括电报、电传、传真、电子数据交换和电子邮件等。

2.合同的内涵

《民法典》合同编一般仅适用于财产性的民事合同，通常不适用身份关系的民事合同；而电子合同不仅排除了身份关系的民事合同，还进一步将财产性民事合同限制为"商务"合同，对于非商务性质的财产性民事合同，如自然人之间的赠予合同、民间借贷合同等，则不包含在内。

物流企业所涉及的商务合同，应当包括所有在其经营活动范围内及与其经营相关的其他商业事项，具体包括：物流企业与货主订立的物流服务合同（包括运输、仓储、配送、包装、装卸、流通加工等各种物流服务合同）；物流企业为将其物流服务外包而与实际运输或仓储等经营者签订的各种合同；物流企业与供应商签订的供应合同；物流企业为了企业的运营而与他人订立的各种商业合同，诸如建造合同、租赁合同、委托合同、借款合同等。

综上，电子合同是指平等主体的自然人、法人、非法人组织通过数据电文形式达成的设立、变更、终止民事权利义务关系的商业协议。

（二）电子合同的特征

1.载体的电子化

所谓合同的载体，即合同内容的载体，是指合同当事人意思表示一致的外在形式，也称合同的形式。

在现代社会，文字载体并不限于纸张，数据电文也是被广泛使用的文字载体。我国《民法典》与《电子签名法》对此已有明确规定。

《民法典》第四百六十九条第二款和第三款规定，书面形式是合同书、信件、电报、电传、传真等可以有形地表现所载内容的形式。以电子数据交换、电子邮件等方式能够有形地表现所载内容，并可以随时调取查用的数据电文，视为书面形式。

《电子签名法》第四条规定，能够有形地表现所载内容，并可以随时调取查用的数据电文，视为符合法律、法规要求的书面形式。

数据电文形式与一般的书面形式的主要区别在于信息的载体不同，后者的信息载体主要是纸张，而前者是经由电子手段、光学手段或类似手段生成、储存或传递的信息，具有电子化特征。

2.形式的超文本化

传统的书面合同几乎是千篇一律的纸面形式，合同表现为文本形式。而电子合同以"超文本"的形式出现，合同的很多内容并没有完整地记载在电子文本中，而是以HTML、二维码、小程序等方式设置成关键词或图形、声音等，这些内容都必须通过"链接"才能得到。

3.订立过程的自动化

《民法典》第四百七十一条"当事人订立合同，可以采取要约、承诺方式或者其他方式"的规定，也适用于电子合同，但过程和具体形式却有其特殊性。

电子合同的要约、承诺往往并非当事人意思表示的直接传达，通常是通过信息系统发出的，甚至可以完全无须人工的具体介入。

例如，配送中心的信息系统按预定的程序，在库存下降到一定数量时，便自动向有关供应商发出订单（要约）；供应商的系统在收到该订单之后，根据预定的程序进行审核，审核通过的，也可以即时向配送中心发出承诺。

在同时收到数份订单的情况下，供应商的系统还可以按既定标准进行判断、选择，然后再进行承诺，整个过程可以完全自动实现，不用任何人工的具体操作。

二、电子合同的订立

电子合同的订立是合同当事人之间通过数据电文的方式就合同条款进行协商达成一致的过程。与其他合同一样，电子合同的订立也需要经过要约、承诺的程序。

(一) 电子要约与要约邀请

在电子合同情况下，如物流企业在自己的网站或网络经营商的网站上呈列出的"在线委托单"或"在线订单"，究竟是要约还是要约邀请？

《民法典》第四百七十三条的规定也适用于电子合同的订立过程。根据该条的规定，"拍卖公告、招标公告、招股说明书、债券募集办法、基金招募说明书、商业广告和宣传、寄送的价目表等为要约邀请"。

上述物流企业在网站上呈列出的"在线委托单"或"在线订单"，实际上只是向广大网民介绍本企业的服务和产品，方便潜在用户与本企业协商签订合同，因而在性质上属于商业广告。

通常，这些"在线委托单"或"在线订单"的内容并不全面，留有很多空白表格需要用户详细填写，在这些表格被填好之后，合同的内容才具体化。因此，在性质上，"在线委托单"和"在线订单"一般为要约邀请，除非其内容具体到符合要约的规定，才可视为要约。

同样，物流企业以电子邮件等其他电子方式向他人邮箱中发送的服务介绍等也属于商业广告，要视其具体内容来判断是要约还是要约邀请。

(二) 电子要约的撤回、撤销及电子承诺的撤回

由于电子合同订立过程的自动化特征，在电子要约的撤回、撤销与电子承诺的撤回方面如何适用现行法律，值得考量。

1.电子要约的撤回

根据《民法典》第四百七十五条，要约可以撤回，但撤回要约的通知应当在要约到达受要约人之前或者与要约同时到达受要约人。而通过数据电文所发出的要约，由于传递速度极快，往往在发出后极短时间内就到达受要约人，并发生法律效力，因而几乎没有撤回的可能。

2.电子要约的撤销

根据《民法典》第四百七十六条，要约可以撤销，但撤销要约的通知应当在受要约人发出承诺通知之前到达受要约人。在自动订立电子合同的情形下，由于信息的处理速度极快，要约人撤销要约的可能也几乎不存在。

3.电子承诺的撤回

根据《民法典》第四百八十五条，承诺可以撤回。在以数据电文形式订立电子合同时，承诺在发出瞬间即已到达要约人的相应系统，合同已然成立，因此受要约人撤回承诺的机会也几乎为零。

虽然电子要约撤销、撤回与电子承诺撤回的可能性微乎其微，但法律贵在严密，不能因此完全否认这种已得到广泛承认的民事权利。现行法律关于要约可以撤销、撤回及承诺可以撤回的规定仍然适用于电子合同。

(三) 电子合同成立的时间、地点

大陆法系国家对合同的承诺采用到达主义，英美法系国家则采用投邮主义（即受要

约人将承诺的信函投入邮箱时承诺生效），要约一经承诺，合同即成立。

一般来说，采用到达主义来决定合同成立的时间与地点对电子商务交易并不构成明显的障碍，但是采用投邮主义来决定合同成立的地点对电子商务交易就很难适用。因为数据电文不仅传输迅速，而且几乎可以在任何地点发出，只要发送人在该地点（包括发送人的营业地、居住地）拥有计算机并有进入网络的条件，甚至发送人可以用手提式计算机在旅途中发出承诺的电文。因此，采用投邮主义，就会使合同成立的地点与合同失去任何有意义的、实质的联系，而具有不确定性。

随着电话、电传、传真乃至 EDI、E-mail 等现代通信手段的出现，英美法系国家也不再拘泥于传统的投邮主义，对于通过 EDI、E-mail 这些更迅速、更"即时"的通信方式成立的合同，英美法倾向于采用到达主义。

对此，在电子合同上，两大法系关于合同成立的时间和地点上正趋于融合，一般均采用到达主义。

三、电子合同的生效

电子合同的生效是指成立且具备生效要件的电子合同在当事人之间产生当事人所预期的法律效力。

关于电子合同的生效，有以下问题需要明确：

（一）电子合同的"书面形式"

"书面形式"的产生，源于传统的交易一般均为纸面交易的缘故。

在我国，很多情况下，"书面形式"仍是合同有效的条件之一，而电子商务的最大特点便是取代了一系列的纸面文件，实现了"无纸交易"。因而，需要使传统立法中的书面形式要求与电子商务的无纸特征相融合、相协调。

目前，在我国，电子合同的"书面形式"效力已经得到《民法典》和《电子签名法》等法律的确认，在《民事诉讼法》中"电子证据"是与"书证"并列存在的一种证据形式，这并不影响对电子合同形式的法律认可。

（二）电子合同的签字要求——电子签名

签字与书面形式密切相关。许多国家的法律往往在对合同等文件作出书面形式要求之后，还要求必须有当事人签名，并将其作为这些文件的有效条件之一。目前，在电子商务中，各国一般采用"电子签名"，以代替传统交易的"签字"方式。

关于电子签名的效力，国际上出现了"法律途径"和"合同途径"两种解决方式。前者是指在法律上扩大对"签字"含义的界定，使之涵盖"电子签名"方式；后者是指电子商务当事人在其通信协议中对电子签名的方法与程序作出适用的规定，并约定可以代替签字。

《电子签名示范法》兼用了"法律途径"和"合同途径"：一方面，将"签字"的含义扩展至所有可以鉴定信息发端人并表明发端人认可该信息的方法（也是一种"功能等价法"，是"签字"的"功能等价物"）；另一方面，考虑到了当事人对"签字"的协议安排，从而确定了"合同途径"的法律基础。

我国采用的是法律途径，在《电子签名法》中对符合一定条件的电子签名的法律效力加以确认。

（三）电子合同当事人意思表示的真实性问题——电子代理

各国法律一般均规定，当事人意思表示真实是合同有效成立的实质要件之一。然而，电子合同的重要特征之一就是合同订立过程的自动化，完全无须人工的具体介入，这种电子自动化的交易手段就是通常所称的"电子代理"。

电子代理，指不需要人的操作就能独立地对电子记录或者履行作出完整或者部分回应的计算机程序、电子手段或者其他自动手段，进行这些自动交易的信息系统相应地称为"电子代理人"。

1.电子代理人的法律人格

要约与承诺可能违背当事人的真实意思问题，实际上是信息系统能否取得适当的法律人格的问题，或是如何确定电子代理人的法律性质和法律地位的问题。

（1）电子代理人不具有独立的法律人格。

根据我国《民法典》有关代理的规定，法律意义上的代理人应当具有独立的法律人格，是独立于被代理人的民事主体，并且必须具有一定的民事行为能力。代理行为的法律后果由被代理人承担，但对于代理人过失造成的损失，被代理人有权要求代理人赔偿。

电子代理人之所以也称为"代理人"，是因为它具有使被代理人的行为得以延伸，并将其行为后果归结于被代理人的类似特点。但是该信息系统并不具有独立的民事行为能力，仅是一种能够执行人的意志的智能化交易工具，其思维能力是预设的、有限的，缺乏独立思维的判断能力，也无法享受交易带来的利益，更不具有独立承担民事责任的能力。因此，电子代理人并不具有相应的法律人格，也就不可能具有独立的缔约能力，法律中有关代理人的规定并不适用电子代理人。

（2）电子代理行为是当事人真实的意思表示。

信息系统终究是人所控制的，其程序是由人编制的，当事人也可以在其运行过程中随时介入。因此，虽然电子代理人不具有独立的法律人格，但它执行的却是当事人的意思表示。

实际上，当事人的意思表示正是通过其所编制或认可的程序而得到了反映。电子代理行为的自动化处理并不是没体现当事人的真实意思，只是这种真实意思被格式化、电子化、自动化了而已。因此，电子合同的自动订立，反映的是当事人的真实意思表示。

2.电子代理人错误的责任承担

鉴于电子代理人的上述法律性质，其在自动化订约过程中出现错误所造成的法律后果一般也应由使用该电子代理的当事人承担。但在下列情形下，电子代理人一方不承担责任：

（1）物流企业与对方当事人就电子代理人错误的责任承担另有协议的，按协议进行。

（2）此错误属对方当事人理应知道或在已知道的情况下仍依此错误行事，则由对方当事人承担责任。

拓展阅读9-3

智能合约与传统合约的区别

随着区块链技术的应用范围越来越广，商业合同由传统书面形式演化为电子商务时代的电子形式后，正迈向智能合约的阶段。

智能合约是一种基于区块链技术的计算机程序或交易协议，旨在根据合同或协议的条件自动执行、管理或记录具有法律意义的事件和活动，与传统合约有很大的区别，主要体现在：

（1）从自动化程度看，智能合约可以对触发条件进行智能判断，而传统合约只能进行人为判断。传统合约下如果双方对"触发条件"（即合同的成立与生效）的认知不一样，需要借助第三方（法院、仲裁机构等）进行判断。

（2）从透明度与可追溯性看，智能合约下所有交易和合约内容都记录在区块链上，公开透明，可追溯且不可篡改。而传统合约的透明度相对较低，依靠双方的诚信和法律机构的监管，其记录可能不完整，或易被篡改。

（3）从成本方面看，智能合约中的各项履行条件等已经提前写入代码，履行时不需要再耗费更多的人力、物力，其成本明显低于传统合约成本，并且提高了交易效率，缩短了交易时间。

（4）从安全性与信任度看，智能合约通过区块链技术保障合约的安全性和可信度，减少欺诈和违约的风险；同时各种数据资产均可成为担保物，若发生违约，违约方即有资产方面的损失。传统合约则依赖于法律体系的完善程度和法律机构的执行力，存在违约和欺诈的可能性。

（5）从适用范围看，智能合约可以在全球范围内推广使用，而传统合约则因地域文化、习俗、具体法律和法规的不同而有特定的适用范围，广度与智能合约有着很大差别。

应注意的是，智能合约虽然确定性强，但是缺乏灵活性。

互动课堂9-3

应如何保障电子合同的安全性？

答：电子合同的安全性保障主要来自电子印章技术和数字证书。一方面，电子合同的内容在盖了电子印章后不可更改，而且电子印章不能分拆出来使用；另一方面，数字证书是一个网络身份证，它能确保合同的签订方和合同本身可信任。此外，电子合同采用了密码验证和在传输过程中加密的办法，保证了其安全性。

电子印章与权威机构（CA）出具的数字证书相结合，有双重的密码验证，充分保证了合同签订双方的正确身份。电子合同在传输过程中也采取加密措施，有效保证了数据的保密性。另外，电子合同技术上还可以提供专门的阅读插件，可以独立使用，保证合同不外泄。而且，电子签名过程中要进行加密和解密，交易双方使用的密钥是随机产生的，由1 024位乱码组成，破译的概率几乎为零。

任务四　了解物流企业常见电子商务法律问题

一、物流企业的电子商务

电子商务的兴起对物流业的影响深远。由于电子商务的应用，现代物流企业相对于传统的物流企业，在信息传递、管理模式以及运作环节等各个方面都发生了巨大变化。

（一）物流企业电子商务信息管理系统

在激烈的物流市场竞争条件下，如何及时准确地获取有关信息，对物流企业来说十分关键。

以班轮公司为例，世界上大多数班轮公司都在不同程度上建立了航运管理信息系统。

尽管它们所采用的信息技术和通信网络技术不同，但大体结构都包括总部的中央计算机系统（含数据库系统）、各分支机构的计算机系统（含数据库系统）、总部与各分支机构之间的通信网络以及各代理机构的终端系统。

利用该电子商务信息管理系统，可以实现信息资源在系统范围内共享，快速传递船期、提单、舱单、集装箱装箱单、积载图等文件、业务数据，各代理机构也可以通过终端系统实时治订舱位。

（二）物流企业的电子商务应用

大体来说，物流的主要流程包括物流信息的获取与交换、合同签订、合同履行（包装、加工、仓储、运输等）和检验检疫等。物流企业对电子商务的应用也主要体现在这些环节。

以具有代表性的集装箱班轮运输为例，其主要业务流程如图9-1所示。

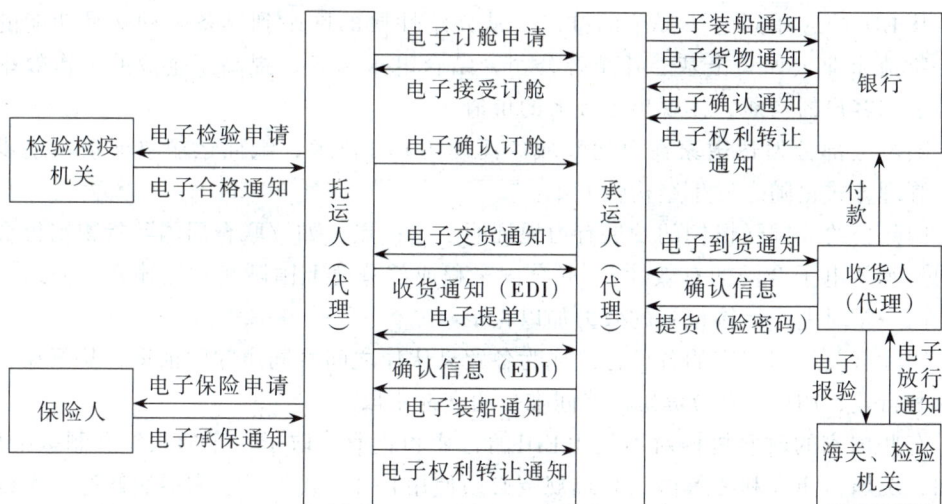

图9-1　集装箱班轮运输主要业务流程

目前几乎所有的物流业务都可通过计算机信息系统进行信息的收集、处理、传递，一些物流企业甚至可以利用系统进行决策辅助。

我国已经制定并发布了一系列物流领域的电子数据交换报文标准，如2021—2024年新制定或修订的集装箱运输电子数据交换报文标准已包含订舱、放箱单、订舱确认、船舶离港、装箱单、船舶预报信息、船舶挂靠信息、集装箱装卸（船）报告、集装箱进/出门报告等方面。

随着信息技术在物流业运用深度、广度的快速推进，已有物流企业为客户提供智慧物流服务，并成为数字经济的重要支撑。

国家市场监督管理总局、国家标准化管理委员会2022年发布了《智慧物流服务指南》（BG/T 41834-2022），2024年又发布了"行政、商业和运输业电子数据交换"3个部分的标准，涉及数据元目录、复合数据元目录、段目录。这些标准的实施将进一步促进物流企业电子商务的发展。

（三）物流企业电子商务的发展

1.国际物流企业的电子商务

EDI技术在航运公司的运用相当普遍。

EDI数据传输系统的主要功能是把仓单EDI数据从始发港开始，送到各港口代理以及总部的EDI接收系统中。

一般来说，EDI接收地在几分钟后就能收到详细的舱单数据资料，使各港代理能够尽快了解情况，做好卸船和交货准备，及时缮制各类单证，为收货人提供最快捷的服务。

除逐渐趋于成熟的EDI技术外，其他电子商务手段也开始不断地运用到物流业务中，如一直以来需通过费率本、电话或传真查询的运费，现在可以通过各物流企业的平台直接查询，或者通过电子文件的传送获得详细的资料，在线制作提单、托运单、海关申报单，以及进行电子支付等。

从EDI的应用到电子提单的推广，从介绍性质的网站到具备多种交易功能的网站，物流企业（如马士基、长荣等公司）结合电子商务，提高了企业的工作效率，加强了与客户的沟通，体现出了极大的价值。

随着大部分发达国家在海运领域广泛使用EDI技术，纸面运输单证正在逐步消失，管理方式也随之发生结构性变革。

国际公约或国际惯例的发展有力地证明了这一点，如《联合国国际货物销售合同公约》承认电子合同的有效性，《联合国全程或部分海上国际货物运输合同公约》中用专门一章对电子运输记录的效力加以肯定。

国际有关组织制定的各种标准成为各贸易伙伴之间共同遵守的依据，甚至在一些国家和行业，EDI已成为贸易伙伴间唯一的交易手段。

有些国家的政府机构对不使用EDI的行业和企业采取了一定的限制和制裁措施。例如，美国、澳大利亚等国家相继规定必须使用EDI方式报送、靠港装卸等，否则推迟受理或另增费用，船舶延误的责任由船东自负。

2.我国物流企业电子商务的发展

我国从20世纪90年代开始开展EDI的电子商务应用。

1990年，原国家计委、科委将EDI列入"八五"国家科技攻关项目。

1991年9月，国务院电子信息系统推广应用办公室牵头发起成立"中国促进EDI应用协调小组"，同年10月成立"中国EDIFACT委员会"并参加亚洲EDIFACT理事会。

中国对外贸易运输（集团）总公司的"中国外运海运/空运管理EDI系统"，作为国家"八五"重大科技攻关项目之一，完善了海运船队管理、航线管理、货物管理、商务结算和财会管理。

1993年，中国对外贸易运输（集团）总公司EDI项目组又对上海、江苏、山东三大口岸的分公司进行了深入调研，制订了空运快件三级网络管理方案，建立了良好的EDI硬件环境。

2018年中国对外贸易运输（集团）总公司运易通平台产品发布，以中国外运全球线下物流资源和物流服务为基础，整合和打通、交易、订单、物流、操作、单证、结算、金融等供应链、价值链管理全过程，形成订舱平台、无车承运平台、关务平台三大功能，可实现线上线下结合的一体化服务。

2016年，中国远洋运输（集团）总公司（以下简称"中远集团"）与中国海运（集团）总公司重组成立了中国远洋海运集团有限公司（以下简称"中远海运集团"），并于同年2月18日在上海正式挂牌成立。

早在1991年5月，中远集团就在国内率先通过EDI传递标准的数据流，实现了在全球各地数据信息的共享，为中远集团电子商务的发展搭好了基础平台。1997年，中远集团又建成了集团全球通信专网，并以其为基础构建了内联网（intranet）网络平台，促进了其全球电子数据中心（现为中远海运集团科技与信息化管理本部）的建设。

1998年9月，中远集团在其网站上推出了网上船期公告和订舱业务，使客户足不出户便可以办理货物出口业务流程中的委托订舱、单证制作、信息查询等多种业务手续。在此基础上，中远集团又向全球客户推出了中转查询、信息公告、货物跟踪等多项业务，从而使全球互联网用户均可直接在网上与中远集团开展商务活动。

2021年3月17日，独立的非营利性组织全球航运商业网络（GSBN）在香港组建并开始正式运营。

其创始成员包括知名班轮公司和港口运营方：中远海运集装箱运输有限公司、中远海运港口有限公司、山东港口青岛港集团有限公司、上海国际港务（集团）股份有限公司、赫伯罗特船务（中国）有限公司、和记港口集团有限公司、东方海外（国际）有限公司、新加坡国际港务集团，还与多家科技公司合作，如蚂蚁链（上海）数字科技有限公司、阿里云计算有限公司等。

其宗旨是通过建立一个安全的数据交换平台来促进航运业的数字化转型，提高数据可视化，提升运营的可持续性和可靠性，并打造数据基础设施平台。

2021年10月5日，GSBN成功在其数据共享管理应用系统上实现统一收集、授权及共享航运数据。

2022年6月，GSBN基于其区块链平台API开发的电子提单系统IQAX eBL获得了国际保赔集团（IGP&I）的核准认可，这意味着班轮公司在使用该产品时，国际保赔集团将完全承保电子无纸化贸易有关货物运输的责任保险。

至 2022 年 11 月 5 日，GSBN 在航运数字转型探索方面取得了三项成就，包括无纸化放货项目、电子提单的使用以及贸易金融产品的推出。

截至 2023 年 12 月，GSBN 的生态系统拥有超过 20 000 名用户，包括主要的航运公司、全球码头运营商、银行、应用开发者以及其他联盟。

此外，GSBN 还与领先的行业标准机构和其他合作伙伴合作，以确保其满足整个行业当前和未来的发展需求。其网络处理的集装箱数量占全球集装箱处理量的一半以上。

2024 年 4 月，赫伯罗特采用 IQAX eBL 签发电子提单，并且实施 DCSA 的电子提单 3.0 标准，GSBN 进入新的发展阶段。

但总体上，我国电子商务的营商环境，尤其是法律和金融环境的发育还不成熟，我国物流企业面临着国内外市场的双重压力与挑战。

面对严峻的现实，我国物流企业必须加速企业的信息化进程。在运输、仓储、装卸、加工、配送、车辆调度、路径选择等方面，广泛地应用信息技术，深入开发各种相关的数字资源，并在流通领域及相关领域切实做到信息资源共享。

各物流企业要彻底转变传统的管理和经营理念，以用户为中心，以市场为主导，做好顶层设计，充分利用现有的信息基础设施，加快建设适合我国特点的现代物流信息处理通用平台，实现现代化物流的电子商务化。

物流企业在电子商务中如何运用法律手段保护自己，是一个极其重要的问题，涉及的范围非常广，包括实体法、程序法等方面，并涉及数据安全、信息保护、网络责任、在线反不正当竞争以及电子商务税收问题等。

鉴于本书的特点及篇幅所限，现就比较常见的三个问题进行阐述，即电子证据问题、物流企业商业秘密保护问题，以及数据安全保护问题。

二、电子证据问题

在电子商务环境下，合同、协议、提单、保险单、发票等书面文件被储存于计算机内的相应的电子信息所代替。这些电子信息虽然具有传统文件所不具有的很多优点，但一旦发生纠纷，其作为证据提交法庭或仲裁庭，能否被采纳？如果被采纳作为证据，其证据力有多大？这些均是数据电文涉及证据法时带来的法律问题，即电子证据问题。

所谓电子证据，就是以数据电文形式保存在计算机存储器或外部存储介质中、能够证明案件事实的数据或信息。

电子证据在诉讼中能否作为证据被采纳，首先要解决电子证据的真实性和证明力问题。

（一）电子证据的真实性问题

作为定案依据的证据应当符合客观性、合法性和关联性三个要求，电子证据也不例外。

客观性是指证据必须与客观事实相符；合法性主要指证据应当符合法律的规定，包括证据的形式、证据收集的手段等都应当符合法律规定；关联性主要指证据与案件争议事实应有一定程度的相关性，能够证明待证事实可能存在或可能不存在。

而数据电文能否真实地反映客观事实，是电子证据能否在诉讼中被采纳的关键。与传统的纸面文件相比，数据电文的真实性有以下几点受到质疑：

（1）书面文件不但可以长期保存，可以直观地反映所载信息，还可以通过签字等手段来增强其证明力；而数据电文是"无纸"的，所有的文件和记录都以电子数据的形式存储于磁性介质中，无法直接阅读，而且传统的签字也无法适用于数据电文。

（2）书面文件上所载的内容如有改动或添加，一般会留下痕迹，通常不难发觉，如有疑问也可以由专家予以鉴别；但数据电文使用的是磁性介质，其录存的数据内容可能随时被改动，即使被改动或添加也不易留下痕迹。

（3）书面文件虽也可能出现差错，但这种差错一般均是人为造成的，易克服；而数据电文出现差错既有可能是人为造成的，如计算机操作人员的疏忽过失，也可能是由于网络或其他技术条件不足的非人为因素造成的。

（4）数据电文在网络环境下更易于泄密，并受到网络黑客的攻击，真实性受到严重威胁。

目前，以上这些问题的技术解决方案取得了一定的成功。例如，通过对电子证据附加"电子签名"的方式，不仅可以使电子文件来源的真实性得到保证（可证明签发电子证据的人），而且可以发现电子文件是否被改动过。

所谓对电子证据附加电子签名，是指通过技术方案赋予每个电子证据发出人一个代表其身份特征的电子密码。

当电子证据被签发时，电子密码结合电子证据内容，就会自动生成一个新的特征码，附加在电子证据上，成为与电子证据内容不可分割的一部分。

只要有人（包括电子证据发出人）对电子证据进行篡改，电子证据的特征就会与原特征码不符。

在我国，电子签名的证明效力已经得到认可。

《电子签名法》第十三条规定，电子签名同时符合下列条件的，视为可靠的电子签名：

①电子签名制作数据用于电子签名时，属于电子签名人专有；

②签署时电子签名制作数据仅由电子签名人控制；

③签署后对电子签名的任何改动能够被发现；

④签署后对数据电文内容和形式的任何改动能够被发现。

当事人也可以选择使用符合其约定的可靠条件的电子签名。

《电子签名法》第十四条规定，可靠的电子签名与手写签名或者盖章具有同等的法律效力。

（二）电子证据的证明力问题

一旦电子信息在诉讼中被采纳为证据，则该信息在多大程度上能够证明案件事实？与其他证据相比，其证明效力是强是弱？这就是电子证据的证明力问题。就我国而言，电子证据的证明力问题又涉及以下两个具体问题：

1.电子证据的证据形式

关于电子证据属于何种证据形式，曾有不同的观点，如书证、视听资料、鉴定结论等。

《民法典》和《电子签名法》从法律上肯定了数据电文的书面性特征。

2012年，我国对《民事诉讼法》（最新于2023年修正）进行了较大幅度的修订，其中在第六十三条增加了"电子数据"这一证据形式。

2015年施行的《最高人民法院关于适用〈中华人民共和国民事诉讼法〉的解释》（最新于2022年修正）第一百一十六条规定：电子数据是指通过电子邮件、电子数据交换、网上聊天记录、博客、微博客、手机短信、电子签名、域名等形成或者储存在电子介质中的信息。储存在电子介质中的录音资料和影像资料，适用电子数据的规定。

《民法典》及《电子签名法》已经确认了电子数据的效力，《民事诉讼法》作为一种程序法与这些实体法相互配合。

2.电子证据的原件

《民事诉讼法》第七十三条规定，书证应当提交原件。然而，EDI和E-mail文件等数据电文形式，是否可以视为符合法律要求的原件？

《电子签名法》对符合一定条件的数据电文的原件效力予以明确认可。

《电子签名法》第五条规定，符合下列条件的数据电文，视为满足法律、法规规定的原件形式要求：

①能够有效地表现所载内容并可供随时调取查用；

②能够可靠地保证自最终形成时起，内容保持完整、未被更改。但是在数据电文上增加背书以及数据交换、储存和显示过程中发生的形式变化不影响数据电文的完整性。

三、物流企业商业秘密保护问题

（一）电子商务环境下物流企业商业秘密的特殊风险

根据我国《反不正当竞争法》的规定，商业秘密是指不为公众所知悉、能为权利人带来经济利益、具有实用性，并经权利人采取保密措施的技术信息和经营信息。

商业秘密对一个企业来说是一种无形资产，当处于保密状态时，可能是无价之宝，而一旦被披露，则可能对企业造成重大损失，或者可能因此丧失商业价值而一文不值。

对物流企业来说，商业秘密是一种高值信息，其价值不会低于品牌名称的效应。很难想象，一家物流企业在将自己的内部管理经验、操作流程的有机统筹安排方案、为客户提供的个性化服务的种类和价格等细节都公布给同行的同时，还能在当今竞争激烈的物流市场中取得成功。一家物流企业的商业秘密关系到其经营的成败，同时也是与同业展开竞争的利器。

对电子商务环境下的物流企业来说，商业秘密的保护更为重要。物流企业内部管理资料的传递、对外业务往来信息的传输都离不开计算机和网络，其常用的网络有互联网（internet）、内联网（intranet）、外联网（extranet），这些网络均具有一定的开放性。

内联网是利用互联网建立在企业防火墙之内，保护企业内部秘密或敏感信息不受侵扰的相对封闭的网络。

外联网是内联网的延伸和扩展，虽通过防火墙隔在内联网之外，但将与本企业有业务往来的企业和客户纳入其中。

互联网则是一个更为开放的体系，在这种开放体系下的电子商务环境中，物流企业的商业秘密无疑比在传统贸易环境下更易外泄。

对物流企业来说，在电子商务环境下如何采取合理措施保护商业秘密尤为重要。

（二）电子商务环境下物流企业保护商业秘密的措施

1.建立内部保密制度

物流企业可以建立内部保密规则，设置相应的保密措施，建立保密制度。

例如，在含有商业秘密的文件上加注"机密"字样，禁止未经授权的人查阅；不同岗位设置不同的系统权限；对存放这类机密文件的计算机或路径或文件夹等设置密码，对有关的计算机采取一定的电子措施，严格限制接触商业秘密的人员的范围，禁止共享等。

2.订立保密合同或保密条款

内部保密制度只能对无关人员起到防范作用，对因工作需要接触到相关商业秘密的人员难以起到防范效果，这些人员包括物流企业的员工、货主、供应商及其他相关人员等。

物流企业应根据具体情况，分别与他们订立保密合同或在与其订立的其他有关合同中订立保密条款，使他们承担相应的保密义务，从而防止商业秘密的泄露。

（1）物流企业可以在与员工订立的劳动合同中约定，员工应对其被雇用期间获取、知悉的商业秘密承担保密义务。

一旦员工违反该义务，物流企业可以依据《中华人民共和国劳动合同法》追究其责任。

（2）物流企业也可以与货主、分包人订立保密合同或在相关合同中订立保密条款。由于业务关系，某些重要的合同相对人可能在必要的情况下、在物流企业允许的范围内接触到某些商业秘密。

在这种情况下，物流企业便可通过与之订立保密合同或在相关合同中订立保密条款，使其承担保密义务。因其泄露秘密导致物流企业受损时，物流企业可依据该约定索赔。

（3）在某些情况下，物流企业为了完成某项任务或达到某种目的，会雇用某些具有专业技能的人员从事某些特定的工作，后者在工作中可能会接触或知悉商业秘密。

例如，物流企业可能聘用软件工程师，要求该软件工程师以货主（企业）与自己业务往来的时间和业务量为基础，设计一个自动调节对货主企业报价的软件，该软件工程师就有可能因此而取得物流企业的客户名单。对于这种可能接触到物流企业商业秘密的临时雇用人员，物流企业也可以与其订立保密合同，约定其需要承担保密义务。

3.建立信息传输的加密技术体系

物流企业可以利用专门的信息加密技术，使自己含有商业秘密的信息在传输过程中不为未经授权的人所知悉。

例如，物流企业将含有商业秘密的某项技术资料通过互联网传输给外国或外地的分公司和办事机构时，就可以采取信息加密技术实现保密的目的。

（三）商业秘密侵权的救济

对有关侵犯商业秘密的行为，物流企业可以通过民事、刑事或行政的手段寻求救济。

根据我国《反不正当竞争法》第九条，侵犯商业秘密的行为主要有以下几种：

（1）以盗窃、贿赂、欺诈、胁迫、电子侵入或者其他不正当手段获取权利人的商业秘密。

（2）披露、使用或者允许他人使用以前项手段获取的权利人的商业秘密。

（3）违反保密义务或者违反权利人有关保守商业秘密的要求，披露、使用或者允许他人使用其所掌握的商业秘密。

（4）教唆、引诱、帮助他人违反保密义务或者违反权利人有关保守商业秘密的要求，获取、披露、使用或者允许他人使用权利人的商业秘密。

（5）第三人明知或者应知商业秘密权利人的员工、前员工或者其他单位、个人实施（1）中所列违法行为，仍获取、披露、使用或者允许他人使用该商业秘密。

我国法律对这些违法行为规定了相应的民事、刑事、行政责任。

根据《反不正当竞争法》第十七条的规定，民事责任包括赔偿损害、支付权利人调查不法侵害行为的合理费用。

根据《反不正当竞争法》第二十一条的规定，行政责任包括由监督检查部门责令停止违法行为，没收违法所得，处10万元以上100万元以下的罚款，情节严重的，处50万元以上500万元以下的罚款。

根据《刑法》第二百一十九条的规定，侵犯商业秘密行为给商业秘密的权利人造成重大损失的，处3年以下有期徒刑，并处或单处罚金，情节特别严重的，处3年以上10年以下有期徒刑，并处罚金。

我国目前尚未颁布专门的商业秘密保护法，对商业秘密的保护散见于各法律法规中。

物流企业应当尽可能地利用现有法律法规的规定，制定相关的规章制度对自己的商业秘密进行保护。

四、物流企业数据安全保护问题

电子商务环境下物流企业处理的不再是以非结构化的物流合同或者货运单证形式存在的业务信息，而是具有结构化特征的业务数据。

物流企业通过大数据技术对货物流动进行实时监控和分析，优化配送路线，降低成本，提高效率，通过电子商务平台实现个性管理，改善用户体验，提升市场竞争力。

在此过程中，物流企业也负有相应的数据安全保护义务。

《数据安全法》第八条对数据安全保护义务做了原则性规定：开展数据处理活动，应当遵守法律、法规，尊重社会公德和伦理，遵守商业道德和职业道德，诚实守信，履行数据安全保护义务，承担社会责任，不得危害国家安全、公共利益，不得损害个人、组织的合法权益。

为履行上述规定，物流企业在数据安全保护方面，负有以下义务：

（一）建立安全管理制度的义务

根据《数据安全法》第二十七条的规定，物流企业在电子商务活动中开展数据处理活动，应当依照法律、法规的规定，建立健全全流程数据安全管理制度。

在管理制度的设计上，《数据安全法》第十条规定："相关行业组织按照章程，依法制定数据安全行为规范和团体标准，加强行业自律，指导会员加强数据安全保护，提高数据安全保护水平，促进行业健康发展"。

可见，立法虽然在形式上要求企业建立成文的数据安全管理制度，但是并未直接给出具体的安排，而是倡导由行业规范进行具体安全标准的设计。由于物流企业电子商务活动离不开对互联网等信息网络的使用，因此在履行上述数据安全保护义务时，应当在网络安全等级保护制度的基础进行。

《网络安全等级保护定级指南（GB/T 22240-2020）》《网络安全等级保护基本要求（GB/T 22239-2019）》根据特定网络系统遭到破坏时受侵害的客体、侵害程度的不同，设定特定网络的安全等级，详见表9-2。

表9-2　　　　　　　　　　网络安全定级要素与安全等级的关系

受侵害的客体	对客体的侵害程度		
	一般损害	严重损害	特别严重损害
公民、法人和其他组织的合法权益	第一级	第二级	第三级
社会秩序、公共利益	第二级	第三级	第四级
国家安全	第三级	第四级	第五级

除仅涉及对国家数据安全保护的第五级外，根据《网络安全等级保护基本要求（GB/T 22239-2019）》第5.2条：

（1）一级保护应当能够防护来自个人的、拥有很少资源的威胁源发起的恶意攻击、一般的自然灾难，以及其他相当危害程度的威胁所造成的关键资源损害，在自身遭到损害后，能够恢复部分功能；

（2）二级网络安全保护应当能够防护来自外部小型组织、拥有少量资源的威胁源发起的恶意攻击与一般灾害，能够发现重要的安全漏洞和处置安全事件，并在自身受到损害后在一定时间内能够恢复部分功能；

（3）三级网络安全保护应当能够在统一的安全策略下防护来自外部有组织、拥有较为丰富资源的团体发起的恶意攻击与较为严重的灾难，能够及时发现、监测攻击行为和处置安全事件，并能够较快地恢复大部分功能；

（4）四级网络安全保护应当能在统一的安全策略下防护来自外部国家级别的、拥有较为丰富资源的敌对组织发起的恶意攻击与严重的灾难，能够及时发现、监测攻击行为和处置安全事件，并能迅速地恢复大部分功能。

（二）风险处理的义务

《数据安全法》第二十九条规定，数据处理活动应当加强风险监测，发现数据安全缺陷、漏洞等风险时，应当立即采取补救措施；发生数据安全事件时，应当立即采取处置措施，按照规定及时告知用户并向有关主管部门报告。

处置义务的履行包括采取修补漏洞或禁用相关服务等措施。报告义务的履行涉及报告的对象与方式两个方面。

在报告的对象方面，《数据安全法》规定了用户与主管部门两类主体，而《网络产品安全漏洞管理规定》第七条规定，若漏洞属于其上游产品或者组件，应当同时立即通知相关产品提供者。

在报告的方式方面，《网络产品安全漏洞管理规定》第七条规定，应当在2日内向工业和信息化部网络安全威胁和漏洞信息共享平台报送相关漏洞信息。报送内容应当包括存在网络产品安全漏洞的产品名称、型号、版本以及漏洞的技术特点、危害和影响范围等。

（三）重要数据处理者的风险评估义务

根据《数据安全法》第二十一条，国家建立数据分类分级保护制度，根据数据在经济社会发展中的重要程度，以及一旦遭到篡改、破坏、泄露或者非法获取、非法利用，对国家安全、公共利益或者个人、组织合法权益造成的危害程度，对数据实行分类分级保护。

国家数据安全工作协调机制统筹协调有关部门制定重要数据目录，各地区、各部门应当按照数据分类分级保护制度，确定本地区、本部门以及相关行业、领域的重要数据具体目录，对列入目录的数据进行重点保护。

目前国家推荐标准"信息安全技术 重要数据识别指南"正在制定中，可公开查询到的行业标准有《工业数据分类分级指南（试行）》（工信厅信发〔2020〕6号）、《电信领域重要数据识别指南》（YD/T 3867-2024）、《网络安全标准实践指南——网络数据分类分级指引》等。

《数据安全法》第三十条规定，重要数据的处理者应当按照规定对其数据处理活动定期开展风险评估，并向有关主管部门报送风险评估报告。风险评估报告应当包括处理的重要数据的种类、数量，开展数据处理活动的情况，面临的数据安全风险及其应对措施等。

（四）个人数据保护的义务

物流企业开展电子商务活动过程中可能会涉及对个人信息的收集处理，应当承担《个人信息保护法》第五十一条至第五十九条所规定的个人信息处理者的义务，主要包括：确保个人信息处理活动符合法律、行政法规的规定，并防止未经授权的访问以及个人信息泄露、篡改、丢失；定期进行合规审计；风险处置与通知。

（五）关于重要数据出境的特殊规定

从事国际物流业务的物流企业在开展电子商务活动过程中还会涉及数据出境问题。

《数据安全法》《网络安全法》只对重要数据出境做出规定。

《数据安全法》第三十一条依照设施运营者不同将其分为两种情形：关键信息基础设施的运营者在境内运营中收集和产生的重要数据出境，适用《网络安全法》中的相关规定；其他数据处理者在境内运营中收集和产生的重要数据的出境，适用国家网信部门会同国务院有关部门制定的规章。

《网络安全法》第三十七条规定，关键信息基础设施的运营者在中华人民共和国境内运营中收集和产生的个人信息和重要数据应当在境内存储。因业务需要，确需向境外提供的，应当按照国家网信部门会同国务院有关部门制定的办法进行安全评估；法律、行政法规另有规定的，依照其规定。

2022年9月1日，国家互联网信息办公室发布的《数据出境安全评估办法》开始实施，该办法对数据出境安全评估的程序规则、实体规则做了规范。

▶ 拓展阅读9-4

智慧物流服务的特征和关键要素

智慧物流是指以物联网技术为基础，综合运用大数据、云计算、区块链及相关信息技术，通过全面感知、识别、跟踪物流作业状态，实现实时应对、智能优化决策的物流服务系统。

为满足客户物流需求所实施的一系列智慧物流活动过程及其产生的结果即为智慧物流服务。

智慧物流服务的特征主要体现在：

（1）可感知。

智慧物流系统可以通过数据捕获、采集和上传等技术手段获得物流服务的实时状态。

（2）可识别。

智慧物流系统可以对物流服务过程数据进行处理，发现数据关键特征，筛选可用信息。

（3）可调节。

智慧物流系统可以根据系统反馈，运用智能技术和智能设备，校正智慧物流服务系统偏差。

（4）可视化。

智慧物流系统可以将智慧物流服务过程数据转化为视频、图像、文字等，并进行交互处理。

智慧物流的关键要素包括：

（1）技术，包括数据和算法两方面。

数据是指智慧物流服务中涉及的人、物、流程和环境等各种要素的知识、资料、图像、数据、文件的总称。

算法是指解决诸如智慧运输、智慧仓储、智慧配送等智慧物流服务场景中一系列问题的有限且有序的计算过程。

（2）设备。

设备即具有感知能力且能执行算法指令的物流服务技术装备。

（3）系统。

系统是由设备和程序组成，为物流管理者执行计划、实施、控制等职能提供信息输入、存储、处理、输出和控制的有机整体。

资料来源 《智慧物流服务指南》（GB/T 41834-2022）。

互动课堂9-4

互联网法院的管辖范围是什么？

答：根据《最高人民法院关于互联网法院审理案件若干问题的规定》（法释〔2018〕16号）第二条的规定，北京、广州、杭州互联网法院集中管辖所在市的辖区内应当由基层人民法院受理的下列第一审案件：

（1）通过电子商务平台签订或者履行网络购物合同而产生的纠纷。

（2）签订、履行行为均在互联网上完成的网络服务合同纠纷。

（3）签订、履行行为均在互联网上完成的金融借款合同纠纷、小额借款合同纠纷。

（4）在互联网上首次发表作品的著作权或者邻接权权属纠纷。

（5）在互联网上侵害在线发表或者传播作品的著作权或者邻接权而产生的纠纷。

（6）互联网域名权属、侵权及合同纠纷。

（7）在互联网上侵害他人人身权、财产权等民事权益而产生的纠纷。

（8）通过电子商务平台购买的产品，因存在产品缺陷，侵害他人人身、财产权益而产生的产品责任纠纷。

（9）检察机关提起的互联网公益诉讼案件。

（10）因行政机关作出互联网信息服务管理、互联网商品交易及有关服务管理等行政行为而产生的行政纠纷。

（11）上级人民法院指定管辖的其他互联网民事、行政案件。

思政小课堂9-1

电子商务环境下的诚信原则

2019年1月18日，托运人在货拉拉APP平台发起运输订单，自山东明珠怡和国际酒店北门运输至济南市东红庙北路与二环西路交叉口，运输货物为大米，价值为29 600元。托运人通过该平台支付费用62元，承运人为盛师傅。货拉拉APP平台显示订单相关信息，其中收费标准为：起步价（5公里）50元，分段价（6公里及以上）4元/公里。盛师傅自货拉拉公司平台接单后，将涉案货物运往指定地点。其间，托运人表示其关于卸货地点的指示有误，指定了新的卸货地点，也同意增加运费。两处卸货地点相距10公里左右。盛师傅同意将货物送往新的卸货地点，但要收取300元，托运人未同意该数额，盛师傅则拒绝卸货，并将货物拉回家中。托运人向货拉拉公司投诉。随后几天时间内货拉拉公司多次联系双方，了解纠纷发生原因和各方诉求，从中斡旋调停，但托运人的工作人员表示已走法律程序，拒绝进一步沟通，也拒绝盛师傅提出的返还货物的请求。至于涉案大米，盛师傅开始将其存在冷库，因费用较高，后来交给了货拉拉公司保管，但经过诉讼过程后已经发霉了。

关于涉案货物损失的民事责任问题，法院认为：

首先，《民法典》第七条规定："民事主体从事民事活动，应当遵循诚信原则，秉持诚实，恪守承诺。"本案中，托运人对卸货地点指示错误，致使卸货地点发生新的变化，属于日常交易中的正常现象，且当时托运人亦同意增加相应运费。此时，盛师傅应按照客户新的指示，本着诚实信用原则，将涉案货物运送到客户指定的新的卸货地点，而非以另行支付300元作为卸货的要挟条件，将货物自行拉回。因此，本案纠纷的主要引起原因，在于盛师傅未依照诚信原则，履行承运人的义务，以临时坐地要高价作为要挟条件，将货物拉回而引起，因此盛师傅应对涉案货物的损失承担主要赔偿责任。

其次，货拉拉公司作为平台及平台承运人的管理者，对客户的货物安全和平台承运人负有严格的监督和管理责任。本案中，涉案事故发生后，货拉拉公司客服平台确实进行了积极协调，但是，在其注意到盛师傅将客户货物违法留置的情况下，应积极协调客户接受退货，特别是在盛师傅将涉案货物交付给其保管后，其应向客户派出工作人员或发函，将货物存放情况告知客户，并通知客户及时领取，而不是将涉案货物长期滞留在其公司，致使货物发霉变质，因此，对该事故，货拉拉公司前期处理值得肯定，在接受货物后，未能积极处理，致使货物发霉损毁。货拉拉公司对该损失后果与盛师傅负有同等过错，应与盛师傅一起承担连带赔偿责任。

最后，《中华人民共和国民法典》第五百九十一条第一款规定："当事人一方违约后，对方应当采取适当措施防止损失的扩大；没有采取适当措施致使损失扩大的，不得就扩大的损失请求赔偿。"本案纠纷虽然主要系因盛师傅临时索要高价未诚实履行承运人义务而引起，但是在纠纷发生后，盛师傅已意识到继续留置客户货物不妥，在较短时间内曾多次请求将货物退给托运人，为避免涉案货物产生新的扩大损失，托运人应先将货物及时收下，再处理后续问题，并且，根据一般生活经验常识，在该纠纷发生不到一周时间内，涉案包装大米仍在正常保质期内，能够正常食用。如托运人当时能够及时验货收货，不以赌气为原则，理智处理纠纷，则既不影响其及时主张当时实际发生的相关损失，亦不会导致涉案大米最终发霉变质扩大损失结果的发生，因此，托运人在涉案纠纷发生后，未采取适当措施防止损失扩大，依法应对涉案货物的扩大损失自行承担部分责任。

资料来源 山东省济南市中级人民法院民事判决书（2020）鲁01民终13863号。

基本训练

1.单项选择题

（1）下列有关电子商务的叙述不正确的是（　　　）。

A.从技术角度看，电子商务是一种多技术的集合体，包括交换数据、获得数据以及自动捕获数据等

B.在业务范围上，电子商务包括信息交换、售前服务、电子交易、销售、售后服务、电子支付、运输及其他服务的提供、组建虚拟企业、网上拍卖、远程联机服务以及数据共享等

C.从法律研究的角度出发，电子商务是以数据电文的方式生成、储存或传递贸易信息的一种现代贸易方式，又称有纸贸易

D.电子商务的手段主要包括电子数据交换（EDI）、电子邮件、电报、电传或

传真

（2）我国最早关于电子商务的立法是（　　　）。

A.《电信条例》　　　　　　　　　B.《计算机软件保护条例》

C.《民法典》　　　　　　　　　　D.《电子签名法》

2.多项选择题

（1）下列有关EDI的表述正确的有（　　　）。

A.EDI也称为"电子数据交换"

B.EDI用给定的标准编排有关数据，通过计算机向计算机传送业务往来信息

C.EDI是一种新型的电子贸易工具

D.EDI需要通信网络环境支撑，离不开计算机系统的配合，它具有非标准化、系统化等特征

（2）电子商务法的调整范围包括（　　　）。

A.电子商务网站建设及相关法律关系　　B.在线交易主体及市场准入问题

C.数据电文引发的法律问题　　　　　　D.网上电子支付问题

E.电子商务市场规制问题　　　　　　　F.线上交易的法律适用和管辖权问题

3.判断题

（1）目前，我国还没有承认电子合同法律效力的法律。　　　　　　　（　　　）

（2）联合国国际贸易法委员会于1996年12月通过的《电子商务示范法》是专门调整电子商务方面的国际公约。　　　　　　　　　　　　　　　　　　（　　　）

4.简答题

（1）简述电子商务与现代物流的关系。

（2）简述我国电子商务立法现状。

（3）物流企业常见电子商务法律问题有哪些？

●●综合应用

1.案例分析

（1）2004年1月，杨先生结识了女孩韩某。同年8月27日，韩某发短信给杨先生，向他借钱应急，并在短信中说："我需要5 000元钱，因刚回北京做了眼睛手术，不能出门，你汇到我卡里。"杨先生随即将钱汇给了韩某。一个多星期后，杨先生再次收到韩某的短信，又借给了韩某6 000元钱。因都是短信来往，两次汇款杨先生都没有索要借据。此后，因韩某一直没提过还款的事，而且又再次向杨先生借款，引起了杨先生的警惕，于是向韩某催要。但一直索要未果，于是杨先生将韩某起诉至北京市海淀区人民法院，要求韩某归还其11 000元钱，并提交了银行汇款单和存单两张。但韩某却称这是杨先生归还以前欠她的欠款。

在庭审中，杨先生在向法院提交的证据中，除了银行汇款单和存单外，还有自己使用的号码为"1391166××××"的飞利浦移动电话一部，其中记载了部分短信内容，包括"2004年8月27日15：05，那就借点资金援助吧""2004年8月27日15：13，你怎么这么实在！我需要5 000元钱，这个数不大也不小，另外我昨天刚回北京做了个

眼睛手术，现在根本出不了门，没法见人，你要是资助就得汇到我卡里"等韩某发来的18条短信。

后经法官核实，杨先生提供的发送短信的手机号码拨打后接听者是韩某本人。而韩某本人也承认，自己从2003年七八月份开始使用这个手机号码。

请问：①本案中，短信能否作为韩某向杨先生借款的法庭证据？

②杨先生的诉讼请求能否得到支持？

（2）韩某有一天在网上浏览，发现一辆二手帕萨特汽车起拍价只有10元人民币，他想可能是网站在搞促销活动，就参加了竞拍，最后以116元成交价拍到该车。网站通过电子邮件进行了确认，并给他发来了电子合同。韩某根据网站提供的电话，与卖主某二手车汽车经销公司联系，该公司也收到了网站发来的电子合同，但是该公司坚决不同意交车，理由是这份合同无效：第一，汽车的底拍价是10万元而不是10元，网站上显示的10元底拍价是工作人员输入失误造成的；第二，116元就把车卖了，这样的合同是不公平的。现韩某手上有三份证据：一是网站给他发来的电子确认书；二是电子合同；三是整个交易过程的证据。经多次交涉无果，韩某把汽车经销公司告到了法院。

结合案例所提供的内容分析下列问题：

① 这个网上竞拍的电子合同是否有效？为什么？

② 本案反映出电子商务活动中的法律规范存在哪些问题？

2.思考题

试述如何预防和解决物流企业电子商务环境下产生的法律纠纷。

3.实训题

请整理近5年我国涉及物流企业的电子商务立法及制度的发展变化资料，分析发生这些变化的国内外背景，并谈谈你对"道路自信"的理解。

主要参考资料

一、图书

[1] 崔介何. 物流学概论 [M]. 5版. 北京：北京大学出版社，2015.

[2] 王之泰. 新编现代物流学 [M]. 4版. 北京：首都经济贸易大学出版社，2018.

[3] 汝宜红，田源. 物流学 [M]. 3版. 北京：高等教育出版社，2019.

[4] 崔国成，曹战果. 物流企业管理概论 [M]. 杭州：浙江工商大学出版社，2012.

[5] 王鸿鹏，胡昊，邓丽娟. 集装箱运输与多式联运 [M]. 3版. 北京：人民交通出版社，2015.

[6] 张楚. 电子商务法 [M]. 4版. 北京：中国人民大学出版社，2016.

[7] 董千里. 高级物流学 [M]. 北京：人民交通出版社，2015.

[8] 魏修建，姚峰. 现代物流与供应链管理 [M]. 西安：西安交通大学出版社，2013.

[9] 陈长彬. 供应链与物流管理 [M]. 北京：清华大学出版社，2013.

[10] 国家发展和改革委员会经济运行调节局，南开大学现代物流研究中心. 中国现代物流发展报告 [M]. 北京：中国物资出版社，2011.

[11] 人民出版社. 物流业发展中长期规划（2014—2020年）[M]. 北京：人民出版社，2014.

[12] 张文杰. 电子商务下的物流管理 [M]. 北京：清华大学出版社，2003.

[13] 许恒勤，成晓昀. 物流系统规划 [M]. 北京：科学出版社，2010.

[14] 赵旭，刘进平. 物流战略管理 [M]. 北京：中国人民大学出版社，2015.

[15] 刘文歌，刘丽艳. 国际物流与货运代理 [M]. 北京：清华大学出版社，2012.

[16] 贺登才，刘伟华. 现代物流服务体系研究 [M]. 北京：中国物资出版社，2010.

[17] 刘丹. 物流企业管理 [M]. 3版. 北京：科学出版社，2018.

[18] 刘丽艳，王宇楠. 集装箱运输与多式联运 [M]. 4版. 北京：清华大学出版社，2023.

二、学位论文

[1] 彭丽霞. 我国冷链物流发展现状及对策研究 [D]. 邯郸：河北工程大学，

2011.

［2］邵子奇. 保税物流园区布局规划及发展对策研究［D］. 太原：山西大学，2013.

［3］唐方伟. 基于RFID的物流管理系统Android客户端设计与实现［D］. 武汉：华中科技大学，2019.

［4］刘成成. 智能仓储物流管理平台的设计与实现［D］. 济南：山东大学，2019.

［5］陈莺. 电子商务环境下农村物流共同配送系统研究［D］. 武汉：武汉理工大学，2019.

［6］田冬雪. 跨境电商供应链管理研究［D］. 长春：吉林大学，2019.

三、期刊文献

［1］刘陈，景兴红，董钢. 浅谈物联网的技术特点及其广泛应用［J］. 科学咨询，2011（9）.

［2］何黎明. 以区块链创新推动物流供应链高质量发展［J］. 中国物流与采购，2019（22）.

［3］吴林蔓. 我国现代物流法规现状及体系研究［J］. 物流技术，2015（22）.

［4］司玉琢，蒋跃川. 国际货物运输的世纪条约——再评《鹿特丹规则》［J］. 法学杂志，2012（6）.

［5］靳伟. "物流"一词的由来及物流概念的引入［J］. 中国物资流通，2002（2）.

［6］高琪. 国际货运代理行业新业态背景下人才供给侧改革的探究［J］. 商场现代化，2019（20）.

［7］朱元海. 智能化转型下仓储物流发展策略研究［J］. 商讯，2019（26）.

［8］陈贵然. 浅谈仓储管理在物流管理中的作用和地位［J］. 经济与社会发展研究，2015（3）.

［9］任龙. "大数据"在现代物流中的开发与应用探索［J］. 数字通信世界，2019（8）.

［10］刘会芳. 现代农资物流网络配送中心选址优化［J］. 中国市场，2015（33）.

［11］夏露，肖湘美惠. 物流企业知识产权保护研究［J］. 特区经济，2017（4）.

［12］李茜. 2012年我国民航危险品运输不安全事件分析［J］. 中国民用航空，2013（6）.

［13］朱思翰. 我国绿色物流包装产业发展的对策与趋势［J］. 物流技术与应用，2018（12）.

［14］宋文力. 生产企业物流搬运作业评价指标体系浅议［J］. 经济理论与经济管理，1995（6）.

［15］陈喜燕. 物流经营人之独立型履行辅助人法律责任探究［J］. 上海海事大学学报，2020（1）.

［16］沈益平．析数据电文的证据效力［J］．现代法学，2010（4）．

［17］朱绵茂．论电子商务的主要法律问题及我国立法对策［J］．中国人民大学学报，2006（3）．

［18］孙经坤．基于港口信息应用集成的EDI自主产品设计与实现［J］．现代商贸工业，2015（20）．

［19］冯斌．试谈建立深圳港集装箱运输EDI中心［J］．珠江水运，2010（3）．

［20］邸伟力．浅谈我国电子商务的发展［J］．软件，2011（4）．

［21］祁志民．浅谈我国电子商务的发展现状与趋势［J］．学术交流，2009（7）．

［22］北京交通大学．船务代理人的电子商务——中国远洋物流有限公司电子商务应用案例［J］．电子商务，2008（7）．

［23］毕玉波．中国远洋物流公司储运系统研究［J］．现代经济信息，2012（16）．

［24］刘品新．论区块链存证的制度价值［J］．档案学通讯，2020（1）．

［25］刘文军，吴元国．电子商务环境下企业商业秘密保护战略构建［J］．哈尔滨商业大学学报（社会科学版），2009（2）．

［26］姚钟华，冯冬焕，赵业成．消费者对生鲜农产品无接触配送的态度影响因素分析——评《生鲜农产品营销与物流》［J］．中国农业气象，2023（9）：861．

［27］李怡璇，任叶笛，蒋文雪．新经济时代三农与电商结合的发展前景研究［J］．商展经济，2022（11）：56-58．

［28］林晓凤．基于大数据的电商快递企业末端配送模式决策优化分析［J］．中国物流与采购，2023（9）：65-67．

［29］王乐，闫宇壮，方天驰，等．新型食品包装材料研究进展［J］．食品工业，2021，42（9）：259-263．

［30］姜明月．物流平台的数据保护与知识产权法律风险分析［J］．物流科技，2024（8）：27-30．

［31］唐波，高仕博，张聪，等．智能感知技术在集装箱码头堆场智能装卸中的应用［J］．港口科技，2021，（8）：1-6；12．

［32］曾庆菊．打通"最初一公里"，解决生鲜农产品冷链物流源头问题［J］．中国储运，2022（6）：138-139．

［33］刘雪雪，杨志鹏．新时代农产品绿色物流发展困境及对策研究［J］．智慧农业导刊，2023（13）：112-115．

［34］韩鑫．如何降低全社会物流成本［N］．人民日报，2024-02-06（4）．

［35］齐志明．节能降碳，发展绿色物流［N］．人民日报，2022-03-16（19）．

四、电子文献

［1］李拯．区块链，换道超车的突破口［EB/OL］．［2024-08-15］．http：//www.xinhuanet.com/politics/2019-11-04/c_1125190133.htm.

［2］交通运输部．加快促进网络货运新业态规范健康发展 为道路货运行业高质量发展提供有力支撑——《网络平台道路货物运输经营管理暂行办法》解读［EB/

OL］．［2019-09-09］．http：//www.gov.cn/zhengce/2019-09/09/content_5428571.htm.

［3］丁玲．生鲜配送中心的发展概况及建设原则［EB/OL］．［2019-06-02］．https：//www.sohu.com/a/318095774_99936581.

［4］严叶雷．新零售下，末端配送未来的发展趋势［EB/OL］．［2019-05-05］．https：//www.iyiou.com/analysis/2019050599266.

［5］岳珞山．建设中国自己的全自动化码头——走近山东港口青岛港"连钢创新团队"［EB/OL］．［2020-12-30］．https：//https：//baijiahao.baidu.com/s？id=1687463859711515217&wfr=spider&for=pc

［6］物流前瞻.碳中和，将给物流业带来哪些变化？［EB/OL］．［2024-08-15］．http：//http：//www.chinawuliu.com.cn/xsyj/202104/09/545852.shtml

［7］欧阳洁.预计夏粮旺季收购量7000万吨左右 储备粮如何保质保鲜［EB/OL］．［2024-08-14］．https：//https：//www.gov.cn/zhengce/202407/content_6960537.htm.

［8］吴惠．科学有效降低全社会物流成本［EB/OL］．［2024-04-17］．http：//paper.people.com.cn/rmrbwap/html/2024-04/17/nw.D110000renmrb_20240417_2-18.htm.

［9］北梦原．学习贯彻党的二十届三中全会精神｜交通运输全链条发力 降低全社会物流成本［EB/OL］．［2024-08-06］．https：//baijiahao.baidu.com/s？id=1806595035725748484&wfr=spider&for=pc.

［10］南通市南通区人民政府．政策解读：市场主体登记管理条例［EB/OL］．［2022-03-04］https：//baijiahao.baidu.com/s？id=1752140799863619503&wfr=spider&for=pc.

［11］新华社．国务院办公厅印发《"十四五"现代物流发展规划》［EB/OL］．［2022-12-05］．https：//www.gov.cn/zhengce/zhengceku/2022-12/15/content_5732092.htm.

［12］刘乐艺．从"汗水流淌"到"智慧流动"——智慧物流加速拓宽发展"快车道"［EB/OL］．［2022-12-13］．https：//baijiahao.baidu.com/s？id=1752140799863619503&wfr=spider&for=pc.

［13］赵志疆．"限塑令"升级，包装绿色化是大势所趋［EB/OL］．［2021-05-11］．https：//https：//news.dahebao.cn/dahe/appcommunity/1480942.

［14］国家市场监督管理总局计量司．《定量包装商品计量监督管理办法》政策解读［EB/OL］．［2023-03-28］．https：//www.samr.gov.cn/zw/zfxxgk/fdzdgknr/xwxcs/art/2023/art_b933c72ce50a4294bbeb2139bb897870.html.

［15］周荣贵，张建军．危险货物道路运输安全问题剖析与对策：抓源头 严过程 强化综合治理［EB/OL］．［2023-06-28］．https：//www.zgjtb.com/2023-06-28/content_362427.html

［16］张赛男．中国自动化码头遍地开花 高效率下提升产业链能级［EB/OL］．［2024-06-13］．https：//baijiahao.baidu.com/s？id=1801702267175372223&wfr=spider&for=pc.